PROTÉGER LA CONSTITUTION QUOI QU'IL EN COÛTE

Collection « Études africaines »

dirigée par Denis Pryen et son équipe

Forte de plus de mille titres publiés à ce jour, la collection « Études africaines » fait peau neuve. Elle présentera toujours les essais généraux qui ont fait son succès, mais se déclinera désormais également par séries thématiques : droit, économie, politique, sociologie, etc.

Dernières parutions

Augustin Palé, Alexis Clotaire Némoiby Bassolé, Abdoulaye Sawadogo, Oumar Sangaré, *Le handicap mental. Perceptions et prise en charge au nord du Burkina Faso*, 2024.
Boubou BA, *Les modes alternatifs de règlement des conflits en Mauritanie, Regard anthropologique et juridique*, 2024.
Dingamtoudji MAÏKOUBOU, *La médecine africaine en pays ngàmbáye au Tchad*, 2024.
Tahirou KONÉ, *Technologies socionumériques en Côte d'Ivoire. Formes d'engagement politique et médiatique*, 2024.
Guy-Eugène DEMBA, *La mise en œuvre du Droit international humanitaire en Centrafrique. De la théorie à la pratique*, 2024.
Charlie MBALLA (dir.), *L'État dans les Afriques. État des lieux en Afrique subsaharienne. Nouvelle édition*, 2024
Maman Aminou A. KOUNDY, *La gouvernance du secteur judiciaire au Niger, Regards critiques*, 2024.
Paul G. ACLINOU, *Le premier festival mondial des arts nègres. Ou la négritude cinquante-cinq ans après*, 2024.
Sous la direction de Yao-Edmond KOUASSI, *Culture, africanologie et humanisme, Hommage au professeur Abou Karamoko*, 2024.
Alpha BA, *Tragédie rwandaise : l'échec fatal de la solution négociée, Responsabilités et répercussions dans la région des Grands Lacs*, 2024.
Cédric ONDAYE-EBAUH, *Vous avez dit développement ?*, Nouvelle édition, 2024.
Francky BOLAMBULI BOSINGA, *Le devoir de l'Homme africain. Repenser la démocratie et la culture négro-africaine avec Phambu Ngoma-Binda*, 2024.
Albert JIOTSA (coord.), *Dynamique de la protection sociale de l'enfance au Cameroun et en Afrique*, 2024.
Ahmed Salem OULD MOHAMED BABA, *Introduction au dialecte ḥassāniyya de Mauritanie. Étude grammaticale et lexicale*, 2024.
Emmanuel NGWE, *La population du Cameroun, Du comptage des effectifs à l'analyse des phénomènes démographiques*, 2024.

Danièle Darlan

PROTÉGER LA CONSTITUTION QUOI QU'IL EN COÛTE

Une vision pour la Cour constitutionnelle de la République centrafricaine

Préface de Frédéric Joël Aïvo

L'Harmattan

Du même auteur
exclusivement sur les questions constitutionnelles

Livre
L'évolution constitutionnelle et juridictionnelle de la République centrafricaine à travers les textes, L'Harmattan, 2018.

Articles
« Les Constitutions de transition. L'exemple de la Charte constitutionnelle du 18 juillet 2013 de la République centrafricaine », *Mélanges en l'honneur du professeur Théodore Holo*, Presse de l'Université Toulouse 1 Capitole, 2017.
« Le droit de vote des réfugiés en République centrafricaine sous la Charte constitutionnelle de Transition (2013-2016) », *Droit et service public. Mélanges en l'honneur du professeur Étienne Charles Lekene Donfack*, volume 1, L'Harmattan, coll. « Études africaines », 2024.
« Le juge constitutionnel et le pouvoir politique », Intervention à l'occasion de la cérémonie de remise des Mélanges en l'honneur du professeur Lekene Donfack, Yaoundé, 2 mai 2024.

5-7, rue de l'Ecole-Polytechnique, 75005 Paris

http://www.editions-harmattan.fr

ISBN : 978-2-336-44970-8
EAN : 9782336449708

Dédicace

Aux **11 Femmes de Courage de l'année 2023**, « **International Women of Courage Awards** », Prix décerné par le Département d'État des États-Unis d'Amérique : Dr. Zakira Hekmat (Afghanistan), Alba Rueda (Argentine), Professeur Danièle Darlan (République centrafricaine), Doris Rios (Costa Rica), Meaza Mohammed (Éthiopie), Hadeel Abdel Aziz (Jordanie), Bakhytzhan Toregozhina (Kazakhstan), Sénateur Datuk Ras Adira Radzi (Malaisie), Brigadier Général Bolor Ganbold (Mongolie), Bianca Zalewska (Pologne), Yulila Paievska (Ukraine).

Remerciements

Au Département d'État américain pour m'avoir décerné le « Prix de la Femme de Courage » 2023,
À la République française et à la République fédérale d'Allemagne pour m'avoir décerné le " prix franco-allemand des Droits de l'Homme et de l'État de Droit" 2024
Au journal *Jeune Afrique* pour m'avoir classée parmi les « 30 qui font l'Afrique de demain » (décembre 2022),
À l'Institut International Sorbonne pour m'avoir décerné le titre de docteur *honoris causa*,
À la Conférence des Juridictions constitutionnelles africaines (CJCA) pour son action en faveur du respect des Constitutions et pour m'avoir apporté son soutien lors de mon éviction de la Cour constitutionnelle,
À tous ceux et celles qui m'ont manifesté leur soutien suite à mon éviction de la Cour constitutionnelle,
Aux « Femmes Leaders » de Centrafrique pour leur soutien et leur combat pour la promotion de la Femme Centrafricaine,
Au professeur Théodore Holo du Bénin pour son soutien et pour m'avoir encouragée à écrire ce livre et à aboutir dans mon projet,
Au Lieutenant-Colonel Sambou Sissoko du Mali pour son soutien constant et multiforme,
À mes enfants et à ma famille pour leur soutien constant et leur affection qui m'ont aidée à surmonter bien des épreuves,
Tous mes remerciements à la MINUSCA, et à travers elle à la Force onusienne qui a assuré ma protection tant pendant que j'exerçais la fonction de Président de la Cour constitutionnelle, mais aussi et surtout pendant les mois qui ont suivi mon éviction de cette fonction, ce qui m'a permis de conserver ma sérénité et d'écrire ce livre.

SOMMAIRE

ABRÉVIATIONS UTILISÉES

ANE	Autorité Nationale des Élections
AEF	Afrique équatoriale française
AOF	Afrique occidentale française
APG	Accord de Paix Global
APRD	Armée Populaire pour la Restauration de la Démocratie
BTK	Beafrika Ti e Kwe
CDE	Chemin de l'Espérance
CCT	Charte Constitutionnelle de Transition
CEEAC	Communauté Économique des États de l'Afrique Centrale
CEMAC	Communauté Économique et Monétaire de l'Afrique Centrale
CMRN	Comité Militaire de Redressement National
CNT	Conseil National de Transition
CNPP	Conseil National Politique Provisoire
CRPS	Convention Républicaine pour le Progrès Social
CPC	Convention des Patriotes pour le Changement
CSM	Conseil Supérieur de la Magistrature
CIONGCA	Conseil Inter-ONG en Centrafrique
CJCA	Conférence des Juridictions Constitutionnelles Africaines
FACA	Forces Armées Centrafricaines
FDPC	Front Démocratique du Peuple centrafricain
FPRC	Front Populaire pour la Renaissance de la Centrafrique
FOMAC	Force Multinationale Africaine en Centrafrique
FOMUC	Force Multinationale en Centrafrique
HCR	Haut-Commissariat pour les Réfugiés
ILA	Institut de Linguistique Appliquée
JOAEF	Journal Officiel de l'Afrique équatoriale Française
JORCA	Journal Officiel de la République centrafricaine
JORF	Journal Officiel de la République française
MCU	Mouvement Cœurs Unis
MLPC	Mouvement de Libération du Peuple centrafricain
MESAN	Mouvement de l'Évolution Sociale de l'Afrique Noire
MICOPAX	Mission de Consolidation de la Paix en République centrafricaine
MISAB	Mission Interafricaine de Surveillance des Accords de Bangui
MISCA	Mission Internationale de Soutien à la Centrafrique
MINURCA	Mission des Nations Unies pour la Centrafrique
MINURCAT	Mission des Nations Unies en République centrafricaine et au Tchad
MINUSCA	Mission Multidimensionnelle Intégrée de Stabilisation des Nations Unies
MLPC	Mouvement de Libération du Peuple centrafricain
MLCJ	Mouvement de Libération centrafricaine pour la Justice
OPJ	Officier de Police Judiciaire

OUA	Organisation de l'Unité Africaine
OFCA	Organisation des Femmes Centrafricaines
PATRIE	Parti Africain pour une Transformation Radicale et l'Intégration des États
RJ	Révolution et Justice
TGI	Tribunal de Grande Instance
RCA	République centrafricaine
RDC	Rassemblement Démocratique centrafricain
RPR	Rassemblement Pour la République
RF	République française
RSSGNU	Représentant Spécial du Secrétaire Général des Nations Unies
UA	Union Africaine
URCA	Union pour le Renouveau Centrafricain
UFDR	Union des Forces Démocratiques pour le Rassemblement
UFR	Union des Forces Républicaines
UFRF	Union des Forces Républicaines Fondamentales

PRÉFACE

En novembre 2014, Mourad Medelci, alors président du Conseil constitutionnel algérien m'a sollicité pour une formation qu'il organise à Alger à l'intention des juges africains. La session se tient dans les locaux du splendide siège du Conseil. Mon avion venait à peine de se poser sur le tarmac de l'aéroport Houari Boumediene, que mon téléphone sonne. J'ai hésité à décrocher pendant que je suis pris en charge par les services du protocole d'État algérien. Mais enfin, je décroche. *Monsieur le professeur, je vous appelle de la MINUSCA »*. Mon interlocuteur m'explique que la mission des Nations-Unies à Bangui a besoin de déployer un expert constitutionnel auprès des autorités de transition en charge du pays après la chute du général François Bozizé. Le mandat serait de conseiller la mission des Nations-Unies sur les enjeux constitutionnels de la transition en cours en République centrafricaine et d'accompagner les institutions de transition pour le rétablissement de l'ordre constitutionnel. Voilà un défi qu'aucun constitutionnaliste africain ne peut refuser.

Installé au salon d'honneur de l'aéroport d'Alger où j'ai poursuivi mes échanges avec le représentant spécial adjoint du Secrétaire général des Nations-Unies, j'ai donné mon accord de principe en attendant de savoir les conditions et modalités de la mission. Je n'avais encore jamais été en Centrafrique, mais je connaissais très bien la vie politique de ce pays. Ce ne sont pas les frasques de l'empereur Bokassa qui ont attiré mon attention sur la Centrafrique. Mon intérêt pour la République centrafricaine a très tôt été mobilisé dans les années 1990 par Ange-Félix Patassé. L'aura du tribun qu'il fut et sa gouaille légendaire ont braqué mon regard sur ce pays qui ressemble tant, par sa géographie et son climat au Bénin. C'est pour le parcours de cet homme qui a incarné en ces temps, l'espoir d'un peuple et marqué le retour de la Centrafrique à la démocratie en 1993, que je suis devenu un observateur assidu de la vie politique de ce pays.

UN DÉFI AFRICAIN

Aider la République centrafricaine à se doter d'une constitution moderne qui épouse les défis de son temps, s'adosse à ses traditions, conjure les errements du passé et qui enfin pose les défenses juridiques contre les tentations autoritaires des futurs dirigeants. Voilà le défi auquel la

Centrafrique était confrontée au sortir du régime du Kwa Na Kwa[1] (KNK). En près de dix ans de pouvoir, le général François Bozizé avait, comme ses prédécesseurs, succombé à l'ivresse du pouvoir et cédé à la tentation de l'intolérance et de la brutalité.

L'œuvre des juristes appelés au chevet de l'État africain est en effet très complexe. Quoi faire pour rendre la liberté irréversible et éviter que les dirigeants élus ne se retournent contre elle. C'est une question cruciale, sinon la seule qui défie l'ingénierie constitutionnelle et met à rude épreuve la crédibilité des juristes africains. Doit-on le rappeler, en Afrique subsaharienne, hors du pouvoir, les élites se vantent d'être des démocrates. Dans leur quête du pouvoir, elles sacralisent les droits de l'homme et promettent à leurs peuples, liberté et progrès. Mais une fois au pouvoir, elles s'illustrent par leur intolérance aux opinions divergentes, leur hostilité à la pluralité des offres politiques et leur mépris à l'égard des droits de leurs concitoyens.

À la fin, à l'exception de quelques rares dirigeants, tous succombent à la tentation de la dictature et échouent à faire progresser leur pays dans la liberté. Tous, échouent à maintenir leur pays dans la démocratie, à défaut de la consolider. C'est ainsi qu'en Afrique, les régimes autoritaires et les démocraties hybrides parviennent à torpiller la démocratie et à utiliser l'État, ses moyens, son personnel pour soumettre l'État. Malgré les générations qui se renouvellent et le temps qui passe, le pouvoir africain transforme irrésistiblement les démocrates en autocrates et le continent, quant à lui, s'illustre infailliblement comme la *« terre d'élection des dictatures »*, le *« cimetière des libertés »*[2].

À l'instar de plusieurs autres pays francophones, la Centrafrique souffre du même syndrome. Or, la dictature ne peut être la destination naturelle de l'État africain. C'est du moins ce que nous nous sommes promis, Danièle Darlan et moi à l'orée de cette nouvelle ère qui s'ouvrait avec la fuite de François Bozizé le 24 mars 2013 et la chute dix mois plus tard de Michel Djotodia. En 2015, nous voulions pour la République centrafricaine, un modèle de constitution, une constitution sortie des entrailles de son peuple, dictée par les enseignements de son passé tumultueux, ses espoirs déçus, et orientée vers ses aspirations profondes. Voilà le défi qui m'a mis en intelligence avec Danièle Darlan.

---

[1] En langue Sango, « Le travail, rien que le travail ». Kwa Na Kwa, KNK en abrégé est la dénomination du parti politique fondé par François Bozizé et avec lequel il a gouverné le pays durant toute sa présidence.

[2] Th. Holo, « Démocratie revitalisée ou démocratie émasculée ? Les constitutions du renouveau démocratique dans les États de l'espace francophone africain : régime juridique et système politique », *Revue Béninoise des Sciences Juridiques et Administratives,* 2006, n°16, p. 17.

En tant qu'universitaires africains, notre responsabilité était de faire émerger une constitution *« made in Bêafrîca »*[3]. Ce faisant, nous espérions contribuer à vaincre la thèse du mimétisme constitutionnelle qui explique que les constitutions africaines n'ont rien d'original et ne sont que de pâles copies de constitutions occidentales. Depuis 1990, cette accusation n'est fondée qu'en partie. Ce fut vrai, mais ce n'est plus vrai. Le procès en mimétisme[4] a perdu pied et l'activité croissante des constitutionnalistes africains auprès de nos États a depuis lors fait émerger, comme l'écrit Stéphane Bolle, des *« œuvres originales, indigènes et métissées, produits d'une légistique mondialisée »*[5]. Le défi de l'authenticité n'était donc pas que celui du peuple centrafricain et de ses élites. La recherche de l'originalité était aussi devenue le défi de la communauté internationale mobilisée au chevet de la Centrafrique, avec des moyens sans précédent dans l'histoire du rétablissement de la paix.

Malgré la complexité des enjeux, j'ai accepté d'être déployé à Bangui. Cette mission devait m'éloigner d'abord de mon épouse enceinte de notre fille, ensuite de la Faculté de droit où mes chantiers, notamment le *Centre de droit constitutionnel* que je venais de fonder et le master *Droit international et organisations internationales* pouvaient souffrir de mon indisponibilité. Pourtant, le défi de prendre part au processus de reconstruction d'un État africain a pris le dessus sur mes charges au Bénin.

UNE RENCONTRE EXCEPTIONNELLE

Avant de me rendre à Bangui, je me suis donné le temps de préparer la mission. C'est le rituel de chacune de mes missions. Au milieu de ma carrière, j'ai conduit des missions délicates. Je pense à celle que j'ai effectuée en 2016, avec Édem Kodjo auprès de Joseph Kabila à Kinshasa, à un moment où les institutions de l'État congolais basculaient les unes après les autres dans le vide juridique. Plus risqué fut notre engagement la même année à Haïti, menacé d'un côté par les catastrophes naturelles et de l'autre par les gangs armés. Mais celle pour laquelle le devoir m'appelle à Bangui, en ce début d'année 2015, me semblait bien plus périlleuse. Les ruines de l'aventure de la Séléka étaient encore fumantes. Il faut savoir que l'État centrafricain au chevet duquel l'ONU a dû déployer une mission multidimensionnelle est un État fragile, failli. François Bozizé et Michel

---

[3] Bêafrîca est la désignation de Centrafrique en Sango. Le Sango est à la fois une langue nationale et une langue officielle de la République Centrafricaine.

[4] J. du Bois de Gaudusson, « Le mimétisme postcolonial, et après ? », *Pouvoirs*, n°129, 2009, p. 48.

[5] S. Bolle, « La Constitution en Afrique : pour le meilleur et pour le pire », in *Mélanges Dominique Rousseau*, Paris, LGDJ, 2020, p. 847.

Djotodia ont laissé derrière leur fuite un État pillé de ses ressources, atrophié et laissé pour mort. En 2013, l'État centrafricain était dans l'incapacité d'assumer ses fonctions de base et de garantir à ses citoyens tranquillité et sécurité. La RCA du début des années 2010 était un pays ravagé par la gouvernance ubuesque du Général Bozizé, un pays décrédibilisé par l'improvisation de la « Séléka » et l'amateurisme de Michel Djotodia.

Il ne m'a pas fallu beaucoup de temps pour me rendre compte de la situation alarmante dans laquelle se trouvait l'État centrafricain. Ayant très tôt pris conscience des enjeux de mon prochain théâtre d'opérations, j'ai passé le pays de Barthélemy Boganda, de David Dacko, de Jean-Bedel Bokassa, de Ange-Félix Patassé et de François Bozizé au peigne fin. J'ai revisité son histoire, étudié de fond en comble ses régimes politiques, audité ses dernières constitutions avant la fin du régime fantasque du KNK et la débandade de la Séléka. C'est à l'occasion de la préparation de ma mission, qu'une figure s'est imposée à moi : Danièle Darlan. Il m'était apparu très clairement que Danièle Darlan est en Centrafrique une figure incontournable du droit, une voix qui compte et qui fait autorité. Au fur et à mesure que j'avançais, je me suis convaincu que l'universitaire dont je venais de dérouler le pédigrée serait un acteur décisif du processus de transition. Avec l'expérience qui est la sienne dans le maniement du droit constitutionnel, Danièle Darlan ne pouvait pas ne pas jouer un rôle central pour l'avenir de son pays.

Le futur de la Centrafrique, celle qui naîtra des cendres du « régime rose » KNK et du « régime aventurier » de la Séléka dépendra assurément de la détermination du peuple centrafricain à être maître de son nouveau destin. Néanmoins, sans rien retrancher à la souveraineté de ce peuple résilient, j'étais aussi convaincu que l'avenir du projet démocratique en construction dépendrait davantage de la bonne foi des futurs dirigeants de ce pays et de leur loyauté au pacte qui sera issu du processus. D'expérience, on sait que la pérennité de la démocratie dépend des élites. Pour tenir ce rôle audacieux, mais ingrat et surtout risqué, dans la 7e République que nous préparions, j'avais coché le nom de Danièle Darlan parmi les potentiels gardiens du temple. C'était sans avoir mis pied à Bangui, sans avoir établi le moindre contact avec ma collègue. Nous étions en décembre 2014 et je préparais, comme à mon habitude, ma prochaine mission à Bangui.

En janvier 2015, je m'établis à la mission des Nations-Unies à Bangui. Une fois installée, Danièle Darlan est devenue ma principale alliée, ma complice dans l'aiguillage juridique de la transition et la rédaction de la nouvelle constitution. Je l'avais identifiée pour ses états de service académiques, son parcours élogieux et sa solide expérience. Mais au cœur des temps forts de la transition et face aux incendies politiques qui menaçaient de consumer nos efforts, c'est la force de conviction de Danièle Darlan qui m'aura le plus marqué. Sa maîtrise du droit et sa capacité à tenir une position, à défendre un principe, une règle, une argumentation sans vaciller et quelle que soit la personnalité en cause. C'est une force intellectuelle que peu de juristes francophones cultivent encore.

Danièle Darlan croit au droit, l'a enseigné avec passion, l'a pratiqué avec exemplarité et en a défendu la force devant nous tous, à ses risques et périls. Défendre, quoiqu'il en coûte, la constitution dans sa lettre, mais surtout dans son esprit, voilà la signature de l'engagement de notre collègue au service de son pays. « Protéger la constitution, quoi qu'il en coûte », est sans aucun doute, ce qui marquera la carrière de Danièle Darlan. Son œuvre à la tête de la Cour constitutionnelle, sa fidélité au droit et son courage face à l'arbitraire resteront pour les générations de juristes à venir, un modèle de service à la nation. L'office de notre collègue à la tête de la juridiction est une lueur d'espoir sur un continent où le droit a foutu le camp, est bafoué et manipulé. La cadence des *« crashes démocratiques »*[6] et le nombre sans cesse croissant de pays dans lesquels des décisions ouvertement illégales ont conduit à la confiscation du pouvoir, au détournement des institutions, bref à l'abattement d'acquis importants de la démocratie, sont la manifestation de la victoire de la force sur le droit. À maints égards, la présidence de Danièle Darlan tranche avec ce qui reste de la justice constitutionnelle en Afrique francophone.

LA JUSTICE CONSTITUTIONNELLE EST-ELLE EN ÉTAT DE MORT CÉRÉBRALE ?

L'ascension de la Cour centrafricaine, inattendue dans un contexte de raidissement du pouvoir, contraste avec la lente agonie de la justice constitutionnelle dans les États francophones. Face à l'adversité du pouvoir, devenu irascible à l'idée qu'un juge puisse lui opposer la vérité de la constitution et faire entrave à ses décisions, les juridictions constitutionnelles se sont donné une nouvelle vocation. Le juge a bougé son canon et l'a retourné contre les valeurs dont il est le garant. C'est évidemment une erreur que le juge ait réajusté son office au profit de pouvoirs autoritaires. C'est aussi une erreur que le juge se soit partout reconverti à l'illibéralisme et contribue de façon ostentatoire à mettre en péril les garanties élémentaires de l'État de droit[7]. Il faut le reconnaître, en

---

[6] F. Laloupo, *Blues démocratiques. 1990-2020*, Paris, Karthala, 2022, pp. 175-196.

[7] G. Tusseau, « Les juridictions constitutionnelles en contexte illibéral : la figure du complice », in (dir.), V. Barbé, B-L, Combrade et Ch-É, Sénac, *La démocratie illibérale en droit constitutionnelle*, Bruxelles, Bruylant, 2023, pp. 258-264.

Afrique noire francophone, la justice constitutionnelle est en état de mort cérébrale. Trois signes cliniques de cet état végétatif permettent de l'attester.

Le premier signe, c'est la disparition du juge et de ses décisions de nos universités. La justice constitutionnelle est de moins en moins présente dans nos enseignements et dans nos échanges scientifiques. En dehors de la théorie générale, peu d'enseignements se passionnent encore pour les décisions des juridictions constitutionnelles africaines. Dans certains États, la jurisprudence est aussi rare que l'eau dans le désert. Dans d'autres États connus pour être familiers de l'activisme du juge, les décisions rendues révulsent la science, défient le raisonnement juridique et ébranlent les connaissances de base sur la justice constitutionnelle.

Le deuxième signe est donné par la faiblesse de la littérature disponible dans nos universités sur les juridictions constitutionnelles africaines. Ils sont désormais rares, les thèses de droit et les articles consacrés à l'activité du juge africain. Or, pendant des décennies, c'est par l'émergence du juge constitutionnel, son office et parfois son audace remarquée dans certains pays, que la doctrine a défendu le postulat d'une corrélation entre l'activité de ces juges et les progrès réalisés çà et là sur le continent. Aujourd'hui, quelle juridiction constitutionnelle retient l'attention par son positionnement, sa politique jurisprudentielle et son impact sur le droit ? Avez-vous lu ces derniers temps une thèse nouvelle, un article récent sur l'activité d'une juridiction africaine ? Le 15 février 2024, le Conseil constitutionnel du Sénégal a rendu sa décision dans le contentieux ouvert par le report des élections présidentielles du 25 février 2024. Cette décision était à la fois attendue et redoutée. À l'arrivée, la solution du juge sénégalais est d'un courage inespéré et d'une portée historique incontestable. À elle seule, la décision n° 1/C/2024 du 15 février 2024 fait revivre l'idéal de justice en Afrique francophone. Cependant, avant cette récente jurisprudence, avez-vous reçu l'écho d'une décision ayant une portée décisive pour l'État de droit et la démocratie dans nos États ?

Le troisième signe est dans le désintérêt de la doctrine pour la justice constitutionnelle. C'est aujourd'hui un euphémisme de dire que le juge constitutionnel africain a déçu les espoirs des constituants. Il rebute bien d'entre nous en raison de sa docilité au pouvoir politique qu'il est censé encadrer, de sa collaboration, bref de sa reddition à « l'ennemi » qui a fini par le dompter et en faire le garant de son agenda politique. Combien sont-ils parmi les chercheurs à croire que les juridictions constitutionnelles sont indépendantes, qu'elles sont au service de la démocratie ? Désormais, en Afrique francophone, le juge semble faire corps avec le gouvernement et se présente bien malgré lui à tout observateur avisé, comme le maillon d'une chaîne de sabotage du droit. Aujourd'hui, dans l'imaginaire collectif, et c'est bien dommage, le juge constitutionnel est une excroissance du gouvernement, le bras juridictionnel des partis au pouvoir.

À force de renoncement par petites touches successives dans le temps et dans l'espace, le juge constitutionnel africain fait le choix de disparaître *crescendo* de notre horizon et de retourner dans l'anonymat qui fut pendant longtemps sa condition avant l'avènement de la démocratie. Or, il n'est un secret pour personne que depuis un bon moment, partout sur notre continent, l'État total se redéploie, le pouvoir politique bande de nouveau ses muscles et les espaces de liberté se contractent les uns après les autres. Depuis le retour de la démocratie en 1990, l'Afrique est aujourd'hui en proie au projet autoritaire le plus sournois, le plus fourbe, mais le plus pervers de son histoire. Et faute d'un juge audacieux, capable d'opposer la constitution, toute la constitution et rien que la constitution au pouvoir politique, comme le Conseil constitutionnel du Sénégal l'a fait en février 2024, la démocratie est livrée aux bandes organisées et joue désormais sa survie.

DÉMOCRATIE, LES DERNIERS SOUFFLES ?

Il est évident, la démocratie est ouverte à tous les mauvais vents en Afrique[8]. Mais c'est surtout l'action camouflée des bandes organisées qui fait planer sur elle une menace existentielle. Le récent changement de constitution à Bangui est l'expression de deux faits : d'abord, les élites politiques au pouvoir sont déterminées et prêtes à tout pour parvenir, « quoi qu'il arrive », à leurs fins, quelles qu'elles soient. Ensuite, les évènements de septembre[9] et octobre[10] 2022, à Bangui, sont la preuve de la mutation des risques qui pèsent sur les démocraties.

---

[8] P. Jacquemot, *Afrique, la démocratie à l'épreuve*, Paris, Jean Jaurès éditions et éditions de l'Aube, 2022, 174 p.

[9] Le 23 septembre 2022, la Cour constitutionnelle a invalidé le *Décret n°22-248 du 26 août 2022 portant création du comité chargé de rédiger le projet de Constitution de la République Centrafricaine*. Cf. *Décision n°009 du 23 septembre 2022* par laquelle la Cour constitutionnelle a mis un coup d'arrêt au projet de nouvelle constitution porté par le président Touadéra tout juste réélu en mars 2021 pour un deuxième et dernier mandat de cinq ans.

[10] À Bangui, ce mois d'octobre 2022 est celui de la vengeance du gouvernement contre la Cour constitutionnelle. Le 10 octobre 2022, un arrêté du ministre de la Fonction publique rend publique la liste des enseignants du supérieur admis à faire valoir leurs droits à la retraite. Cet arrêté balise illégalement le terrain au chef de l'État qui quelques jours plus tard va sceller le sort de deux juges de la Cour. Le 24 octobre 2022, le président de la République qui, un mois plus tôt a essuyé un revers juridique devant la Cour constitutionnelle signe deux Décrets pour assouvir sa vengeance. Au moyen des *Décrets n°22-545 du 24 septembre 2022*, le président de la République a relevé de leurs fonctions deux juges de la Cour constitutionnelle. Danièle Darlan et Bango Sangafio perdent leur statut de juge à la Cour. Danièle Darlan quant à elle, est démise de ses fonctions de présidente de la Cour.

Les illustrations des atteintes en bande organisée à la démocratie dans les pays africains foisonnent et présentent plusieurs visages. C'est dans le registre des menaces les plus dissimulées, mais redoutables pour la démocratie qu'il convient d'inscrire les holdups électoraux devenus fréquents, les manipulations des constitutions désormais cycliques, l'instrumentalisation de la justice à des fins de règlement de comptes et les mandats présidentiels à terme indéfinis. Ces attaques, maintenant banalisées, sont de l'avis de plusieurs observateurs, les vecteurs de l'échec des processus démocratiques en Afrique. Ce qui est certain, c'est que la version parodiée et trafiquée qui ressort des pratiques politiques dans les États africains est la cause principale du rejet de la démocratie et de la défiance des peuples à l'égard de leurs élites.

Quoi qu'il en soit, la vampirisation de la démocratie par les élites africaines ne peut plus être réfutée. Les attaques contre la constitution et les lieux saints de la démocratie se sont multipliées sur le continent[11] non sans résistance, mais toujours avec un succès déroutant. Elles s'opèrent de main ferme, parfois à mains armées, désacralisent le modèle démocratique et substituent à l'original, un modèle falsifié. Malgré la résistance de quelques rares acteurs, la contrefaçon des régimes politiques progresse, s'installe dans la durée et gagne du terrain. En Afrique de l'Ouest, des modèles réputés stables sont ébranlés tandis que les régimes reconnus hybrides s'implantent. En Afrique centrale, la dynamique politique est à rebours de tout discours démocratique. Les « démocratures » s'y développent sans entraves et surtout sans perspectives de remédiation.

Dans ce contexte, les systèmes favorables aux principes de la démocratie sont réduits à quelques cas isolés. À cet égard, la Centrafrique apparaissait comme un havre de démocratie dans une région hostile à l'alternance. C'est en raison du statut singulier de la République centrafricaine, dans cette partie de l'Afrique, que la bataille entre Danièle Darlan et Faustin Archange Touadéra au sujet du changement de constitution a une portée symbolique.

LA BATAILLE DE BANGUI

J'ai suivi avec attention et une grande émotion le combat de Danièle Darlan depuis mon lieu de réclusion où mes idées et mon combat pour la démocratie m'ont conduit. À Bangui, en ce mois de septembre 2022, les efforts de la Cour furent décisifs, mais insuffisants pour sauver le régime politique consensuel de 2016. *« L'ouragan Faustin »* a tout emporté sur son passage.

---

[11] R. Dossou, « La démocratie en Afrique : un état des lieux préoccupant », in *Questions internationales,* n°115, septembre-octobre 2022, pp. 42-45.

Au-delà de leurs personnes, la confrontation a mis aux prises le président de la République et la présidente de la Cour constitutionnelle. De ce point de vue, la bataille de Bangui n'est pas inédite. C'est un grand classique de l'apprentissage du pluralisme dans les États longtemps habitués au parti unique et écrasés par le poids du président de la République. Néanmoins, l'opposition entre le président centrafricain et la présidente de la Cour constitutionnelle ne pouvait que prendre des proportions d'un mélodrame. Le contexte explique tout. L'un, le président Touadéra cherche des issues de secours après ses choix politiques et diplomatiques risqués. L'autre, la présidente de la Cour, défend la constitution, toute la constitution et rien que la constitution. En cela, la bataille de Bangui est d'abord la bataille du droit contre la politique, ensuite celle de l'État de droit contre la raison d'État et enfin, celle du passé contre l'avenir.

Au forceps, le président Touadéra a imposé « sa constitution » et s'est ainsi ouvert la voie d'une réélection indéfinie à la tête de l'État. C'était l'unique but du changement de constitution. De ce combat, Danièle Darlan est sortie le corps recouvert de blessures, couverte de boue et de goudron. Mais c'est pourtant elle qui a remporté la bataille de Bangui. C'est bien la présidente de la Cour constitutionnelle qui, par sa droiture et son audace, a contribué à rétablir la fierté des professeurs de droit éprouvée ces dernières années par le procès qui nous est fait aux quatre coins de l'Afrique. C'est elle qui a rappelé aux institutions que la constitution n'est pas un chiffon, et aux universitaires placés au service de la République, que le rôle d'un juriste parvenu au sommet d'une juridiction si prestigieuse est de vivre le droit comme le Christ a vécu sa passion et de défendre la constitution, quoiqu'il en coûte. C'est ce que fit notre collègue avec dignité et une force de conviction saluée à travers le monde.

LE SYNDROME DES FONDATEURS

« Le pouvoir est dangereux » a-t-on coutume de dire. Mais à tous ceux qui, pour diverses raisons, se lancent à la conquête du pouvoir d'État ou se retrouvent dans ses rayons, j'aurais ce mot en guise de conseil : *« le pouvoir politique est redoutable »*. Sachez-le. Il l'a toujours été, c'est vrai. Mais au fur et à mesure que les générations actuelles s'éloignent des valeurs humanistes du siècle des Lumières, depuis que tombent les unes après les autres, les digues de protection de l'homme contre la folie de l'État et l'ivresse de nos monarques, le pouvoir politique est devenu encore plus redoutable. Autrefois sans limites, mais toujours modérés par des garde-fous, le pourvoir s'exerce de nos jours dans bien de nos États, sans égard pour le droit, sans vergogne et sans retenue.

Qu'est-ce qui peut bien résister au pouvoir, à la puissance de ses moyens lorsqu'il se déploie même au mépris du droit ? Peu de choses dans la République résistent à la rage d'un pouvoir livré à lui-même. Ni les institutions ni les hommes ne parviennent à raisonner un pouvoir résolu à sortir l'État de l'orbite sur lequel le peuple l'a placé. C'est ce à quoi Danièle Darlan s'est opposée en Centrafrique. Pour comprendre les risques qu'elle a pris pour défendre la constitution de son pays et l'indépendance de la Cour, deux facteurs doivent être mis en perspective :

Le premier est relatif au rôle tenu par Danièle Darlan dans la conception de l'édifice constitutionnel de 2016. Elle y a pris une part active et a, par ses conseils avisés, accompagné la mise en place des institutions de la nouvelle République. Ainsi, la constitution du 30 mars 2016 est quelque part, l'œuvre de Danièle Darlan. Elle connaît mieux que quiconque le parcours de ce texte, les précautions prises pour asseoir sa légitimité et les valeurs qui assurent l'équilibre du texte. La juge constitutionnelle qui fait face aux menaces d'extinction de la constitution connaît l'idée de droit dominante du texte.

Le deuxième facteur explicatif de l'audace de notre collègue est lié au syndrome des fondateurs devenus gardiens de la constitution. Il faut savoir que c'est une chance inouïe pour un professeur de droit ayant pris part à l'écriture d'une constitution d'avoir à en assurer le respect, en qualité de juge constitutionnelle. Avant Danièle Darlan, quelques grandes figures du droit ont eu le rare privilège de passer de l'écriture à la protection de la constitution. Au Bénin, Maurice Ahanhanzo-Glèlè, Robert Dossou et Théodore Holo, en Côte d'Ivoire, Francis Wodié. Il est possible sur des critères similaires d'ouvrir cette catégorie étriquée à Kéba Mbaye et à Babacar Kanté au Sénégal. Dans la pratique, le constituant devenu gardien est exigent avec son œuvre et intraitable dans sa défense. Il n'admet guère de compromissions avec le texte, s'accommode peu des tripatouillages susceptibles de remettre en cause ses options fondamentales ou de provoquer sa fin.

Dans la plupart des cas, tout juge constitutionnel qui de près ou de loin a été associé à la conception d'une constitution dont il est devenu gardien, produit une jurisprudence généralement riche et audacieuse. C'est une tendance lourde et constante de la justice constitutionnelle. Et les décisions rendues dans ce contexte sont souvent moins bavardes sur la lettre de la constitution et plus prolixes sur son esprit et la destination finale du régime politique. Qu'ont voulu mettre en œuvre les rédacteurs de la constitution ? Quelles sont les projections du régime ? Ce sont autant de questions qui ont souvent guidé l'office des pères fondateurs qui ont siégé dans une juridiction constitutionnelle.

C'est pour l'intégrité de son œuvre que le rédacteur d'une constitution, une fois devenu gardien, est prêt à braver le pouvoir politique et à en payer le prix. Cette façon courageuse de faire vivre le droit et d'exercer les fonctions de gardien d'une constitution n'est pas ordinaire. Elle est propre à cette catégorie spéciale de juges qui entretiennent avec la constitution, une proximité, une intimité qu'il est malheureusement difficile de reproduire avec tous ceux qui, sous diverses casquettes et avec des légitimités différentes, entrent un jour dans cette juridiction. La dévotion des pères fondateurs à « leur constitution » est unique. C'est cette relation singulière avec le texte de la constitution qui explique le caractère spécial de leur mandat, la créativité des décisions et leur impact sur l'ordre juridique. C'est ainsi d'une part, ce lien entre le texte et le gardien et d'autre part, la qualité de la jurisprudence qui installent naturellement la crédibilité que l'on met volontiers au crédit d'une juridiction.

Au regard de ces considérations, l'on concède volontiers à Francis Wodié d'avoir porté sa légitimité personnelle au crédit du Conseil constitutionnel ivoirien. Au Bénin, il n'est pas étonnant que la perte d'identité de la Cour constitutionnelle soit factuellement datée à la fin du mandat de Théodore Holo. Car c'est à partir de la sortie de scène de Maurice Ahanhanzo-Glélé, de Robert Dossou et de Théodore Holo, trois des architectes du renouveau démocratique que la banalisation de la cour a commencé et que ses décisions n'ont d'intérêt qu'auprès du pouvoir exécutif qui y trouve amplement et constamment son compte. Au Sénégal, Kéba Mbaye a irradié le Conseil constitutionnel de sa personnalité et de son immense talent. C'est le même rôle qu'a joué Danièle Darlan au sein de la Cour constitutionnelle de son pays. C'est à l'aune de son statut d'architecte de la constitution du 30 mars 2016 qu'il faut comprendre l'audace dont elle a fait preuve dans la bataille de Bangui.

LA MALÉDICTION DES PRÉSIDENTS DE JURIDICTION

Le prestige du statut de chef de juridiction à son revers. *« En Afrique noire francophone, n'est pas président de juridiction constitutionnelle qui veut, mais qui peut »*[12]. Dans les États où la vitalité de la justice constitutionnelle s'est traduite par un activisme audacieux du juge et une jurisprudence offensive, la fonction a parfois été accompagnée d'un destin tragique. Qu'il vous souvienne que dans un article paru à la RDP en 2019, j'attirais déjà l'attention de la doctrine sur le mauvais sort qui est fait à une catégorie de présidents de juridiction constitutionnelle en Afrique. Avant Danièle Darlan en 2022, Fatimata

[12] F. J. Aïvo, « Le président de juridiction constitutionnelle. Portrait négro-africain », *RDP*, n°3-2019, p. 783.

Bazèye au Niger, Robert Dossou, Théodore Holo au Bénin et Francis Wodié en Côte d'Ivoire, avaient été victimes des représailles du pouvoir. L'irascibilité des chefs d'État à l'égard des juges attachés à l'indépendance de leur office et soucieux de protéger sans compromission la constitution est un réflexe réel et constant.

Je n'ai donc été que peu surpris par la brutalité des mesures de rétorsion prises par le gouvernement centrafricain contre Danièle Darlan en octobre 2022. Comme Fatimata Bazèye en 2009, Robert Dossou en 2013, Francis Wodié en 2015, Théodore Holo en 2018, le 24 septembre 2022 Danièle Darlan essuie la vengeance du pouvoir pour sa non-collaboration au complot contre la constitution dont elle est pourtant la gardienne. En effet, un mois presque jour pour jour après avoir censuré le projet de référendum constitutionnel visant à mettre fin à la constitution du 30 mars 2016, la foudre de l'État s'est abattue sur la présidente de la Cour constitutionnelle. D'abord, Danièle Darlan, professeur à l'Université de Bangui est mise à la retraite ; ensuite, Danièle Darlan, présidente de la Cour constitutionnelle est démise de ses fonctions ; enfin, Danièle Darlan, juge à la Cour est poussée dehors. Ainsi en un éclair, le tonnerre qui grondait dans le ciel de Bangui depuis la décision du 23 octobre 2022 a frappé trois fois et réglé tous ses comptes avec celle qui a osé s'opposer au coup d'État constitutionnel du président Touadéra.

S'il en était encore besoin, nous tenons là, par ces quelques faits rappelés ci-dessus, la preuve qu'il existe bien une malédiction du président de juridiction constitutionnelle en Afrique. Cette malédiction ne frappe pas tous les présidents de Cour et Conseil constitutionnels. Tous n'ont pas la même conception de l'État, les mêmes convictions démocratiques et les mêmes parcours. Dans les faits, la malédiction du président de juridiction est sélective. Elle ne frappe parmi eux, que les plus charismatiques, les plus créatifs, les plus audacieux. C'est-à-dire ceux qui ont renforcé la place de la juridiction dans le paysage institutionnel et accru son emprise sur la fabrication et l'application du droit. On le voit, il ne suffit pas d'avoir présidé une juridiction constitutionnelle pour avoir, aux yeux de ses contemporains, le prestigieux statut de pionnier de la démocratie.

Pour avoir côtoyé beaucoup de chefs de juridiction dans ma carrière, pour avoir conseillé certains, pour avoir consacré plusieurs de mes travaux à leur office, j'ai acquis des convictions. Il me plaît de vous en présenter deux : *La première* est que les présidents de juridiction constitutionnelle n'ont pas de l'État, la même conception, n'ont pas avec le droit constitutionnel la même relation et n'assignent pas au juge constitutionnel la même finalité. Très peu parmi les chefs de juridiction font des finalités d'un régime politique, la boussole de leur office. Très peu ont conscience que la garantie de l'État de droit et l'avenir de la démocratie se jouent dans leur prétoire. Hélas, et c'est bien dommage, beaucoup parmi ces présidents de juridiction confondent juge judiciaire et juge constitutionnelle. Enfin, très peu ont une oreille attentive pour les aspirations de leur peuple à la démocratie et à tort, font primer sur le droit, les calculs tactiques des partis politiques. *La seconde* conviction est qu'il existe trois catégories de président à la tête de nos juridictions.

Une première catégorie regroupe les présidents-neutres. Ici, le qualificatif neutre ne veut nullement signifier président impartial ou objectif. Parvenus à la fonction parce que remplissant les conditions pour siéger au sein de la juridiction, ces présidents-neutres en sont sortis sans que l'opinion, moins encore les observateurs avertis ne s'en rendent compte. Ils sont ainsi nombreux les présidents de Cour ou Conseil dont on se souviendra à peine de leur passage et surtout dont le mandat n'aura impacté aucun domaine de compétence de la juridiction.

Une deuxième catégorie distingue les présidents-politiciens. L'opinion se souvient de leur mandat davantage les statistiques mortuaires, la soumission aux politiques et l'asservissement du droit que pour autre chose. Ce type de mandat est fait de chocs renversants, d'interprétations effrontées de la constitution et d'une déconstruction graduelle de l'État de droit. Concrètement, la mandature des présidents-politiciens est un véritable « court jacking ». Il a toujours eu pour effets de désarmer la juridiction, de ronger sa crédibilité et de la placer dans la chaîne de fabrication des décisions autoritaires du gouvernement. C'est avec ces présidents de juridiction que l'on a pris conscience que les progrès les plus prodigieux en démocratie peuvent s'effondrer tel un château de cartes et que la réputation d'une Cour peut partir en fumée. Au total, l'essor des démocraties illibérales et la prolifération de ses avatars en Afrique n'auraient pas été possibles sans la complicité de ces juges faussaires. C'est à cette conclusion que Tamir Moustafa[13], Tom Ginsburg[14] et Pablo Castillo-Ortiz[15], eux aussi, sont parvenus.

Mais fort heureusement, les revers d'un mandat aussi désastreux n'épargnent pas son président. Dans un cas comme dans un autre, elle abîme une réputation, détruit une carrière et rend l'auteur d'une telle casse démocratique peu crédible pour l'avenir. L'on sait désormais qu'il ne suffit

---

[13] T. Moustafa, « Law and Courts in authoritarian regimes », *Annual review of law and social science*, 2014, vol. 10, pp. 281-299.

[14] T. Ginsburg, T. Moustafa, « Introduction: The functions of courts in authoritarian politics », in *Rules by law, The politics of courts in authoritarian regimes*, Cambridge, Cambridge University Press, 2008, pp. 1-22.

[15] P. Castillo-Ortiz, « The illiberalism abuse of constitutional courts in Europe », *EuConst*, 2019, vol. 15, pp. 48-72.

pas d'entrer dans une juridiction constitutionnelle et d'accéder à la plus haute charge de président. Il faut y vivre dignement, y vivre avec le droit chevillé au corps. Il faut y vivre pour l'idéal démocratique auquel les peuples demeurent attachés, malgré les désillusions et les échecs. Il faut surtout sortir de ses fonctions sans perdre son honneur, sans vandaliser sa dignité de juriste et sans compromettre sa crédibilité. Et c'est bien souvent ce que la plupart de ces présidents-politiciens ont le plus perdu à la fin de leur mandat.

Une troisième catégorie, la plus distinguée est celle des présidents-gardiens. C'est la catégorie des présidents de juridictions qui ont marqué l'histoire de la justice constitutionnelle en Afrique francophone. Il n'est pas exagéré d'affirmer, toutes précautions prises, qu'ils ont par leur courage et leur force de conviction, écrit les pages les plus glorieuses de la justice constitutionnelle et installé le juge africain dans les circuits mondiaux. Danièle Darlan relève sans conteste de cette catégorie de présidents-gardiens dont l'abnégation et le sacerdoce ont fait faire à notre continent des bonds qualitatifs. L'autorité et la créativité dont ont fait montre des figures comme Kéba Mbaye, Élisabeth Pognon, Francis Wodié, Robert Dossou, Théodore Holo, Conceptia Ouinsou et aujourd'hui Danièle Darlan, justifient l'intérêt jadis vif des opinions publiques pour la justice constitutionnelle et l'ébullition doctrinale autour de certaines de ses décisions.

Toutefois, l'histoire n'a pas été un long fleuve tranquille. Chacun d'entre ces présidents-gardiens a payé d'une manière ou d'une autre, le prix de ses convictions démocratiques, de son attachement au droit et de sa résolution à rendre justice à la constitution, quoi qu'il arrive. Tous ont affronté le pouvoir politique, traversé des turbulences et fait les frais de l'intolérance des gouvernements. Certains, les plus chanceux, ont péniblement achevé leur mandat. D'autres ont été soit privés du renouvellement de leur mandat, soit virés avant la fin de celui-ci. Finalement, l'acharnement du pouvoir politique contre le juge sert de baromètre pour mesurer le degré d'indépendance du juge. Quant à la vengeance politique contre le juge, elle est devenue un label de qualité, l'écusson de cette catégorie prisée de présidents-gardiens. C'est bien cette catégorie de présidents-gardiens que les chefs d'État africains pourfendent et combattent.

LE PROCÈS FAIT AUX PROFESSEURS DE DROIT EST-IL FONDÉ ?

En suivant Danièle Darlan, j'ai ressenti beaucoup de fierté à son égard. Mais je n'ai pu m'empêcher de me poser de nouveau les questions qu'en d'autres circonstances, certains de mes compatriotes m'ont posées durant le premier mandat du président Patrice Talon. De mars 2017, période du débat sur la révision de la constitution du Bénin au 15 avril 2021, date de mon arrestation, j'ai constamment été interpellé pour renoncer à opposer le droit à un pouvoir qui ne voulait pas en entendre parler. Alors dans mon esprit, les mêmes interrogations fusent à propos de Danièle Darlan : pourquoi s'expose-t-elle aux représailles d'un gouvernement piégé par ses propres choix diplomatiques et obsédé par l'incertitude de son avenir hors du pouvoir ? Pourquoi la présidente de la Cour constitutionnelle engage-t-elle un combat contre le président de la République là où plusieurs présidents de juridiction ont collaboré ? Pourquoi se dresse-t-elle contre un tripatouillage que plusieurs juristes ont couvert sous d'autres cieux ?

Ces questions ne procèdent pas toujours de la lâcheté de ceux qui les posent. Certains de ceux qui les posent sont de bonne foi et bienveillants, car nos contemporains sont bien conscients que l'État est si fragile que nos gouvernements parviennent à briser toutes les résistances quelles qu'elles soient et à imposer à leur peuple les décisions les plus improbables. Cependant, les juristes savent qu'il n'y a que la force du droit pour modérer la tentation autoritaire des gouvernants et freiner leur tendance à l'aventure. Face au pouvoir absolu qui écrase tout, il ne reste que le droit et, en définitive, les juristes doivent l'opposer avec fermeté à l'État et priver l'État-requin, tout au moins de ce qu'il prend pour le vernis légal de ses méfaits.

Au lieu de cela, bien souvent dans nos rangs, les convictions juridiques sont éphémères, voire réversibles. La défense des principes juridiques fluctue comme le cours du baril de Brent dans les places boursières. La règle de droit opposée à l'un n'a plus de force devant l'autre, ce qui était une atteinte à l'État de droit cesse de l'être à l'égard d'un autre, dans les mêmes conditions, parfois dans des conditions plus alarmantes. L'indépendance de la justice, érigée avec verve en principe sacro-saint de la démocratie et l'intangibilité de la constitution autrefois sacralisée, sont tour à tour banalisées par les mêmes juristes qui les avaient pourtant proclamées et défendues. Par un militantisme juridique malicieux et un activisme agressif, ces juristes avaient dressé une stèle à la démocratie et trempé ces principes dans du fer inoxydable. Ce sont, professaient-ils, des éléments indissociables, non pas que de la démocratie, mais simplement du droit moderne. Or avec le temps, les mêmes principes démocratiques ont pris la forme d'un accordéon dans les mains des mêmes juristes. Le droit est devenu une pâte à modeler, un outil au service de la pensée, quelle qu'elle soit, démocratique ou tyrannique. Voilà le funeste sort fait au droit par ceux qui sont censés en défendre la rigueur et le prestige.

Au moment où le droit est partout en crise sur le continent africain et que nos maigres et laborieux acquis démocratiques se délitent, nombreux sont ceux qui pointent la responsabilité des juristes africains, particulièrement des professeurs de droit. En conséquence, le procès en sorcellerie engagé contre notre corps a, au fil des années pris de l'ampleur et s'est durablement installé. Dans la plupart de nos états, les opinions publiques prennent pour cible le magistère des professeurs de droit à qui elles font grief, à tort ou à raison, de servir aux politiques la tronçonneuse avec laquelle ils désagrègent la démocratie et fractionnent l'État de droit.

Le réquisitoire contre les universitaires entrés en politique, tapis dans l'ombre des gouvernants est désormais connu : sans leur complicité subie ou choisie, active ou passive, tout chef d'État se heurterait à la force des principes et à l'autorité du droit. C'est ainsi que beaucoup d'entre nous, professeurs de droit, justifiant des grades les plus élevés dans nos États, sont tenus responsables d'avoir tressé entre les mains de régimes pernicieux, la corde de la strangulation de nos libertés. Ce qui est en cause, c'est cette doctrine juridique délétère distillée à dose non homéopathique dans les institutions névralgiques de l'État. C'est bien elle qui a conduit au désenchantement démocratique en Afrique francophone. Cette doctrine toxique diffusée de manière décomplexée par certains parmi nous a souvent aidé des régimes déloyaux à maquiller les scènes de leurs crimes contre la démocratie. Elle a fini par retourner les peuples contre notre prestigieux corps accusé d'avoir forgé, grâce à notre savoir-faire, l'arme du crime contre la démocratie.

LE COURAGE SERA-T-IL CONTAGIEUX ?

Le livre que vous avez en ce moment dans vos mains n'est pas un manuel de droit que les universitaires destinent à leurs étudiants et aux praticiens du droit. L'ouvrage de notre collègue est un véritable carnet de guerre. C'est un récit qui retrace l'itinéraire d'un État malmené par ses élites, affaibli par ses antagonismes, ressuscité grâce à la résilience de son peuple, piégé par le retour de la guerre froide et de nouveau face à son destin. Danièle Darlan, sans l'exposer, laisse entrevoir le cheminement personnel d'une constitutionnaliste de terrain, confrontée à la vérité impitoyable de l'État. Danièle Darlan est une des victimes de la guerre que l'État livre à ses élites qui ne lui veulent que du bien. Comme bien d'autres, elle a été victime de la raison d'État et porte sur son corps les morsures d'une hydre qui se dresse partout sur le continent et menace ceux et celles qui comme Danièle Darlan sont faits du même bois, de ce bois précieux devenu rare.

« *Quand le poisson sort de l'eau et vous dit que le caïman a mal à la tête, il faut le croire* » suggère un politique ivoirien. Les jeunes générations de juristes feraient mieux de prendre au sérieux l'expérience vécue au service d'un État qui peut être le leur. L'impossibilité pour Danièle Darlan, présidente de la

Cour constitutionnelle de raisonner le pouvoir centrafricain n'est pas un échec, mais une victoire. Celle de l'espérance démocratique contre la fatalité de la dictature. Son échec à sauver la constitution du 30 mars 2016, malgré son abnégation, est un chemin pour l'avenir. Quoi qu'on en pense, l'œuvre de la présidente de la Cour constitutionnelle centrafricaine est déjà dans le fil de l'histoire. Sa contribution à la consolidation de la démocratie en Afrique, au péril de sa vie, est déjà célébrée et distinguée dans le monde entier.

Quelque part, la droiture juridique de Danièle Darlan est pour les professeurs de droit, une bouffée d'oxygène. Elle sauve notre réputation et envoie le signal que tout n'est pas perdu. Les professeurs de droit ne sont pas réduits à la figure du complice ou du faussaire. Ils peuvent être des missionnaires du droit, des chevaliers de la démocratie. Danièle Darlan en a donné la preuve. Pour toutes ces raisons, la force de conviction du Professeur Danièle Darlan mérite l'attention des jeunes générations qui devront s'en servir comme la boussole de leur sacerdoce au service du droit, le jour où le devoir les appellera dans le chaudron de l'État africain.

Cotonou, février 2024

Frédéric Joël AÏVO

Agrégé des facultés de Droit
Professeur titulaire des universités
Doyen honoraire
Université d'Abomey-Calavi (Bénin)

AVANT-PROPOS

En 2018, je faisais paraître mon premier livre intitulé « *L'évolution constitutionnelle et juridictionnelle de la République centrafricaine à travers les textes* » publié chez l'Harmattan. Cet ouvrage, comme je l'indiquais alors, devait analyser les différentes Constitutions et organisations juridictionnelles de 1960 à 2016. Je voulais faire œuvre utile. Lorsque j'écrivais ce livre, j'étais vice-présidente de la Cour constitutionnelle de Transition, quand j'en achevais la rédaction et que je le publiais, j'étais présidente de la Cour constitutionnelle de la République centrafricaine, élue à ce poste par les juges constitutionnels le 24 mars 2017 conformément à l'article 99 de la Constitution du 30 mars 2016.

J'avais en projet d'écrire un autre livre pour faire part de mon expérience à la tête de cette Haute Juridiction à l'issue de mon mandat qui devait s'achever le 24 mars 2024. Ayant été relevée de mes fonctions par décret présidentiel de façon irrégulière et inconstitutionnelle le 24 octobre 2022, mon projet d'écrire un second livre a été avancé. Lorsque j'écrivais le premier ouvrage, la nécessité de l'écrire m'est apparue évidente compte tenu de ma pratique du droit constitutionnel et surtout du constat fait de l'instabilité politique et constitutionnelle que connaissait la République centrafricaine depuis l'indépendance, cette instabilité ayant entraîné de multiples souffrances pour les populations. Cette instabilité était le reflet d'une mauvaise gouvernance qui a eu des répercussions sur l'économie du Pays, sur le tissu social, sur la cohésion sociale, sur l'éducation, la santé et tous les secteurs de la société centrafricaine. Il m'était aussi apparu évident que les dysfonctionnements de la Justice, les discriminations, l'impunité caractérisée étaient le cœur du problème centrafricain, le cœur du réacteur qui se fissurait de plus en plus et finirait par créer des dommages irréversibles.

L'après-transition de 2013-2016 et la nouvelle Constitution me semblaient être une nouvelle chance accordée à la République centrafricaine et au Peuple centrafricain meurtri par tant d'années de conflits et d'instabilité et je pensais qu'enfin nous étions sur le droit chemin. J'écrivais dans la conclusion de mon premier livre : « *Les espoirs suscités par le retour à l'ordre constitutionnel après trois ans de transition constitutionnelle sont à la dimension des déceptions et des souffrances subies par le Peuple centrafricain tout au long de ces années. Loin de pousser au pessimisme chacun veut y croire et chacun doit y croire* ».

Vice-présidente de la Cour constitutionnelle de 2013 à 2017, j'ai acquis une certaine expérience du fonctionnement de cette Institution, mais surtout, j'ai commencé à prendre toute la mesure de l'importance dans le contexte que connaissait la République centrafricaine de « dire le droit ». J'ai compris l'impact qu'une décision de la Cour constitutionnelle pouvait avoir sur tout le pays et sur le peuple tout entier ; j'ai compris que cette Institution avait un rôle à jouer dans le cadre du retour à la paix. Cependant, c'est une fois devenu présidente de la Cour constitutionnelle que j'ai saisi toute la délicatesse de notre mission, et que j'ai acquis la conviction que la Cour constitutionnelle ne pouvait être utile et reconnue et ne pouvait remplir correctement sa mission qu'en se conformant au droit. Quelles que soient les critiques que la Cour puisse essuyer, quelles que soient les incompréhensions, nous ne serions utiles et agirions pour un retour à la paix et à l'ordre que si nous nous conformions à notre rôle de gardien de la Constitution et de préservation de l'ordre constitutionnelle sans jamais nous départir de notre neutralité et de notre respect de la règle de droit.

J'ai également acquis la conviction que petit à petit, une symbiose était née entre le Peuple et sa Cour constitutionnelle parce qu'il se reconnaissait dans les décisions qu'elle prenait, ceci mis à part une d'entre elles qui à mon sens est sortie de cette conformité, j'y reviendrai au cours de mes développements.

J'ai une profonde affection pour mes compatriotes compte tenu de tous les déboires qu'ils ont subis et qui sont souvent la source de certains comportements répréhensibles, comportements qui s'expliquent par le vécu et les multiples exactions. Ce Peuple, s'il a commencé à s'approprier sa Constitution, n'a pas encore pris en charge son destin. Y parviendra-t-il un jour ? Je l'espère très fortement, car c'est la condition qui lui permettra d'avoir un meilleur devenir. Ce pays, c'est le sien, sa Constitution c'est la sienne, son avenir lui a été volé à plusieurs reprises, il lui faut le conquérir et l'assumer.

Après la cérémonie de prestation de serment des juges constitutionnelles tenue le 24 mars 2017, j'étais élue par les juges le même jour, présidente de la Cour constitutionnelle, à l'unanimité. La Cour constitutionnelle de Transition m'ayant préparée à la fonction, j'endossais le costume de présidente sans appréhension ; nourrie par l'expérience acquise sous la Transition, j'avais en tête, très clairement, la vision de ma mission et de celle de la Cour pendant les 7 années à venir qui correspondent à la durée de notre mandat en application de l'article 99 de la Constitution et qui donc devait s'étaler du 24 mars 2017 au 24 mars 2024.

Profondément juriste et respectueuse de la règle de droit, jamais je n'aurais pu imaginer à ce moment-là que j'allais être « déposée » arbitrairement et inconstitutionnellement par le président de la République le 24 octobre 2022, ayant alors accompli exactement 5 ans et 7 mois de mon mandat.

Cet ouvrage, dont j'ai entamé la rédaction dans la semaine qui a suivi mon éviction, disposant à présent du temps nécessaire pour m'y consacrer, a pour but de faire part de mon expérience en tant que présidente de la Cour constitutionnelle et Juge constitutionnelle, d'examiner l'évolution de la Haute Juridiction, son action, sa jurisprudence, la façon dont elle a rempli sa mission durant ces 5 années et 7 mois. Par une présentation de certaines de ses décisions, mettre en lumière les principes fondamentaux qu'elle s'est attachée à promouvoir et comment elle a tenu son rôle de gardien de la Constitution. Forte des leçons tirées de cette expérience et au regard de l'actualité internationale qui se caractérise par une résurgence des coups d'État en Afrique francophone, il m'est apparu indispensable de ne pas me cantonner au cas centrafricain qui est un exemple de pratique cle intéressante à présenter, mais de parler aussi de l'évolution du constitutionnalisme en Afrique qui pose question à bien des égards et est en pleine évolution. Nous sommes en ce qui concerne le constitutionnalisme africain à la croisée des chemins ; celui-ci va devoir s'ancrer dans son milieu, mais également prendre en compte la remise en cause actuelle des relations avec l'ancienne puissance coloniale, mais aussi le repositionnement de l'Afrique dans les relations internationales.

En tant que juge constitutionnelle, j'ai jalonné le parcours du président Touadera ; en effet, quand il est candidat et élu président de la République en 2016, je suis vice-présidente de la Cour constitutionnelle ; quand il est candidat et est élu pour un second mandat, je suis présidente de la Cour constitutionnelle. J'ai donc accompagné son premier mandat et une partie de son second mandat. Les développements que je ferai sur son action, les analyses que je ferai n'ont rien de personnel. Nous sommes tous les deux professeurs des Universités et avons exercé dans la même Université, je ne le connaissais pas en tant que professeur, je l'ai rencontré une fois quand il était Premier ministre ; c'est une fois lui devenu président de la République et moi présidente de la Cour constitutionnelle que j'ai réellement fait sa connaissance. Tous nos entretiens dans ce cadre ont toujours été empreints de respect mutuel. C'était un homme qui m'apparaissait affable et à l'écoute, mais, petit à petit, et surtout au second mandat, je me rendis compte que cette affabilité était de façade et que l'écoute était en fait quasiment inexistante quand les propos tenus et les conseils donnés n'allaient pas dans le sens souhaité. Sa vraie nature s'est manifestée lorsque la Cour s'est opposée à deux projets auxquels il tenait, la cryptomonnaie et la nouvelle

Constitution. Je lui disais dès nos premières rencontres que la présidente de la Cour constitutionnelle était son premier conseiller, cependant, il ne m'a jamais appelée spontanément pour me demander conseil sur un projet, il attendait que moi je me rapproche de lui-même sur un projet aussi important que la révision de la Constitution ou la rédaction d'une nouvelle Constitution il ne m'a jamais consultée spontanément ni tenue informée. Peut-être que celui par qui il m'a remplacée après m'avoir évincée, et qui était vice-président, bénéficiera de plus de confiance de sa part et, comme ce dernier l'a dit lui-même au sortir de la première audience de la Cour avec le président après mon éviction, une *meilleure collaboration* sera établie entre la Cour constitutionnelle et le président ; reste à espérer que sous couvert de collaboration ne s'établira pas une relation de dépendance qui serait nuisible à la Cour, nuisible au Pays et nuisible au président de la République lui-même au final. J'avoue qu'au moment où je démarre la rédaction de ce livre, j'ai de grandes inquiétudes à ce sujet. Je pense que quand j'achèverai cet ouvrage, les faits et les évènements m'auront apporté une réponse à ces préoccupations.

Mon propos concerne la Constitution du 30 mars 2016, la nouvelle Constitution promulguée le 30 août 2023 ne fera pas partie de cette étude.

Le 8 mars 2023, j'eus le grand honneur de me voir décerner le « prix de la Femme de Courage », à la Maison Blanche ; j'ai reçu ce trophée des mains de la First Lady, Dr. Gill Biden, et du Secrétaire d'État Anthony Blinken. Comme je l'ai dit dans des interviews, ce prix me consolait de bien des choses et surtout il était une reconnaissance de la part d'un grand pays démocratique que sont les États-Unis d'Amérique, de ce que j'avais dit le droit et que j'étais restée intègre malgré toutes les pressions subies. J'adresse aujourd'hui mes profonds remerciements aux États-Unis d'Amérique et pour cela j'ai décidé de dédier ce livre aux femmes de courage de l'année 2023 avec toute mon admiration pour ce qu'elles ont accompli.

INTRODUCTION

La République centrafricaine a connu une histoire politique et institutionnelle mouvementée et même parfois chaotique qui a eu un impact non seulement sur l'État et sur les Institutions, mais également et surtout sur les hommes et les femmes, sur les enfants, sur les mentalités, sur la cohésion sociale et l'unité nationale. Tout a été miné, tout a été impacté négativement. La République centrafricaine a connu depuis 1959, 8 Constitutions et elle en est à la 7e République (1), tout ceci scandé par 5 coups d'État perpétrés par la force des armes auxquels est venu s'ajouter un coup d'État perpétré le 24 octobre 2022 par la signature d'un décret présidentiel par un président qui avait pourtant été élu démocratiquement.

Les différentes constitutions centrafricaines, de la toute première à celle du 30 mars 2016 sont les suivantes : la Constitution du 16 février 1959, celle du 13 décembre 1960, celle du 4 décembre 1976, celle du 5 février 1981, du 28 novembre 1986, du 15 janvier 1995, du 27 décembre 2004, la Charte constitutionnelle de Transition du 18 juillet 2013 tenant lieu de Constitution est à mettre entre parenthèses, et enfin, la Constitution du 30 mars 2016. Chaque président a fait sa constitution, le seul d'entre eux qui n'avait pas été à l'origine de la Constitution était le président Faustin Archange Touadera une particularité qui suscitait beaucoup d'espoir : cette Constitution sur laquelle il prêtait serment en 2016, ce n'est pas lui qui l'avait conçue qui l'avait imposée, elle lui était imposée, c'était réellement la Constitution du Peuple centrafricain et la volonté du Peuple centrafricain qui y était exprimée.

Contrairement à ce qui a été dit par ceux qui ont décidé de sa mise à mort, la Constitution du 30 mars 2016 a émergé d'un long processus d'élaboration, processus consensuel et inclusif : la proposition de nouvelle constitution a été élaborée par le Conseil national de Transition, Assemblée nationale de la Transition de 2013-2016, puis amendée par le Gouvernement, puis par un atelier national d'enrichissement, elle a été ensuite soumise à la Cour constitutionnelle de Transition qui l'a elle aussi amendée, a été à nouveau amendée puis adoptée par le CNT pour tenir compte des différents apports, et enfin soumise au peuple par référendum le 13 décembre 2015. Par ce vote, le Peuple retrouvait alors sa Souveraineté et espérait ainsi parvenir à la maîtrise de son destin.

Parmi les Institutions mises en place par la Constitution du 30 mars 2016 se trouve la Cour Constitutionnelle, celle-ci était appelée à jouer un rôle central dans la promotion de l'État de Droit et de la démocratie. Elle fait l'objet du Titre VI de la Constitution, articles 95 à 106, ces dispositions sont complétées par la loi N° 17.004 du 15 février 2017 portant organisation et fonctionnement de la Cour constitutionnelle.

La Constitution du 30 mars 2016 dispose en son article 155 que toutes les Institutions prévues devaient être mises en place dans les douze mois qui suivaient l'investiture du président de la République élu, cette investiture a eu lieu le 30 mars 2016, le jour de la promulgation de la Constitution par le Chef de l'État de la Transition, ceci en application de l'article 159 de la Constitution. Le non-respect de cette mise en place dans le délai fixé est sanctionné par le crime de haute trahison comme en dispose l'article 124 de la Constitution. Ces institutions ont effectivement été mises en place dans le délai constitutionnel à l'exception du Sénat qui nécessitait au préalable l'organisation des élections locales et régionales, cette exception était prévue par la Constitution.

Suite à cette mise en place, la Cour constitutionnelle s'est attelée à remplir sa mission et à trouver sa place au sein des Institutions de l'État et sur le plan international particulièrement au sein des organismes de coopération des juridictions constitutionnelles africaines.

L'État centrafricain et la Cour constitutionnelle centrafricaine sont un bon exemple des difficultés et soubresauts que peuvent connaître les États et juridictions constitutionnelles dans un contexte de crise ; les remises en cause sont légion, les obstacles à franchir également, chaque jour est un nouveau jour et apporte son lot de situations à régler. C'est dans un contexte difficile que la juridiction constitutionnelle doit protéger la Constitution et appliquer le droit : insécurité, crise multidimensionnelle, problèmes de gouvernance… Les problèmes qui se posent à la juridiction constitutionnelle centrafricaine ne sont pas différents de ceux qui se posent à d'autres juridictions constitutionnelles africaines et beaucoup s'y retrouveront tout au long de cet ouvrage.

Toutes les remises en question actuelles et les interrogations sur ce que doit être la place de la Constitution en Afrique, la place de la juridiction constitutionnelle amènent à s'interroger sur le constitutionnalisme africain et son évolution et également sur « l'africanisation » des Constitutions africaines, Constitutions nées des indépendances. Ces Constitutions sont accusées aujourd'hui de pêcher par mimétisme et de ne pas être adaptées au contexte africain et aux sociétés africaines. Qu'en est-il exactement ?

Afin de traiter de ces différentes questions, le premier chapitre sera consacré à la Cour constitutionnelle de Transition pour que le lien soit fait avec la Cour constitutionnelle. Le chapitre deux présentera la Constitution du 30 mars 2016, la Cour constitutionnelle, son rôle, ses missions, sa feuille de route. Les chapitres trois, quatre et cinq seront consacrés à la jurisprudence de la Cour et le chapitre six aux perspectives centrafricaines ; le chapitre VII traitera du constitutionnalisme en Afrique, son évolution et sa problématique.

CHAPITRE I

LA COUR CONSTITUTIONNELLE DE TRANSITION DE LA RCA : LE DÉBUT D'UNE RECONSTRUCTION (Juillet 2013 - mars 2017)

Ce chapitre couvre la période allant de 2013, début de la Transition à 2016, correspondant au retour à l'ordre constitutionnel et à l'entrée en vigueur de la nouvelle Constitution le 30 mars 2016 marquant ainsi la fin de la Transition. Il est nécessaire de faire une rétrospective de cette période pour comprendre le cheminement de la Cour par la suite, sous ma présidence, et ses orientations ainsi que pouvoir mesurer le chemin parcouru.

SECTION I - RAPPEL DU CONTEXTE

I - L'ACCORD DE PAIX GLOBAL DE LIBREVILLE ET LA SUSPENSION DE LA CONSTITUTION DE 2004, SUITE AU COUP D'ÉTAT DU 24 MARS 2013

La République centrafricaine est en crise depuis de longues années, mais ce sera surtout à partir de 1996 que cette crise deviendra chronique. C'est ainsi que ses autorités ont fait appel à la sous-région pour l'aider à sortir de cette situation, sans succès il faut le dire, les quelques accalmies n'ont jamais été très longues. Dans la période qui nous intéresse, le Gabon a joué un rôle de médiation important.

A. L'ACCORD DE PAIX GLOBAL DE LIBREVILLE DU 11 JANVIER 2013

Cet accord est précédé par l'« Accord de Paix global de Libreville » (APG) du 21 juin 2008. Il faut également rappeler que trois accords de paix avaient été signés préalablement à l'accord de 2008, l'accord de Syrte du 2 février 2007, signé entre le gouvernement et le Front démocratique du Peuple centrafricain (FDPC) sous médiation libyenne, l'accord de paix de Birao signé le 13 avril 2007 entre le Gouvernement et l'Union des Forces démocratiques pour le Rassemblement (UFDR) et l'accord de cesser le feu et de paix, signé à Libreville le 9 mai 2008 entre le Gouvernement et l'Armée populaire pour la Restauration de la

Démocratie (APRD). L'APG du 21 juin 2008 a été signé sous la médiation du président gabonais agissant en tant que président du Comité ad hoc dans l'Espace CEMAC sur les questions centrafricaines.

Le 11 janvier 2013, un nouvel accord de paix a été conclu à Libreville suite à la crise sécuritaire qu'a connue la République centrafricaine entre décembre 2012 et janvier 2013.

Une Déclaration de principe des parties aux négociations de Libreville sur la crise centrafricaine signée le 11 janvier 2013 préalablement à l'adoption de l'Accord, comportait les engagements suivants des Parties belligérantes :

- « *Respecter solidement la déclaration des Chefs d'État en ce qui concerne cette crise,*
- *Cesser les hostilités sans délai et sans condition,*
- *Ouvrir des corridors humanitaires pour permettre aux organismes humanitaires d'apporter aide et assistance aux populations sinistrées,*
- *Respecter les droits de l'homme, singulièrement ceux de l'Enfant et de la Femme et nous abstenir de tout acte de violence sexuelle exercée sur les femmes d'une part et de l'enrôlement des enfants comme soldats d'autre part,*
- *Mettre fin à la constitution de milices et à la distribution des armes* ».

Les parties s'engageaient aussi à dialoguer dans un esprit de tolérance et de compromis.

L'Accord politique de Libreville sur la résolution de la crise politico-sécuritaire en République centrafricaine fut signé le même jour. Il instituait un gouvernement d'union nationale inclusif d'une durée de 12 mois, « éventuellement » renouvelable, gouvernement qui comprenait la majorité présidentielle, l'opposition démocratique, les mouvements politico-militaires non combattants, la coalition Seleka, et la société civile. Il était précisé que ce gouvernement ne pouvait pas être révoqué par le président pendant la durée de la Transition, le gouvernement avait à sa tête un Premier ministre, chef du gouvernement issu de l'opposition et une feuille de route lui était fixée.

Le Premier ministre et les autres membres du gouvernement ne pouvaient pas être candidats aux élections de sortie de crise.

La coalition Seleka, signataire de l'accord, s'engageait à se retirer des villes occupées et à abandonner la lutte armée et le gouvernement s'engageait à libérer les personnes arrêtées en relation avec la crise sécuritaire ; il était prévu le cantonnement des éléments armés sous la supervision de la Micopax et surtout, les parties s'engageaient à s'abstenir de tout recours à la force pour régler leurs différends. Pour régler ceux-ci, ils pouvaient faire recours au Comité de suivi mis en place ou à l'arbitrage de la Conférence des chefs d'État de la CEEAC.

L'exécution de l'accord reposait sur la bonne foi des acteurs, ce fut un échec, car le 24 mars, donc un peu plus de deux mois après la signature de cet accord, la coalition Seleka investissait Bangui et prenait le pouvoir ce qui entraînait la suspension de la Constitution de 2004.

B. LA SUSPENSION DE LA CONSTITUTION DE 2004 ET LA DISSOLUTION DES INSTITUTIONS DE LA RÉPUBLIQUE

Suite au coup d'État perpétré par la coalition Seleka le 24 mars 2016, deux actes constitutionnels ont été pris par le nouvel homme fort du pays, Michel Djotodia Am-Nondroko, l'acte N° 1 du 26 mars suspendait la Constitution de 2004 et dissolvait les Institutions, dont la Cour constitutionnelle, l'acte N° 2 organisait les pouvoirs provisoires.

La Sous-Région recadrera le président autoproclamé et supervisera la mise en place des Institutions de la Transition en fixant les grandes lignes de la Charte constitutionnelle de Transition. La transition durera trois ans, elle sera prorogée à trois reprises, elle s'achèvera le 30 mars 2016 par l'investiture du nouveau président élu, Faustin Archange Touadera. Cette Transition sera successivement conduite par deux Chefs d'État, Michel Djotodia du 16 avril 2013, date de son élection par le Conseil National de Transition, au 10 janvier 2014 date à laquelle il démissionnait sous la pression des Chefs d'État de la CEEAC et ensuite Catherine Samba-Panza, première femme à occuper ce poste en République centrafricaine, du 20 janvier 2014, date de son élection par le Conseil National de Transition, au 30 mars 2016.

Suite à l'entrée de la coalition Seleka dans Bangui le 24 mars, le chaos s'est installé, l'Armée et les forces de sécurité se sont disloquées disparaissant dans la nature, les pillages et les exactions commises sur les populations ont été légion et dureront plusieurs mois, les réfugiés et les personnes déplacées ne se comptaient plus, les morts et les atrocités non plus. Ce fut une période de terreur et de troubles, la justice n'était plus rendue, l'impunité connut son heure de gloire, l'État avait quasiment disparu, il ne restait plus que les armes et la désolation. Après l'adoption de la Charte constitutionnelle de Transition un semblant d'ordre revint. La Charte de Transition tenait lieu de Constitution de la République centrafricaine afin de permettre le retour à l'ordre constitutionnel.

II - LA CHARTE CONSTITUTIONNELLE DE TRANSITION : UN COMPROMIS POUR LA PAIX ET POUR UN RETOUR A L'ORDRE CONSTITUTIONNEL

A. L'IMPLICATION DE LA CEEAC

Le troisième Sommet extraordinaire des Chefs d'État et de gouvernement, tenu à Ndjamena le 3 avril 2013, a décidé de la mise en place d'un Conseil National de Transition (CNT) devant exercer le pouvoir législatif et rédiger la nouvelle Constitution. Le quatrième Sommet tenu à Ndjamena le 18 avril 2013 a précisé sa mission en ces termes :

« *Le Conseil National de Transition dispose de la plénitude du pouvoir législatif. Il est chargé de préparer le projet de Constitution à soumettre au suffrage populaire.*

L'urgente mission du Conseil National de Transition est d'élaborer et d'adopter une Charte constitutionnelle de la transition organisant l'ensemble des Pouvoirs publics de la transition, conformément à l'Accord de Libreville, à la déclaration de Ndjamena, au consensus populaire et de la classe politique centrafricaine »

B. CONCERTATION ET COMPROMIS

Cette Charte a été adoptée par le CNT le 5 juillet 2013 et elle a été promulguée par le Chef de l'État de la Transition le 18 juillet 2013.

Du fait qu'elle est une Charte constitutionnelle, elle est un compromis. Cet acte qui devait faire office de Constitution pendant la Transition sortait du cadre classique des régimes politiques. Elle comportait des spécificités qui en faisaient un texte spécial, « sui generis ».

La Charte organisait les Institutions de la Transition en faisant prévaloir le pragmatisme et le consensus. Le compromis et l'inclusivité présidaient à la désignation des membres représentant le pouvoir exécutif et le pouvoir législatif.

Ainsi, le CNT, organe constituant et législatif était composé de différentes entités représentatives de la société centrafricaine afin de lui donner un caractère inclusif, le Chef de l'État de la Transition, qui ne portait pas le titre de président de la République, était élu par le CNT pour la durée de la Transition, le Chef de gouvernement, était issu de l'opposition démocratique et sa désignation était entérinée par le Chef de l'État de la Transition.

La concertation présidait au fonctionnement de ces Institutions.

Cette concertation qui devait prévaloir entre le Chef de l'État et le Premier ministre était rappelée dans plusieurs articles de la Charte, ainsi, l'article 31 stipulait que les décrets étaient pris en Conseil des ministres par consensus, que la nomination aux hautes fonctions civiles et militaires par le Chef de l'État devait se faire en accord avec le Premier ministre ; le Premier ministre, en concertation avec le Chef de l'État, mettait en œuvre la feuille de route de la Transition et fixait l'ordre du jour du Conseil des ministres.

En outre, la Charte instituait le contreseing en son article 30 alinéa 2 pour des responsabilités partagées. En effet, le contreseing a été introduit pour favoriser la concertation et la collaboration entre le Chef de l'État et le Premier ministre, sans laquelle la transition serait un échec. Par contre, le contreseing ne s'appliquait pas aux actes suivants : la nomination du Premier ministre, l'exercice du droit de grâce, l'octroi des distinctions honorifiques, les nominations au sein de la Présidence de la République et l'organisation des Services du Chef de l'État.

En ce qui concerne l'organe législatif, le CNT, deux limitations importantes étaient insérées dans la Charte conformément aux Accords : l'impossibilité pour le CNT d'utiliser la motion de censure ou le vote de confiance contre le Gouvernement et l'imposition du vote bloqué pour l'adoption du Code électoral, et dans une moindre mesure, l'adoption du projet de loi des finances à l'occasion duquel le CNT se prononçait en ne retenant que les amendements acceptés par le Gouvernement.

Ainsi, le Chef de l'État exerçait les pouvoirs classiquement dévolus au Chef de l'Exécutif, le Premier ministre voyait ses pouvoirs renforcés par le contreseing, il ne pouvait être destitué, mais il devait exercer ses pouvoirs en concertation avec le Chef de l'État et réciproquement. Le CNT, organe constituant et législatif ne pouvait cependant pas renverser le gouvernement par le vote d'une motion de censure, il n'avait en outre pas la possibilité d'apporter des amendements au Code électoral et en matière de projet de loi des Finances, ses amendements devaient être acceptés par l'Exécutif.

Si les dispositions concernant le CNT ont fonctionné, celles concernant l'Exécutif n'ont clairement pas fonctionné sur un point important, en effet, Catherine Samba Panza, succédant à Michel Djotodia choisira ses Premiers ministres en dehors de l'opposition, ce qui a faussé tout le système mis en place.

SECTION II - LA COUR CONSTITUTIONNELLE DE TRANSITION

I - RÔLE ET MISSIONS

A. UNE COUR LIÉE A LA DURÉE DE LA TRANSITION

Lorsque je participais à la rédaction du projet de Charte constitutionnelle de Transition, ce que j'ai considéré par la suite comme une erreur juridique figurait dans cette Charte et aucun d'entre nous, experts nationaux ou internationaux, ne l'avait relevée : en effet, la Cour constitutionnelle fut appelée Cour constitutionnelle de Transition, or, étant une juridiction, elle aurait dû bénéficier du caractère permanent des autres juridictions.

Le pouvoir judiciaire faisait l'objet du Titre VII de la Charte constitutionnelle de Transition, articles 85 à 89. Il était précisé à l'article 89 : « *Sous réserve des dispositions de la présente Charte constitutionnelle, l'organisation et le fonctionnement de la Justice demeurent conformes aux dispositions législatives et réglementaires* ». Le pouvoir judiciaire et les juridictions ne devaient pas être affectés par la Transition, ils devaient continuer à exercer de façon permanente. Il aurait dû en être de même pour la Cour constitutionnelle, haute juridiction, dont l'existence n'aurait pas dû dépendre de la durée de vie de la Transition, elle n'aurait pas dû s'appeler *Cour constitutionnelle de Transition,* mais simplement *Cour constitutionnelle.* Du fait de cette qualification, la Cour constitutionnelle de Transition a dû être renouvelée à l'issue de la Transition.

Ce qui apparait comme étant une anomalie vient du caractère hybride de la Cour constitutionnelle, c'est une haute juridiction classée à part, elle est classée « Institution de la République » et sa nature et son fonctionnement sont fixés par la Constitution. Ce classement parmi les Institutions de la République a un impact sur son caractère juridictionnel. En effet, très souvent, on oublie qu'elle est une juridiction et que de ce fait elle est composée de magistrats dénommés « Juges constitutionnelles » qui rendent la justice par des décisions de Justice. C'est une juridiction même si elle traite de questions éminemment politiques. En effet, quasiment toutes les questions figurant dans la Constitution qui sont de sa compétence sont d'ordre politique, la protection des droits fondamentaux, les relations entre les pouvoirs, les élections, la régulation du fonctionnement des pouvoirs publics, mais ce sont des questions politiques sur lesquelles la Cour constitutionnelle rend des décisions de Justice. Le fait qu'elle soit perçue très souvent plus comme une Institution de la République que comme une juridiction la rend également vulnérable face aux pressions du politique, qui a tendance à remettre son indépendance en cause.

J'ai eu, durant l'exercice de mes fonctions de présidente de la Cour constitutionnelle, à annuler ma présence à des cérémonies à caractère politique, car cela pouvait nuire au caractère impartial de la Juridiction et à mon obligation de réserve et de neutralité. Cela n'a pas toujours été facile. Ainsi, étant un jour invitée à une cérémonie, c'est en arrivant à cette cérémonie que je me suis rendu compte de son caractère exclusivement « politique » et même partisan et j'ai eu ainsi la désagréable surprise de voir le lendemain circuler sur les réseaux sociaux, une photo de la cérémonie où l'on voyait les différents présidents des Institutions alignés et parmi les présidents j'avais été entourée de rouge ! J'ai fait plus attention par la suite, mais ça n'a pas été toujours aisé de faire la distinction tant le protocole lui-même ne le faisait pas. Il en est ainsi des cérémonies des partis politiques, mais aussi des cérémonies religieuses en vertu du principe de laïcité.

La Cour constitutionnelle, et particulièrement son président, est toujours « sous surveillance » ; en soi cela ne devrait pas être préjudiciable à la fonction, mais cela devient critique quand, suivant les décisions que vous prenez, vous êtes accusés d'être pro-régime ou pro-opposition alors que vous n'avez fait que dire le droit. C'est pour cela que je répétais souvent aux juges : quoi que nous fassions nous serons souvent accusés de partialité, mais ce qui nous sauve, c'est le droit et l'intégrité, alors restons dans le droit !

B. LES MISSIONS ET LES COMPÉTENCES DE LA COUR DE TRANSITION

Compétences et composition

La Cour constitutionnelle de Transition fait l'objet du Titre VI de la Charte. Ses compétences, qui sont énumérées dans l'article 76, sont les compétences classiques d'une Juridiction constitutionnelle : la Cour est gardienne de la Charte, elle exerce le contrôle de constitutionnalité des Lois et aussi des Règlements, elle est juge des élections, elle est régulatrice du bon fonctionnement des pouvoirs publics, la Cour est seule à pouvoir interpréter la Charte.

La composition de la Cour constitutionnelle de Transition était la suivante, elle comprenait neuf membres, dont au moins quatre femmes. Six membres étaient élus par leurs pairs et 3 étaient nommés : deux magistrats, dont une femme, élus par leurs pairs ; deux avocats, dont une femme, élus par leurs pairs ; deux enseignants — chercheurs de droit élus par leurs pairs ; un membre nommé par le Chef d'État de la Transition, un membre par le Premier ministre et un membre par le président du Conseil national de Transition.

Les juges constitutionnels étaient désignés suivant les critères spécifiés *«parmi les personnes intègres et ayant au moins dix ans d'expérience professionnelle».* Les membres nommés pouvaient ne pas être juristes. Dans la Cour constitutionnelle de Transition, la seule personne à n'être pas juriste avait été celle nommée par le président du CNT. Je disais toujours qu'elle représentait la voix du peuple parmi nous, car certainement plus proche des aspirations du Peuple que nous ne l'étions, de par les fonctions qu'elle avait exercées à la Mairie de Bangui où elle avait été en charge de l'état civil.

La saisine de la Cour

Sous la Transition, la Cour demeurait une Cour qui apparaissait comme un instrument à la disposition des dirigeants qui pouvaient la saisir quasiment de façon exclusive. Elle pouvait être saisie en contrôle de conformité, pour une demande d'avis et en régulation du fonctionnement des pouvoirs publics ou encore en interprétation de la Constitution par trois personnalités le Chef de l'État, le Premier ministre ou le président du CNT. Ceux-ci saisissent la Cour quand ils y voient un intérêt ou quand cette saisine est obligatoire et prévue spécifiquement par la Charte. Les députés qui ont aussi cette possibilité ne l'ont jamais utilisée sous la Transition.

La Cour constitutionnelle de Transition pouvait être saisie par un particulier, mais de façon restrictive, soit par la saisine directe soit par le recours préjudiciel d'inconstitutionnalité soulevé devant une juridiction, cependant pour pouvoir saisir la Cour, le particulier devait justifier d'un intérêt. C'est la suppression de cette exigence dans la Constitution du 30 mars 2016 qui fera toute la différence.

Sous la Transition, un particulier avait saisi directement la Cour pour inconstitutionnalité de certaines dispositions du Code de la famille, notamment les dispositions relatives à la polygamie, cependant celui-ci n'avait pas rapporté la preuve d'un intérêt à agir, sa requête avait été déclarée irrecevable sur le motif qu'il devait justifier d'un intérêt à agir et que cet intérêt devait être personnel et direct.

Dans sa fonction de régulation du bon fonctionnement des Pouvoirs publics, la Cour avait été saisie par le président du CNT qui sollicitait un arbitrage concernant l'ordre de préséance entre le Premier ministre et le président du Conseil National de Transition. La Cour a rappelé certaines dispositions de la Charte constitutionnelle de Transition notamment celle qui stipule que le président du Conseil National de Transition était appelé à assurer l'intérim du chef de l'État en cas de vacance du pouvoir, qu'ainsi il est incontestablement la deuxième personnalité du pouvoir.

La Cour s'est justifiée ainsi en faisant un rappel des dispositions de l'Accord politique de Libreville du 11 janvier 2013 qui avait placé le Premier ministre de Transition deuxième personnalité politique :

« *Considérant que l'Accord politique de Libreville du 11 janvier 2013, la Déclaration de Ndjamena et l'Appel de Brazzaville du 3 mai 2013, noyaux des arrangements politiques durant la période de Transition, faisant du Premier ministre la garantie morale de la Transition, lui ont conféré des pouvoirs étendus tout en précisant qu'il ne peut être révoqué pendant la transition ;*

Que compte tenu de ce qui précède, le Premier ministre de la première période de la Transition a été considéré comme la deuxième personnalité de l'État, qu'ainsi, par arrangement politique, le deuxième rang dans l'ordre de préséance lui a été conféré ; mais que l'ordre de préséance sous-entendu dans la Charte constitutionnelle de Transition, doit été établi comme suit : le chef de l'État de la Transition, le président du CNT, le Premier ministre Chef du Gouvernement. »[16]

J'avais pu constater en examinant les recueils des décisions de la Cour précédente que sa jurisprudence était assez restreinte et limitée, cela signifiait très certainement que la Cour n'avait pas été sollicitée fréquemment en dehors du contentieux électoral. La Cour constitutionnelle de Transition a eu à rendre plusieurs décisions en contentieux général, car les interventions de la Cour se situaient dans une période exceptionnelle qui nécessitait des clarifications des dispositions constitutionnelles à plusieurs étapes ; ceci a amené la Cour à prendre de l'importance et à remplir sa mission sous la vigilance des uns et des autres, communauté internationale comprise.

À partir de la Transition, les recueils des décisions de la Cour n'ont cessé d'augmenter de volume, ce qui est une preuve de l'intérêt grandissant qu'elle suscitait et de la place qu'elle commençait à occuper.

Lorsque nous prenions nos fonctions à la Cour constitutionnelle de Transition nous étions surpris et consternés de constater que le « siège »

[16] Recueil des décisions de la CCT, requêtes diverses, années 2013 à 2017 p.49

de la Cour dont nous héritions de la Cour constitutionnelle précédente se résumait pratiquement à un bureau où nous devions tous nous loger et, le comble, celui-ci était situé au rez-de-chaussée de la Primature ! Rien que son emplacement était inconstitutionnel et démontrait tout le chemin qui était à parcourir pour faire connaître la Cour constitutionnelle du public et faire croire à un minimum d'indépendance de celle-ci.

Fort heureusement, le Chef de l'État Michel Djotodia affecta assez rapidement à la Cour une villa dans les « 14 Villas » puis, sur l'insistance du président de la Cour et de moi-même, une deuxième ; à l'heure où j'écris ce livre, c'est toujours le siège de la Cour faute d'avoir pu obtenir un siège qui soit digne de la Haute Juridiction. Nous sommes parvenus avec l'appui de la Minusca sous la Transition puis après la Transition à rajouter deux bâtiments dont l'un nous servait de salle de délibération et l'autre de salle des Assistants lors des élections de décembre 2020.

II - L'ACTION DE LA CCT EN CONTENTIEUX GÉNÉRAL POUR UN RETOUR A L'ORDRE CONSTITUTIONNEL

La Cour constitutionnelle de Transition a accompagné la Transition et l'a même recadrée à l'occasion. C'est cet accompagnement que nous allons démontrer par l'étude de quelques décisions en contentieux général puis en contentieux électoral.

En matière de contentieux général, la CCT a rendu des décisions qui ont encadré l'évolution de la Transition vers un retour à l'ordre constitutionnel.

A. LA DURÉE DE LA TRANSITION

La Cour constitutionnelle de Transition a eu à trois reprises à accompagner la Transition vers un retour à l'ordre constitutionnel en procédant à la vérification de la conformité de la prorogation de la Transition.

La première décision est **la décision 003/15**,[17] la deuxième décision est la 009/15 et la troisième décision, la décision 014/15.

La première échéance électorale était fixée au mois de février 2015, elle ne pouvait être tenue, afin d'éviter un vide constitutionnel il fallait proroger la Transition. Par correspondance du 22 décembre 2014, le

[17] Recueil des décisions de la CTT, requêtes diverses, années 2013 à 2017 p.70

médiateur international de la Transition, le président de la République du Congo, Denis Sassou Nguesso a donné son accord pour une prorogation de la durée de la Transition pour une période de six mois.

L'article 102 de la Charte constitutionnelle de Transition stipulait : « *La durée de la Transition est de 18 mois, portée à 24 mois sur avis conforme du médiateur* ».

L'intérêt de cette décision a été de déterminer la date de début de la Transition, qui a été fixée par la Cour au18 juillet 2013. En effet, l'article 102 ne précisait pas de date, mais disait simplement : « *La période de transition débute par une cérémonie officielle après l'entrée en vigueur de la présente Charte constitutionnelle de Transition. Les juges constitutionnelles ensuite le Chef de l'État de la transition prêtent serment à l'occasion de cette cérémonie* ».

Il y a eu deux cérémonies distinctes : celle de prestation de serment des juges constitutionnelles devant le CNT, et celle de prestation de serment du Chef de l'État devant la Cour ; le Chef de l'État n'étant pas encore investi et n'ayant pas encore prêté serment, il ne pouvait recevoir le serment des juges constitutionnelles. Il a donc été décidé qu'ils prêtent serment devant le CNT, pour ensuite pouvoir recevoir le serment du Chef de l'État. La Cour a retenu la date d'investiture du Chef de l'État comme cérémonie fixant le début de la Transition, donc le 18 juillet 2013.

La période située entre le 24 mars date du coup d'État et le 18 juillet était donc considérée comme toujours régie par la Constitution de 2004 même si elle avait été suspendue par les actes constitutionnels, c'est la Charte constitutionnelle qui abrogera la Constitution de 2004. La Charte constitutionnelle également a été datée du 18 juillet 2013, date de sa promulgation par le Chef de l'État nouvellement investi.

La deuxième décision est la **décision 0015 du 14/08/2015** [18]

La Cour a été à nouveau saisie sur la question de la prorogation de la Transition par le Chef de l'État de la Transition sur la décision N° 76/CEEAC/CCEG/XVI/15 des chefs d'État de la CEEAC portant prorogation de la Transition. Cette prorogation allait du 18 août au 30 décembre 2015, délai supplémentaire nécessaire pour la mise en œuvre du processus électoral, cette décision répondait aux exigences de l'article 102 de la Charte constitutionnelle de Transition, elle a été déclarée conforme.

La troisième décision est la **décision 014/15 du 08 décembre 2015**.

---

[18] Recueil des décisions de la CCT , requêtes diverses, années 2013 à 2017 p.100

Une décision des chefs d'État de la CEEAC avait autorisé une nouvelle prorogation de la Transition allant du 1er janvier 2016 au 31 mars 2016 ; cette décision a été déclarée conforme aux articles 102, alinéa 2 et 103 alinéas 3 de la Charte constitutionnelle de Transition. L'article 102 alinéa 2 disant ceci : « *En cas de nécessité, la durée de la transition peut être examinée par la conférence des Chefs d'État de la CEEAC sur proposition conjointe et motivée du Chef d'État de la Transition, du Premier ministre et du Président du Conseil National de transition.* »

B. LES INÉLIGIBLES DE LA TRANSITION

Cette question a fait l'objet d'une décision de la Cour qui nous semble être importante, il s'agit de la **décision 010/15 du 08/12/2015**[19] rendue sur demande d'interprétation de l'article 106 de la Charte introduite par le Chef de l'État de la Transition qui était alors Catherine Samba Panza.

Que disait cet article 106 ? Il disait ceci :

« *Le Chef de l'État de la Transition, le Premier ministre de la Transition, les membres du Gouvernement de Transition et les membres du Bureau du Conseil National de Transition sont inéligibles aux élections présidentielles et législatives organisées durant la Transition.*

Les juges constitutionnels et les membres du Haut Conseil de Communication ne peuvent être candidats aux élections présidentielles et législatives organisées à l'issue de la Transition ».

Cette disposition donnait lieu à diverses interprétations plus on s'approchait des échéances électorales. Je me souviens avoir été appelée au CNT pour donner un éclairage de juriste à cette disposition, mais manifestement, les explications données ne satisfaisaient pas certains membres du Bureau.

Il était donc nécessaire que le sens exact de cette disposition soit connu avant le dépôt des candidatures. Fort heureusement, la Cheffe de l'État de la Transition a introduit une demande d'interprétation de l'article 106 de la Charte.

La requérante soulevait le problème suivant : les dispositions de l'article 106 font l'objet de deux courants d'interprétation, pour certains, l'application des dispositions de l'article 106 concerne uniquement les

---

[19] Recueil des décisions de la CCT, requêtes diverses, années 2013 à 2017 p. 90

seuls acteurs en fonction et pour d'autres, l'application inclut l'ensemble des dirigeants de la Transition depuis le commencement.

Qu'en était-il exactement ?

La question qui se posait et à laquelle la Cour devait répondre était la suivante : les inéligibilités telles que fixées par la charte s'appliquaient elles aux personnalités qui avaient cessé d'exercer leur fonction avant la fin de la Transition au même titre que celles qui demeuraient en fonction à la date d'échéance de la Transition ?

La Cour devait répondre à cette question en déterminant le sens et la portée de l'article 106. En ce qui concerne le sens de la décision, la Cour a commencé par démontrer l'unicité de la Transition, il n'y a qu'une seule Transition même si elle a été prorogée à plusieurs reprises, ces diverses prorogations n'ont pas installé des transitions successives, en conséquence les changements de chefs d'État, de Premier ministre ou de gouvernement n'ont pas eu pour effet d'instaurer de nouvelles transitions ; en outre, la loi étant générale et impersonnelle, elle ne fait pas référence aux « anciens » chefs d'État, aux « anciens » premiers ministres ou aux « anciens » présidents ou membres du bureau du CNT, la loi fondamentale « *vise les titres et les fonctions de façon générale et impersonnelle* ».

En ce qui concerne la portée de l'article 106,

La Cour, en examinant les dispositions de l'article 101 tirets 2, 3 et 7, a démontré que les inéligibilités ont été inscrites de façon irrévocable, toute modification de la Charte constitutionnelle de Transition sur cette question étant prohibée :

« *qu'il en résulte que le pouvoir constituant a institué un verrou constitutionnel prohibant toute velléité de révision de la Charte en ce qui concerne les inéligibilités et exprimant ainsi clairement sa volonté de voir scrupuleusement ces inéligibilités respectées par les acteurs de la Transition et par toutes les personnalités ayant exercé les fonctions faisant l'objet desdites inéligibilités* » qu'en reprenant ces inéligibilités dans le code électoral, le constituant *« a expressément dérogé au principe d'égalité de tous les citoyens à pouvoir se porter candidats aux élections présidentielles et législatives organisées à l'issue de la transition en ce qui concerne les personnalités ayant occupé ou occupant les fonctions visées à l'article 106 de la Charte* ».

La Cour constitutionnelle a ensuite fait la distinction entre les inéligibilités et la durée d'exercice des fonctions par les différentes personnalités. Elle a relevé que les conditions de fin des fonctions sont prévues par la Charte, qu'ainsi les fonctions peuvent être interrompues durant la Transition, la Charte ayant également prévu les modalités de leur remplacement, mais que les inéligibilités, elles, sont énoncées de façon irrévocable et pour la durée de la Transition.

La Cour a conclu : « *En application de l'article 106 de la Charte constitutionnelle de Transition, toute personnalité ayant porté et exercé les fonctions de chef d'État de la Transition, de Premier ministre de transition, de membre du gouvernement de transition, de juge constitutionnelle ou de membre du haut conseil de communication est frappée par les inéligibilités prévues à l'article 106 de la charte quelle que soit la durée pendant laquelle elle a exercé ces fonctions pendant la transition et quelles que soient les causes de la cessation des fonctions ainsi exercées* ».

À la suite de cette décision, j'avais dressé la liste des inéligibles de la Transition et l'avais fait signer par le président de la Cour, ceci dans le but de nous faciliter la tâche de contrôle lors de l'examen des candidatures aux élections organisées à l'issue de la Transition. Les inéligibles étaient au nombre de 109.

III - L'ACTION DE LA COUR CONSTITUTIONNELLE DE TRANSITION EN CONTENTIEUX ÉLECTORAL

A. LES INTERVENTIONS DE LA CCT PRÉALABLES AUX ÉLECTIONS

Le séquençage des opérations référendaires et électorales

Il s'agit de la **décision N° 005/15/CCT du 15 avril 2015**[20] sur la séquence des opérations référendaires et électorales prévues à l'article 44 de la Charte constitutionnelle de Transition et sur l'interprétation des dispositions de l'article 104 de la Charte constitutionnelle de Transition.

Nous ne traiterons pas de l'interprétation de l'article 104 de la Charte, car elle n'a pas grand intérêt juridique.

L'article 44 de la Constitution qui concernait la feuille de route de la Transition stipulait en son tiret 5 que le Gouvernement devait « *préparer et organiser un référendum constitutionnel ainsi que des élections présidentielles et législatives libres, démocratiques, transparentes et régulières* ».

---

[20] Recueil des décisions de la CCT, requêtes diverses, années 2013 à 2017, p.75

Le problème qui se posait était le suivant : dans quel ordre ces scrutins devaient-ils se dérouler ?

Curieusement, ce problème faisait couler beaucoup d'encre et en cette matière le Gouvernement avait une position différente de celle de la communauté internationale qui souhaitait, pour des raisons financières, que tout soit organisé le même jour. C'est ainsi que le Premier ministre saisît la Cour constitutionnelle d'une demande d'avis selon la procédure d'urgence.

Le Premier ministre demandait à la Cour s'il était possible d'organiser la présidentielle et les législatives avant le référendum, donc si une inversion de l'ordre des opérations référendaires et électorales prévues par l'article 44 serait conforme à ses dispositions. Il faut noter que la décision de grouper la présidentielle et les législatives avait déjà été prise et validée par la Cour constitutionnelle de Transition. La Cour a répondu ainsi en se basant sur les principes qui régissent la tenue d'élections libres et démocratiques d'une part et en en tenant compte de l'histoire centrafricaine d'autre part :

« *Pour satisfaire à ces standards démocratiques, il y a lieu de permettre aux candidats aux élections présidentielles et législatives de connaître le régime politique fixé par la Constitution et ses caractéristiques, la durée des mandats pour lesquels ils postulent et l'étendue des pouvoirs et des responsabilités liés à la fonction qu'ils souhaitent exercer* » ce qui était tout simplement le bon sens.

La Cour a poursuivi en relevant un point important : « *Qu'en outre, l'exigence de transparence conduit à écarter tout risque de confusion pour les électeurs entre la Constitution et les candidats aux élections* ». C'était un point important, car il faisait référence à l'histoire centrafricaine où chaque président avait sa Constitution, il y avait lieu de ne pas retomber dans cette erreur en dissociant les candidats de la Constitution qui aura été adoptée avant eux.

L'Ambassadeur de France envoya vers le président de la Cour un conseiller de l'Ambassade et le conseiller technique du ministre de la Justice, pour nous faire part de son inquiétude si ce n'est de sa réprobation par rapport à notre décision. Ce ne sera pas la seule fois où le corps diplomatique, qui était de toute façon pleinement impliqué dans la préparation des élections, contactera ainsi la Cour constitutionnelle pour obtenir des explications sur une décision et faire part de ses inquiétudes, ce qui n'était pas régulier, un juge n'ayant pas à s'expliquer sur les décisions qu'il prend ; comme nous étions en période de Transition, il fallait faire prévaloir le caractère exceptionnel de cette période et faire preuve de souplesse et de compréhension ! Cela se répètera en suite de l'annulation du premier tour des élections législatives, cette fois-là plusieurs ambassadeurs seront concernés.

En ce qui concerne cette décision, je pense que le pari était réussi, car manifestement, les citoyens centrafricains n'ont jamais associé le président Touadera à la Constitution de 2016 tant et si bien que celui-ci a nourri le projet de s'en débarrasser et de faire « sa » Constitution, la Constitution du 30 mars 2016 étant fermée à tout troisième mandat, en cela il en a déçu plus d'un, dont moi-même. Lui qui avait été élu, qui était un universitaire, il s'est comporté comme David Dacko qui, dès le lendemain de l'Indépendance, n'a eu qu'un objectif, celui de rester au pouvoir ; malheureusement, il n'y restera pas longtemps et sera renversé dans la nuit de la Saint-Sylvestre, les Centrafricains auront ainsi pour cadeau du Nouvel An un nouvel homme fort : le colonel Jean-Bedel Bokassa. Pourquoi ne pas tirer des leçons de l'histoire ?

À la suite de la décision de la Cour, le décret N° 15.401 du 10 novembre 2015 portait convocation du corps électoral le dimanche 13 décembre 2015 en vue de se prononcer par référendum sur le projet de Constitution de la République. La Constitution du 30 mars 2015 était adoptée le 13 décembre 2015.

Par décision N° 016/15/CCT du 13 décembre 2015, la Cour a proclamé les résultats définitifs du scrutin référendaire avec un taux national de participation de 33,04 %. La Cour n'avait enregistré aucune contestation.

Le droit de vote des réfugiés : la recherche de l'inclusivité

Le Code électoral en vigueur en RCA ne permettait pas le vote des personnes déplacées ni des réfugiés, ce qui était conforme aux règles, compte tenu du statut des réfugiés et de la position des personnes déplacées par rapport aux dispositions électorales classiques en usage. En ce qui concerne les personnes déplacées, des problèmes techniques surtout se posaient et pouvaient être résolus, mais en ce qui concerne les réfugiés leur prise en compte entraînait non seulement des dispositions techniques et légales à prendre en compte, mais aussi des incidences diplomatiques par l'implication des pays d'accueil, et internationales par l'implication du HCR.

La Cour constitutionnelle de Transition pour mener son action en faveur du vote des réfugiés s'est appuyée sur les dispositions de la Charte constitutionnelle de Transition, sur les résolutions du Conseil de Sécurité des Nations Unies et sur l'expérience menée en ce domaine par d'autres pays.

La Cour constitutionnelle de Transition avait pour préoccupation dans le cadre du respect de l'esprit de compromis et de réconciliation nationale contenu dans la Charte constitutionnelle de Transition, de veiller au caractère inclusif des élections, car les divisions étaient nombreuses et les ressentiments minaient la société.

La Cour a dû faire face à une opposition du Conseil National de Transition au vote des réfugiés. Comme cela était prévisible, les partis politiques avaient reporté leurs oppositions et inquiétudes au sein du Conseil national de Transition lors du vote du projet de Code électoral. La Cour devait procéder au contrôle de constitutionnalité du code, à cette occasion, elle a œuvré pour la modification des dispositions du code afin de permettre le vote des réfugiés.

La Cour constitutionnelle dans sa **décision N° 002 du 16 janvier 2015**[21] rendue à l'occasion de l'examen de conformité de la loi portant dérogation au Code électoral s'est exprimée ainsi :

« *Considérant qu'il y a lieu de signaler que l'examen de la loi portant code électoral fait apparaitre, que la question du vote des citoyens centrafricains déplacés ou réfugiés du fait des évènements n'a pas été prise en compte, ceci en méconnaissance de l'article 20 alinéa 6 de la Charte constitutionnelle de Transition qui dispose que :* « *Tout citoyen a le droit de vote* », ***que cette situation doit être prise en compte*** ».

Le Conseil National de Transition, organe législatif, a rejeté le 1er juillet 2015 les dispositions dérogatoires relatives au vote des réfugiés contrevenant ainsi à la décision de la Cour.

En déniant le droit de vote aux réfugiés, le législateur violait deux dispositions de la Charte constitutionnelle de Transition :

- L'article 20 alinéa 6 de la Charte qui dispose « *Tout citoyen a le droit de vote* »
- L'article 84 alinéa 1 de la Charte constitutionnelle de Transition qui dispose :
  « *Les décisions de la Cour constitutionnelle de transition ne sont susceptibles d'aucun recours. Elles s'imposent aux pouvoirs publics, à toute autorité administrative et juridictionnelle et à toute personne physique ou morale* ».

Le CNT devait finalement procéder à un nouvel examen des dispositions dérogatoires qui aboutiront à l'adoption de dispositions

[21] Recueil des décisions de la CCT, requêtes diverses, années 2013 à 2017, p. 64

permettant aux réfugiés de voter pour le scrutin référendaire et pour l'élection présidentielle. Le vote positif a été obtenu à l'arraché.

Le 8 décembre 2015 était promulguée la loi portant code électoral de la République centrafricaine et comportant les dispositions dérogatoires tant pour les réfugiés que pour les personnes déplacées.

De l'expérience centrafricaine on peut tirer deux enseignements : le premier enseignement est qu'il est nécessaire de prendre en compte les conditions du pays dans lequel les élections sont organisées et elles varient d'un pays à un autre. Le réalisme conduit à une adaptation du droit électoral pour permettre une plus grande participation et un apaisement dans un pays en crise profonde qui doit retrouver l'ordre constitutionnel par le biais de ces élections. Le deuxième enseignement est que le Code électoral doit être inclusif en toute circonstance et particulièrement en période de sortie de crise et de retour à l'ordre constitutionnel. Ce code électoral doit faire l'objet de débats et aboutir à un consensus, car il est un facteur de paix sociale.

Le chronogramme électoral

La question du chronogramme électoral a été une question qui a bien failli faire basculer la Transition.

Un Comité stratégique de préparation des élections présidé par le Premier ministre Mahamat Kamoun avait été mis en place. À ce comité, étaient représentés tous les acteurs principaux de préparation et de financement des élections, dont bien entendu la communauté internationale. Ce comité a permis à mon avis de ne pas proroger la Transition une énième fois : tous les acteurs étant regroupés, les décisions étaient prises plus rapidement et plus efficacement.

Ce comité travaillait notamment sur le chronogramme électoral. Il a été question à un moment de réduire les délais de façon si drastique que le chronogramme a été rapidement qualifié de chronogramme « politique » et non plus « juridique ». La proposition faite en est arrivée à supprimer les délais des contentieux, tout cela pour aller plus vite avec des coûts réduits.

Il m'est très vite apparu que nous allions tout droit à la catastrophe et que la Transition allait très mal se terminer. Comment pouvait-on envisager de « bâcler » les différentes étapes du déroulement du processus électoral alors que ces élections devaient nous permettre un retour à l'ordre constitutionnel ? Comment pouvait-on envisager, sans que cela n'ait de graves conséquences sur la paix sociale, de supprimer aux électeurs et aux candidats toute possibilité de contester les résultats des élections en ôtant du chronogramme les délais des contentieux !

Voyant la catastrophe annoncée se profiler à l'horizon, j'ai, de ma propre initiative, contacté un responsable politique de la Minusca, lui ait expliqué les enjeux et lui ai demandé de transmettre tout cela au Représentant spécial du Secrétaire général des Nations Unies (RSSGNU) à qui je demandais expressément, par son intermédiaire, de soutenir la Cour constitutionnelle dans sa position. Je lui disais aussi que, de notre côté, nous allions étudier le chronogramme et faire une proposition de réduction des délais qui garantirait les contentieux et conserverait l'aspect juridique du chronogramme. J'appelais ensuite le juge Waboe et lui et moi avons travaillé à mon domicile sur un nouveau chronogramme avec des délais réduits. Il a été chargé de défendre le chronogramme au Comité stratégique où il rencontra une vive opposition de la part de l'ambassadeur de France. Le Premier ministre Kamoun a donc demandé l'arbitrage du Chef de l'État. Très rapidement, une réunion regroupant les responsables nationaux et la communauté internationale a été convoquée par le Chef de l'État. Une rumeur courrait alors que les juges constitutionnelles voulaient démissionner à cause de ce problème, ce qui était absolument faux, cela ne nous avait jamais traversé l'esprit ; cette rumeur fut évoquée d'emblée par le Chef de l'État lors de l'ouverture de la réunion, notre représentant précisa qu'il n'en avait jamais été question de notre côté, mais que, bien au contraire, nous étions déterminés à faire notre travail jusqu'au bout ! Après cette précision, le représentant de la Cour a expliqué les dangers du chronogramme politique et plaidé pour le chronogramme avec les délais resserrés. Le Chef de l'État a ensuite passé la parole à la Communauté internationale, c'est le Représentant du Secrétaire général des Nations Unies qui a donné la position de la Communauté internationale et il a d'emblée dit que la communauté internationale soutenait la position de la Cour constitutionnelle : un grand soulagement ! Je voudrais dire aujourd'hui au Représentant spécial du Secrétaire général des Nations Unies un grand merci pour nous avoir soutenus et permis ainsi d'éviter à notre pays un grand danger de déstabilisation par des élections qui auraient été peu crédibles et peu démocratiques à cause d'un chronogramme politique de tous les dangers.

À la lumière de cette affaire, j'ai compris l'importance du chronogramme électoral pour des élections démocratiques libres et apaisées et c'est pour cette raison que durant ma présidence, j'ai toujours tenu à ce que le chronogramme juridique soit élaboré par la Cour constitutionnelle sur la base des données de la Constitution et du Code électoral et publié auprès des autorités, de la communauté internationale, des partis politiques et de la société civile, et ceci a sauvé bien des situations, dont une sur laquelle je reviendrai lorsque j'aborderai la préparation des élections de 2020[22].

B. LE TRAITEMENT DES RÉSULTATS

La proclamation de l'élection présidentielle

Dans le cadre d'un retour à l'ordre constitutionnel, il m'était apparu, et je pense que cela était une évidence pour tout le monde, que l'élection présidentielle revêtait, un caractère particulier. La République devait se doter d'un nouveau président démocratiquement élu et les candidats à la fonction étaient nombreux et déterminés.

Les résultats définitifs du premier tour ont fait l'objet de la **décision N° 004/16 du 25/01/2016.** Ils ont été les suivants :

Électeurs inscrits	1.954.433
Votants	1.217.800
Suffrages exprimés	1.132.886

Ont obtenu :

1. Anicet George DOLOGUELE : 268.952 voix soit 23,74 %
2. Faustin Archange TOUADERA : 215.800 voix soit 19,05 %
3. Désiré Bilal KOLINGBA NZANGA : 136.398 voix, soit 12,04 %
4. Martin ZIGUELE : 129.474 voix, soit 11,43 %
5. Jean Serge BOKASSA : 68.701 voix soit 6,06 %
6. Charles Armel DOUBANE : 41.095 voix soit 3,63 %
7. Jean-Michel MANDABA : 35.458 voix soit 3,13 %
8. Sylvain PATASSE NGAKOUTOU : 31.261 voix soit 2,76 %
9. Abdoul Karim MEKASSOUA : 31.052 voix soit 2,74 %
10. Gaston MANDATA NGUREKATA : 22.391 voix soit 1,98 %
11. Jean BARKES GOMBE KETTE : 18.949 voix soit 1,36 %
12. Timoléon MBAIKOUA : 17.195 voix soit 1,52 %
13. Fidèle NGOUANDJIKA : 15.356 voix soit 1,36 %
14. Théodore KAPOU : 13.295 voix soit 1,17 %
15. Marcel DJIMASSE : 8.791 voix soit 0,78 %
16. Guy Roger MOSKIT : 8.712 voix soit 0,77 %
17. Jean WILLYBIRO SAKO : 8535 voix soit 0,75 %
18. Émile Gros Raymond NAKOMBO : 8.001 voix soit 0,71 %

[22] P. 88

19. Régina KONZI MONGOT : 6684 voix soit 0,59 %
20. Xavier Sylvestre YAGONGO : 6512 voix soit 0,57 %
21. Cyriaque GONDA : 6440 voix soit 0,57 %
22. Laurent GOMINA PAMPALI : 5834 voix soit 0,51 %
23. Constant GOUYOMGBIA KONGBA : 5560 voix soit 0,49 %
24. Joseph YAKETE : 5547 voix soit 0,49 %
25. Mathias Barthélémy MOROUBA : 5156 voix soit 0,46 %
26. Théophile SONNY COLE : 3784 voix soit 0,33 %
27. Ange Maxime KAZAGUI : 2886 voix soit 0,25 %
28. Jean Baptiste KOBA : 2010 voix, soit 0,18 %
29. Stanislas MOUSSA KEMBE : 1.706 voix soit 0,15 %
30. Emmanuel Olivier GABIRAULT : 1.734 voix soit 0,12 %

Ainsi les deux candidats au deuxième tour étaient Anicet Georges Dologuele et Faustin Archange Touadera.

Les résultats définitifs du deuxième tour ont fait l'objet de la décision N° 005/16 du 01/03/2016 [23]:

Électeurs inscrits	1.954.433
Votants	1.150.859
Bulletins nuls	44.114
Bulletins blancs	20.286
Suffrages valablement exprimés	1.106.745

Ont obtenu :

- Faustin Archange TOUADERA : 693.864 voix soit 62,69 %

- Anicet Georges DOLOGUELE : 412.881 soit 37,31 %

Faustin Archange TOUADERA était proclamé élu président de la République.

En ce qui concerne le traitement du contentieux de cette élection présidentielle, il a été un peu particulier en ce sens que, compte tenu de l'importance de cette élection, compte tenu du contexte de sortie de crise et de retour à l'ordre constitutionnel, nous devions être rigoureux et très attentifs. Il est vrai que les résultats provisoires sont proclamés par l'Autorité nationale des Élections, mais compte tenu de tout ce qui se passait et qui nous faisait craindre de grandes difficultés au niveau du traitement des résultats dans leur ensemble et du déroulement des scrutins, il a été décidé

[23] Recueil des décisions de la CCT, contentieux électoral, 1er et 2ème tour élection présidentielle, année 2016 p.48

en notre sein, par plus grande sureté de comptabiliser tous les résultats nous-mêmes en ce qui concerne cette élection afin que nous soyons sûrs de ceux-ci ; ainsi, pendant que l'ANE comptabilisait les données, la Cour constitutionnelle, qui est destinataire des Procès-Verbaux des bureaux de vote, comptait aussi de son côté. En outre, remplissant notre mission nous avons contrôlé chaque PV de chaque Bureau de vote. Nous y avons passé des journées entières et certaines nuits avancées, mais nous l'avons fait pour que nous n'ayons pas de doute sur les résultats de la présidentielle. Il y avait beaucoup de tension pendant le premier tour, et ces tensions pouvaient dégénérer, nous devions être sûrs de nos résultats. Ce fut ainsi pour le premier et le deuxième tour et nous allions répéter cette expérience pour les élections présidentielles de 2020. Nous avons affiné les résultats avec les quelques contentieux que nous avons traités.

Je suis convaincue que cela nous a permis de pouvoir proclamer la présidentielle en 2016, autrement, dans le doute, nous aurions annulé et la présidentielle, et les législatives. Les élections législatives ont effectivement été annulées tellement les moyens d'annulation étaient nombreux. Toutes les anomalies constatées ont entraîné la conviction du juge.

L'annulation des élections législatives et leur reprise

La proclamation des résultats définitifs du premier tour des élections législatives a fait l'objet de la **décision N° 004/16 du 25/01/2016** [24] décision rendue lors de la même audience que celle de l'élection présidentielle, c'était en fait une annulation de tout le scrutin à la surprise de tous et à la consternation de certains notamment du gouvernement et de la communauté internationale, par contre à l'écoute de cette décision retransmise en direct par la radio, le peuple dansait dans certains quartiers comme des partisans lors de la proclamation d'une élection présidentielle ayant vu la victoire de leur candidat !

Pourquoi avons-nous pris la décision d'annuler les résultats du premier tour de ce scrutin ?

Effectivement cette annulation entraînait un coût financier, mais si la décision avait été autre je suis convaincue que le coût humain et les dommages pour le pays auraient été bien plus grands.

---

[24] Recueil des décisions de la CCT, contentieux électoral, 1er et 2ème tour élection présidentielle, année 2016, p.39

Il y a lieu d'abord de préciser que la Cour a enregistré 404 requêtes à l'issue de ce scrutin, pratiquement toutes les circonscriptions électorales étaient concernées ! Nous avions également à notre disposition les rapports de nos observateurs qui, même s'ils n'étaient pas nombreux, ont couvert cependant les plus grosses circonscriptions, tous ces rapports nous signalaient de nombreuses anomalies qui rejoignaient celles signalées par les requérants.

Quels ont été les moyens soulevés par les requérants ?

- Les irrégularités dans la présentation et la disponibilité des bulletins (art 56 et 58 du Code électoral)
- Les fraudes massives (articles 56 et 58 du Code électoral)
- Les atteintes portées à la liberté de choix de l'électeur (article 84)
- Les candidatures multiples (article 49)
- La violence, la fraude, la corruption (article 50)
- Les irrégularités relatives à la publication des résultats provisoires (article 7 nouveau du code électoral)

Pour chaque moyen, la Cour a indiqué les circonscriptions qui étaient impactées.

Pour ma part, plus j'avançais dans l'étude des requêtes qui m'avaient été affectées et plus je me demandais comment nous allions nous en sortir ; à un moment, cela s'est imposé à moi que nous risquions l'annulation. Quand j'ai commencé à échanger avec quelques-uns des juges, nous nous sommes rendu compte que nous allions dans la même direction. Ces élections législatives étaient calamiteuses !

Il paraît important de reporter ici la motivation de la Cour au lieu de la paraphraser, car celle-ci est très précise sur les conséquences de toutes ces violations sur la sincérité du scrutin :

« L'article 49 nouveau de la loi N° 13.002 portant organisation et fonctionnement de la Cour constitutionnelle de Transition dispose : « la constatation de l'inéligibilité d'un candidat et l'existence de candidatures multiples sont des causes d'annulation des élections ;

L'article 50 dispose que la violence, la fraude et la corruption entachent d'irrégularité l'élection et entraînent son annulation, s'il est reconnu par le juge qu'elles ont faussé de manière déterminante les résultats du scrutin…

Qu'il ressort des moyens analysés ci-dessus que le déroulement des élections a été particulièrement vicié sous les aspects suivants : la non-fiabilité des résultats des élections législatives, les anomalies constatées sur les bulletins de vote des législatives, l'absence de bulletins de votre ou encore leur insuffisance dans de nombreux bureaux de vote, et l'implication des candidats eux-mêmes dans les irrégularités et celles des autorités administratives et locales ; le nombre important de circonscriptions concernées

Que ces anomalies ont eu pour conséquence la violation des principes fondamentaux du droit de vote, de la liberté de choix de l'électeur, de l'égalité de traitement des candidats ;

Que la non-fiabilité des résultats retire au scrutin législatif toute garantie de sincérité ;

Qu'ainsi les anomalies ont entaché gravement la moralité et la sincérité du scrutin ;

Qu'il résulte des 404 requêtes parvenues à la Cour pour demander le recomptage ou l'invalidation des résultats, que les résultats des élections législatives concernant 130 circonscriptions sur les 140 sièges de députés à l'Assemblée nationale, tel que fixé par le décret 15.320 du 26 août 2015 portant découpage des circonscriptions électorales, sont contestés ou rejetés ;

Qu'il y a lieu d'invalider les résultats du scrutin législatif dans leur ensemble ;

Qu'il y a donc lieu de procéder à l'annulation des élections législatives du 30 décembre 2015 dans leur ensemble ».

Le lendemain à la première heure, nous recevions la visite à la Cour constitutionnelle de quasiment tous les ambassadeurs, nous étions trois à les recevoir, le président, moi-même et le juge Waboe ; manifestement notre décision n'avait pas été appréciée. Nous avons alors expliqué les raisons de cette décision.

Je comprenais un peu les réactions pour trois raisons principales : le coût que cette annulation allait engendrer, le temps qui restait imparti à la Transition, et, enfin, c'était aussi mettre au grand jour les insuffisances de la préparation. Nous avions tout cela en tête lors de la prise de notre décision, mais la validation de ces élections aurait été bien plus préjudiciable pour la paix sociale. Par la suite, on nous a donné raison.

Les élections législatives ont été reprises et elles se sont alors déroulées de façon acceptable.

La proclamation des résultats définitifs des élections législatives du deuxième tour a donné lieu à la décision N° 100/16/CCT du 23 avril 2016[25], des élections partielles ont été cependant nécessaires.

---

25 Recueil des décisions de la CCT, contentieux électoral, année 2016, 2ème tour élections législatives et partielles, p.22

Le 30 mars 2016, le président élu fut investi par la Cour constitutionnelle, la Constitution fut promulguée avant la cérémonie par la Cheffe de l'État de la Transition. Une nouvelle République était née, la 7e, mais les problèmes, notamment sécuritaires, étaient loin d'être réglés, l'économie était exsangue, les populations centrafricaines toujours en grande souffrance, mais cette nouvelle République suscitait beaucoup d'espoir.

CHAPITRE II

LA COUR CONSTITUTIONNELLE GARDIENNE DE LA CONSTITUTION DU 30 MARS 2016

SECTION I - LA CONSTITUTION DU 30 MARS 2016 ET LA COUR CONSTITUTIONNELLE

La Constitution du 30 mars 2016 a institué un régime semi-présidentiel classique, cependant elle comporte des spécificités qui prennent en compte l'histoire et l'évolution du Pays.

I - LA CONSTITUTION DU 30 MARS 2016 : UN RÉGIME DÉMOCRATIQUE CLASSIQUE

A. LES DROITS FONDAMENTAUX, BASES DE LA SOCIÉTÉ

Dans la Constitution du 30 mars 2016, les droits fondamentaux sont proclamés « bases fondamentales de la Société » ; ce sont les droits fondamentaux classiques relatifs à la protection de la personne humaine : la protection de l'intégrité physique, la justice et les droits de la défense, la liberté de circulation, l'égalité du citoyen devant la loi et devant les charges publiques, l'égalité des droits entre l'homme et la femme, la protection particulière de la femme, des enfants contre toute violence et toute exploitation, le droit à l'éducation pour tous, le droit à la santé, la liberté de conscience et de religion, le droit au travail pour chaque citoyen, le droit syndical, le droit à la liberté d'association et de manifestation pacifique, le droit à la propriété, l'inviolabilité du domicile…

Tous ces droits proclamés ne sont souvent pas respectés par faute de moyens de l'État, mais aussi par manque de volonté politique ; ils sont aussi délibérément violés. Or, l'un de ces droits est central parmi les autres, car il est la base du système démocratique et de l'État de Droit : le droit à la justice ; tant et si bien que les dysfonctionnements de la justice entraînent une remise en cause de la paix sociale. La démocratie sans justice n'est pas une démocratie, c'est une dictature. Il y a lieu ici de relever certaines dispositions de la Constitution du 30 mars 2016 :

L'article Ier alinéa 2 : « *La République reconnaît l'existence des Droits de l'Homme comme base de toute communauté humaine, de la paix et de la justice dans le monde* ».

Article 6, « *tous les êtres humains sont égaux devant la loi sans distinction de race, d'origine ethnique, de région, de sexe, de religion, d'appartenance politique et de position sociale* ».

Une fois que vous avez proclamé ceci, nul n'est encore besoin de proclamer tous les autres droits, ils découlent de celui-ci. Si ces dispositions sont violées, tous les autres droits sont en danger et deviennent une utopie.

C'est cette disposition, d'un droit à une justice juste et équitable, constamment violée en République centrafricaine qui est à l'origine de nombre de nos problèmes de société : les dysfonctionnements de la justice, les inégalités de traitements, les discriminations… Une justice ni juste ni équitable détruit toute démocratie, entraîne la division, la violence, les exactions, la naissance de rébellions, les coups d'État, la fracture sociale et, au final, la destruction de l'État et du citoyen. Il suffirait, parmi tous les droits fondamentaux, que celui-ci soit respecté et la démocratie et la stabilité seraient retrouvées et pour finir, le progrès social. Ceux qui instrumentalisent la justice, ceux qui ont la mission de dire le droit et qui ne le font pas, souvent pour des intérêts personnels, ce sont ceux-là qui ont une grande part de responsabilité dans la destruction du tissu social, dans la propagation de la violence et de la haine qui détruisent le citoyen, détruisent la société, détruisent la paix, et finalement détruisent tout un pays.

B. UN RÉGIME SEMI-PRÉSIDENTIEL

Les sept principes de la République

La Constitution du 30 mars 2016 consacre, en son article 25, sept (7) principes de la République :

« - *Le gouvernement du peuple par le peuple et pour le peuple,*
- *la séparation de l'État et de la religion,*
- *l'unité nationale,*
- *la justice sociale,*
- *la solidarité nationale,*
- *la bonne gouvernance,*
- *le développement économique et social* ».

Et l'article 26 dispose : « *la souveraineté nationale appartient au peuple centrafricain qui l'exerce soit par voie de référendum soit par l'intermédiaire de ses représentants* ».

Aucun des 7 principes de la République n'est respecté !

Pourtant tous les programmes politiques, économiques ou sociaux devraient être basés sur ces principes, car ils reflètent les valeurs de la République.

Séparation des pouvoirs et collaboration des pouvoirs

Le régime institué par la Constitution du 30 mars 2016 est un régime semi-présidentiel dans lequel le président est élu au suffrage universel direct et dans lequel le Gouvernement est responsable devant le Parlement qui est la représentation du peuple. Elle instaure les trois pouvoirs : exécutif, législatif et judiciaire.

Le président de la République est le Chef du pouvoir exécutif. Il nomme le Premier ministre et met fin à ses fonctions. Sur proposition du Premier ministre, il nomme les membres du gouvernement et met fin à leurs fonctions ; il est le Chef suprême des armées. Il a autorité sur toutes les administrations publiques et parapubliques et veille à leur neutralité. Il nomme aux fonctions civiles et militaires. Il négocie, signe, ratifie et dénonce les Traités et Accords internationaux. Il incarne et symbolise l'unité nationale.

Le Gouvernement comprend le Premier ministre et les ministres. Le Premier ministre, chef du gouvernement, détermine et conduit la politique de la Nation, dont les grandes orientations sont fixées par le président de la République.

Le pouvoir législatif est bicéphale, il comprend l'Assemblée nationale et le Sénat.

Les députés sont élus au suffrage universel direct pour cinq ans ; les collectivités territoriales élisent, au suffrage universel indirect, les sénateurs pour une durée de cinq ans. L'exécutif gère, l'Assemblée nationale vote la loi et contrôle l'action du gouvernement.

On va relever petit à petit une dérive conduisant peu à peu à une confusion des pouvoirs.

C. LES LEÇONS TIRÉES DE L'HISTOIRE : LES SPÉCIFICITÉS DE LA CONSTITUTION DU 30 MARS 2016

La prohibition des coups d'État au centre de la Constitution

L'armée nationale a été auteure de trois coups d'État, celui de Bokassa en 1966, celui de Kolingba en 1980 et celui de Bozize en 2003, un coup d'État a été opéré par l'armée française pour dégager l'Empereur Bokassa en 1979 et le cinquième coup d'État a été l'œuvre de la coalition rebelle Seleka, qui fit disparaître momentanément l'armée nationale qui, petit à petit, s'était ethnicisée et politisée.

C'est en tenant compte de ces accidents de l'histoire que les articles 27 et 28 de la Constitution sont consacrés à l'armée et à la condamnation des coups d'État.

Le coup d'État : un crime imprescriptible

« *L'usurpation de la souveraineté par coup d'État, rébellion, mutinerie ou tout autre procédé non démocratique constitue un crime imprescriptible contre le peuple centrafricain. Toute personne ou tout État tiers qui accomplit de tels actes aura déclaré la guerre au Peuple centrafricain.* »

La reconstruction de l'armée

L'article 27 de la Constitution fixe la composition, le statut et les missions des Forces de défense et de Sécurité afin de construire une armée professionnelle.

« *Les forces de défense et de sécurité sont au service de la Nation.*
Elles sont composées exclusivement de citoyens centrafricains.
Elles sont professionnelles, multiethniques, républicaines et apolitiques.
Les forces de défense ont pour mission de garantir l'intégrité du territoire, ainsi que la sécurité des populations, contre toute agression ou menace extérieure ou intérieure, dans le respect des dispositions constitutionnelles et des lois
Les forces nationales de sécurité ont pour mission de défendre l'autorité de la loi et de garantir la sécurité des personnes et des biens ;
Les statuts des forces de défense et de sécurité sont incompatibles avec le statut politique ».

Cet article est clairement tiré de l'histoire politique et constitutionnelle de la RCA. La descente aux enfers de l'armée centrafricaine a commencé dès le premier coup d'État, celui de J. B. Bokassa alors Chef d'État-major des armées. Au fil des années et des coups d'État, elle s'est politisée, les recrutements se sont faits sur une base clanique ou ethnique, elle est devenue de moins en moins professionnelle et surtout elle a perdu le sens de la noble mission qu'elle devait assumer, asservissant le citoyen au lieu de le protéger pour servir un homme, ses intérêts et son clan. En conséquence, les frontières centrafricaines ont été de plus en plus délaissées et on a assisté à la multiplication des groupes armés occupant une partie du territoire et exploitant illégalement les richesses naturelles.

Il était donc important de rappeler à l'armée sa mission, de faire la différence entre les forces de défense et les forces de sécurité, celles-ci ayant été souvent confondues.

Le citoyen responsabilisé

L'article 29 de la Constitution responsabilise d'abord les autorités, et prévoyant que la forfaiture pourrait venir des autorités elles-mêmes, il responsabilise aussi le citoyen.

« *En cas de coup d'État, d'agression par un État tiers ou par des mercenaires, les autorités habilitées par la Constitution ont le droit et le devoir de recourir à tous les moyens pour rétablir la légitimité constitutionnelle, y compris le recours aux Accords de coopération militaire ou de défense en vigueur.*

Dans ces circonstances, tout citoyen ou groupe de citoyens a le droit de s'organiser de manière pacifique, pour faire échec à l'autorité illégitime. »

Quelles sont les « autorités habilitées » à cet effet ?

En premier lieu, le Chef de l'État lui-même, en second lieu, le président de l'Assemblée nationale, l'Assemblée nationale étant la représentation du Peuple, ou encore le président du Sénat, le Premier ministre et si toutes ces autorités sont dans l'incapacité de le faire, la Cour constitutionnelle, gardienne de la Constitution ; c'est l'un des cas où la Cour constitutionnelle a l'auto-saisine ou plus exactement, de par cet article, elle est saisie par le Peuple lui-même pour la protection de sa Constitution.

Les verrous constitutionnels

La Constitution comporte plusieurs verrous, plusieurs prohibitions qui visent particulièrement le président de la République : l'article 153 de la Constitution contient ces interdictions, elles sont au nombre de 6 ainsi formulées :

« *Sont expressément exclus de la révision :*

- *La forme républicaine et laïque de l'État ;*
- *Le nombre et la durée des mandats présidentiels ;*
- *Les conditions d'éligibilité ;*
- *Les incompatibilités aux fonctions de président de la République*
- *Les droits fondamentaux du citoyen ;*
- *Les dispositions du présent article* ».

En ce qui concerne la forme laïque et républicaine de l'État, cette disposition est à mettre en relation avec le régime impérial que la République centrafricaine a connu sous Jean Bedel Bokassa qui avait transformé la République en Empire par l'instauration d'une monarchie parlementaire par la Constitution du 4 décembre 1976. L'Empereur Bokassa ne survivra pas à cette réforme, l'opération de l'armée française dénommée *barracuda* a chassé l'empereur du pouvoir le 21 septembre 1979 et rétablit ainsi la République.

En ce qui concerne les conditions d'éligibilité, les incompatibilités et les mandats, les droits de l'Homme, que ce soit ces quatre dispositions ou celle touchant à la forme républicaine de l'État, il est évident que ces dispositions sont toutes destinées à poser des interdictions devant contrecarrer la volonté du Chef de l'État de réviser la Constitution sur ces points. C'est le président de la République qui est au centre de ces interdictions parce que l'histoire a démontré que c'est lui qui, disposant d'importants pouvoirs, et souvent les contre-pouvoirs ne jouant pas leur rôle, finit par imposer une dictature et par s'éterniser au pouvoir en révisant les dispositions concernant les mandats, en révisant les conditions d'éligibilité dans le but d'écarter ses opposants de la compétition électorale.

II - RÔLE ET MISSIONS DE LA COUR CONSTITUTIONNELLE

La Constitution du 30 mars 2016 fait une place importante à la Cour constitutionnelle, elle lui consacre le chapitre VI, et dispose en son article 95, alinéa premier, que « *la Cour constitutionnelle est la plus haute Juridiction de l'État en matière constitutionnelle* ».

A. COMPÉTENCES, COMPOSITION, MISSIONS

Missions et compétences

Les missions de la Cour constitutionnelle sont définies par l'article 95 de la Constitution du 30 mars 2016, elles sont les suivantes :

- *Juger de la constitutionnalité des lois organiques et ordinaires, déjà promulguées ou simplement votées, des règlements ainsi que des Règlements intérieurs de l'Assemblée nationale et du Sénat ;*
- *Connaître du contentieux électoral ;*
- *Veiller à la régularité des consultations électorales, examiner les réclamations et proclamer les résultats définitifs ;*
- *Recevoir le serment du président de la République élu ;*
- *Trancher les conflits de compétence au sein du pouvoir exécutif, entre les pouvoirs législatif et exécutif, et entre l'État et les collectivités territoriales ;*
- *Constater les défauts de promulgation des lois définitivement votées et la carence de leur promulgation afin de permettre leur entrée en vigueur ;*
- *Interpréter la Constitution ;*
- *Donner son avis sur les projets ou propositions de révision constitutionnelle et la procédure référendaire ;*
- *Recevoir les déclarations de patrimoine.*

Le juge constitutionnel, gardien du Temple

La Cour constitutionnelle comprend neuf membres qui portent le titre de Juges constitutionnelles. Ils sont désignés pour un mandat de sept ans non renouvelables, ainsi qu'il suit :

- Deux magistrats, dont une femme, élus par leurs pairs
- Deux avocats, dont une femme, élus par leurs pairs
- Deux enseignants-chercheurs de Droit, dont une femme élue par leurs pairs
- Un (1) membre nommé par le président de la République
- Un (1) membre nommé par le président de l'Assemblée nationale
- Un (1) membre nommé par le président du Sénat

Ils élisent en leur sein un président et un vice-président. Les juges constitutionnelles doivent avoir au moins dix ans d'expérience professionnelle.

Le décret N° 17.114 du 22 mars 2017 a entériné la désignation des membres de la Cour constitutionnelle et le décret N° 17.133 du 10 avril 2017 a entériné l'élection du président et du vice-président.

La Cour constitutionnelle est entrée en fonction le 24 mars 2017 par la prestation de serment de ses membres devant le président de la République.

Ce mode de désignation, assez particulier et peu répandu, est de nature à renforcer l'indépendance de la Cour constitutionnelle. Cependant, cela ne suffit pas à rendre une Cour constitutionnelle indépendante, à rendre des juges constitutionnelles indépendants, c'est par le respect du serment prêté et surtout par leur propre intégrité morale et professionnelle et par leur courage qu'ils affirment leur indépendance, c'est la première leçon que je tire des années passées à la Cour.

Le Juge constitutionnel est gardien de la Constitution et de l'ordre constitutionnel, il est gardien des libertés fondamentales du citoyen puisque celles-ci sont énumérées dans la Constitution, il est régulateur du fonctionnement des pouvoirs publics.

L'indépendance du juge constitutionnel est absolument primordiale si on veut qu'il remplisse sa mission. Cette indépendance dépend certainement de la composition et du mode de désignation des juges constitutionnels, mais, au final, l'indépendance du juge quel qu'il soit et quelle que soit son mode de désignation est d'abord dans sa tête et sa volonté de remplir sa noble mission quelles que soient les pressions, quels que soient les obstacles rencontrés. Le juge constitutionnel est au service du peuple au nom duquel il rend ses décisions et au service de la société. Il prête serment à son entrée en fonction devant le président de la République. Son serment est le suivant, il fait l'objet de l'article 6 de la loi N° 17.004 du 15 février 2017 portant organisation et fonctionnement de la Cour constitutionnelle : « *Je jure de remplir consciencieusement les devoirs de ma charge, de respecter scrupuleusement mes obligations de réserve, d'impartialité et de neutralité politique dans le strict respect de la Constitution, de garder le secret de délibération et de me conduire en tout comme un digne et loyal juge constitutionnel* ».

B. LE RÈGLEMENT DE PROCÉDURE DE LA COUR

La Cour rend des décisions et des avis, les avis ont valeur consultative, les décisions sont rendues en dernier ressort et s'imposent à tous. La procédure revêt une importance particulière comme dans toute juridiction.

La Cour a élaboré son règlement de procédure et l'a publié. Il fait l'objet de la **décision N° 004/CC/22 du 25 mai 2022**[26].

Il comporte les règles de base régissant les compétences de la Cour constitutionnelle et son action, mais il est enrichi par la pratique de la Cour développée durant le mandat, c'est pour cette raison que le projet de

[26] Le recueil concernant les décisions de 2022 n'est pas encore publié

règlement de procédure n'a été élaboré qu'en 2022. Il s'agit avant tout de rappeler et de fixer les règles de procédure et aussi de tenir compte de la pratique développée par la Cour elle-même dans le silence des textes.

Il m'est apparu nécessaire en effet après quelques années de pratique d'élaborer un projet de règlement de procédure. J'avais, après une visite effectuée auprès de la Cour constitutionnelle sœur du Gabon, ramené son règlement de procédure et il devait nous inspirer. Un projet de règlement de procédure a été élaboré par moi-même et le vice-président ; la Cour l'a adopté par délibération. Ceci sera la dernière publication que j'aurai initiée durant mon mandat à la Cour, ayant peut-être pressenti, sans en être réellement consciente, ce qui allait arriver, j'avais dit aux juges que ce serait certainement le dernier document relatif à la Cour et à son fonctionnement que nous allions adopter, lorsque je disais cela je pensais à la fin de notre mandat qui était prévu pour le 24 mars 2024.

Le travail a abouti à réunir en un seul document les règles de procédure contenues tant dans la Constitution que dans la loi portant organisation et fonctionnement de la Cour et dans le Code électoral et à les compléter par la pratique et la jurisprudence de la Cour. Ainsi, en ce qui concerne certains domaines, des précisions ont été apportées à certaines règles, en ce qui concerne d'autres domaines, des règles de procédure ont été intégrées.

Les Missions de la Cour constitutionnelle précisées

Les missions de la Cour constitutionnelle sont déterminées par l'article 95 de la Constitution. Ainsi, à partir de cet article ont été dégagées les 4 missions de la Cour constitutionnelle qui font l'objet de l'article 3 du règlement de procédure, la Cour est :

- Gardienne de la Constitution et de l'ordre constitutionnel ;
- Gardienne des droits fondamentaux et des libertés ;
- Régulatrice du bon fonctionnement des pouvoirs publics ;
- Juge des élections.

Les textes applicables par la Cour sont listés

Cette question fait l'objet de l'article 5 du règlement de procédure.

La Cour applique :

- Les dispositions constitutionnelles
- Les principes généraux du droit
- La loi portant organisation et fonctionnement de la cour

- Les textes légaux et réglementaires conformes à la Constitution
- Les traités et accords internationaux régulièrement ratifiés par la RCA
- La jurisprudence de la Cour

Les domaines de procédure sont détaillés

Le règlement de procédure fixe en son article 16 les domaines de procédure en fonction des attributions et détaille les règles dans chacun des domaines de compétence :

- Procédure de contrôle de constitutionnalité des lois organiques, des lois ordinaires, des ordonnances, des règlements, par voie d'action ou par voie d'exception et des règlements intérieurs de l'Assemblée nationale et du Sénat
- Procédure de contrôle de la conformité à la constitution des engagements internationaux
- Procédure des demandes d'avis
- Procédure d'interprétation de la constitution
- Procédure de règlements des conflits de compétence au sein du pouvoir exécutif, entre le pouvoir exécutif et le pouvoir législatif et entre l'état et les collectivités territoriales
- Procédure relative aux déclarations de patrimoine
- Procédure relative à la vacance de la présidence de la république
- Procédure de contrôle de la régularité des élections présidentielles, législatives, sénatoriales, régionales, municipales, des opérations de référendum, du contentieux et de la proclamation des résultats

Les vides de procédure ont été comblés

Certaines règles de procédure étaient absentes des textes concernant la Cour constitutionnelle, dans sa pratique elle les utilisait, car ce sont des règles reconnues, ces règles concernaient notamment la tenue des audiences, le dépôt des requêtes et leur réception, la charge de la preuve, la prise des décisions par consensus.

Le quorum des délibérations

En ce qui concerne les prises de décisions, le quorum fixé pour que la Cour puisse valablement délibérer est de 6 juges. La Cour ne comptait que 8 juges au lieu de 9 du fait de la non-mise en place du Sénat, l'un des juges devant être désigné par le président du Sénat. De 2017 à 2022, nous n'avons jamais dérogé à ce quorum et avons toujours délibéré en présence d'au moins 6 juges et le plus souvent les 8 juges présents. Cependant, l'épidémie de COVID 19 et le travail à distance qui s'est instauré dans de nombreux pays fortement touchés par la pandémie nous ont conduits à apporter des précisions à ce niveau dans le règlement de procédure.

Nous avons précisé qu'en cas d'absence justifiée d'au moins trois juges le président peut recueillir la position des absents à domicile ou par tous moyens technologiques à condition que la confidentialité soit respectée ; et qu'en cas de circonstances exceptionnelles mettant les juges dans l'impossibilité de se réunir, le président recueille la position des juges par tous moyens.

Il a été précisé que la Cour, mis à part le vote prévu par les textes, prend aussi ses décisions par consensus.

Les moyens invoqués par les requérants

Le règlement de procédure apporte certaines précisions en ce qui concerne les moyens invoqués par les requérants.

Ainsi, il a été précisé qu'après enregistrement de la requête au greffe de la Cour, il ne peut être développé de faits nouveaux ni invoqué des moyens nouveaux autres que ceux contenus dans la requête ceci pour contrecarrer certaines « indiscrétions » qui pourraient amener le requérant à modifier ses moyens en fonction des informations qu'il aurait reçues.

Il a également été précisé que la Cour peut soulever d'office toute irrégularité constatée durant l'examen des candidatures ou le traitement du contentieux électoral, car la Cour contrôle tout le processus électoral et valide son intégrité ; en outre en toute question et lors de l'examen de toute affaire, la Cour relève d'office les moyens d'ordre public.

Un seul recours autorisé

Le principe est que la Cour rend ses décisions en dernier ressort, aussi aucun recours sur le fond n'est autorisé. Les seuls recours acceptés sont les recours en rectification d'erreur matérielle ; ceci n'étant pas précisé dans les textes il était important de l'insérer dans le règlement de procédure

Les délais de jugement

Les délais de jugement sont fixés par la Constitution, la Cour a un délai d'un mois pour rendre ses décisions ou ses avis, lorsqu'elle est saisie selon la procédure d'urgence elle dispose de 8 jours pour rendre sa décision. Il a donc été précisé dans le règlement qu'il ne peut y avoir prolongation de délai de jugement et que les demandes de renvoi ne sont pas autorisées lorsqu'elles mettent la Cour dans l'impossibilité de respecter ces délais.

L'instruction

Les juges peuvent accomplir des actes d'instruction cependant, il a été précisé que les requêtes manifestement irrecevables ne donnent pas lieu à instruction. En quoi peut consister cette irrecevabilité ? Par exemple, la requête est irrecevable parce qu'émanant de quelqu'un ne possédant pas qualité à agir. Ainsi, en ce qui concerne les demandes d'avis, ils ne peuvent émaner que du président de la République, du président de l'Assemblée nationale ou du Premier ministre. Si la Cour est saisie par toute autre personne que celles listées par les textes, la requête est manifestement irrecevable et il n'y a donc pas lieu à instruction.

Les déclarations de patrimoine

En application de la Constitution, la Cour reçoit les déclarations de patrimoine des personnalités suivantes : le président de la République, le Premier ministre et les membres du gouvernement, les membres des deux chambres parlementaires, les juges constitutionnels, les membres du Conseil économique et social, les membres du Conseil National de la Médiation, les membres du Haut Conseil de la Communication, les membres de l'Autorité nationale des Élections, les membres de la Haute Autorité chargée de la bonne gouvernance.

Le problème se situe au niveau de la publication de ces déclarations de patrimoine. Les textes prévoient une publication par voie d'affiche dans les huit jours francs de leur réception. Le premier problème est que ces déclarations arrivent à des jours différents donc la publication devrait se faire en cascades, en outre les conditions de travail à la Cour ne permettent pas une publication par voie d'affiche compte tenu du nombre de ces déclarations et de la question de leur sécurisation et de leur conservation. Pour parer à cela, la publication a été faite par communiqués radiodiffusés et par Institution ; un autre communiqué a précisé que toute personne qui le souhaitait pouvait venir au greffe de la Cour consulter les déclarations. Malgré ce communiqué, personne ne s'est jamais présenté pour consulter une déclaration de patrimoine !

Cette pratique de diffusion par communiqué et par consultation au greffe a été inscrite dans le règlement de procédure. Il a également été précisé qu'à l'expiration du délai de huit jours le président de la Cour adresse une lettre de rappel aux personnalités ayant omis de déposer leur déclaration et que huit jours après notification de la lettre de rappel si la personnalité concernée ne s'est pas exécutée, le président de la Cour constitutionnelle en informe le président de l'institution concernée et le président de la Haute Autorité chargée de la bonne gouvernance.

La Cour constitutionnelle est gardienne de la Constitution, une violation de la Constitution par un candidat peut conduire à l'invalidation de sa candidature. Ainsi, lors de l'examen des candidatures aux élections législatives de décembre 2020, il était établi que, malgré plusieurs rappels, l'un des candidats, député dans la législature précédente, n'avait jamais déposé sa déclaration de patrimoine, sa candidature a été invalidée. En tant que député, il n'avait pas rempli cette obligation constitutionnelle, il y avait donc lieu pour la Cour de ne pas lui donner la possibilité de postuler pour un nouveau mandat parlementaire pour violation d'une obligation constitutionnelle liée à la qualité de député.

Après ces quelques précisions sur la procédure, nous traiterons de la vision de la Cour puis de la jurisprudence de la Cour. Ainsi, des décisions seront analysées dans le cadre du contentieux général, dans le domaine du contentieux électoral et dans la protection de l'ordre constitutionnel.

Il s'agit de rendre compte de l'action de la Cour constitutionnelle dans ces divers domaines de compétence, à l'exception de la régulation du bon fonctionnement des pouvoirs publics tout simplement parce que la Cour n'a pas été saisie expressément dans ce domaine de compétence. Lorsque je prenais mes fonctions de président de la Cour, la première question qui me préoccupait était de savoir quelle serait notre action pendant notre quinquennat, quelles seront nos priorités en fonction non seulement des compétences qui nous étaient octroyées par la Constitution, mais également en fonction de l'expérience que j'avais pu acquérir au sein de la Cour constitutionnelle de Transition au poste de vice-présidente de la haute juridiction. C'est ainsi que je décidais qu'il nous fallait une feuille de route.

SECTION II - LA FEUILLE DE ROUTE DE LA COUR CONSTITUTIONNELLE

I - LA COUR, SA VISION

Dès ma prise de fonction, je pensais qu'il était nécessaire que nous ayons une feuille de route correspondant à la durée de notre mandat. C'est ainsi que je préparais un projet et le soumis à l'appréciation des juges, nous l'avons adopté après examen puis publié. Il devait nous servir de guide et de boussole tout au long des sept années à venir.

Cette feuille de route était inspirée de l'expérience vécue pendant la Transition. Je m'étais rendu compte des faiblesses des cours constitutionnelles qui nous avaient précédés, je les avais analysées et il m'était apparu comme une évidence que la meilleure façon de faire respecter la Constitution était de faire en sorte que le peuple la connaisse et que ce soit lui qui la défende le moment venu.

Dans mon précédent livre, j'avais fait un développement sur la place de la Constitution du 30 mars 2016, son importance. Je titrais : *« le grand défi : reconstruire la République centrafricaine autour de la Constitution »* ; j'affirmais que le chemin de la réconciliation nationale passait par la construction de la nation centrafricaine autour des principes fondamentaux proclamés dans la Constitution et qu'assurer la suprématie de la Constitution c'était la respecter et la faire respecter.

Pour cela, il fallait renforcer la Cour constitutionnelle, gardienne de la Constitution. J'écrivais dans le projet de feuille de route cette phrase qui a été adoptée tel quel :

« *Il s'agit de faire de la Cour constitutionnelle une institution respectée et respectable, une institution en laquelle le peuple centrafricain se reconnaît et s'identifie, une institution efficace, indépendante, professionnelle, et contribuant pleinement par son action à la consolidation de la paix et à l'instauration d'un État de Droit* ».

Nous nous fixions deux objectifs : faire connaître la Cour constitutionnelle et faire connaître la Constitution afin que le Peuple se l'approprie.

Nous avons arrêté trois piliers de la feuille de route qui devaient nous permettre d'atteindre les objectifs que nous nous étions fixés :

- Renforcer le rôle de gardien de la Constitution, respecter et faire respecter la Constitution
- Renforcer la gestion du contentieux électoral
- Renforcer la place de la Cour constitutionnelle dans l'environnement national et international

Pour se conformer à ces stratégies un certain nombre d'actions ont été arrêtées, actions qui devaient nous conduire à mieux faire connaître la Constitution, mieux faire connaître la Cour constitutionnelle et renforcer son professionnalisme et son indépendance.

II - L'IMPRÉGNATION DE LA COUR DANS SON ENVIRONNEMENT

Pour commencer notre travail et pouvoir atteindre nos objectifs, il était indispensable dans un premier temps d'aller vers les citoyens pour sortir de notre isolement, cela s'est fait les premiers mois ; nous avons programmé un certain nombre de rencontres avec différents acteurs et ensuite, tout au long de notre mandat nous avons fait un certain nombre de publications destinées à vulgariser la Constitution et les lois applicables. Le citoyen, lui, a désormais la possibilité de saisir la Cour directement, cela est une innovation de la Constitution du 30 mars.

Le citoyen à la rencontre de la Cour : la saisine directe

J'ai pu constater pendant la Transition que la Cour constitutionnelle n'était pratiquement pas connue du citoyen pour deux raisons principales, la première étant que celle-ci fonctionnait comme toutes les juridictions, loin de lui, le magistrat dans les juridictions de droit commun étant d'abord quelqu'un de difficilement accessible et le cérémonial des audiences renforce cette perception ; la deuxième raison étant que les Cours constitutionnelles précédentes étaient effectivement accessibles aux autorités qui pouvaient la saisir, mais pas au citoyen qui ne pouvait la saisir que par la voie d'exception, à l'occasion d'un contentieux devant une juridiction ou en rapportant la preuve d'un intérêt à agir et d'un préjudice. Il fallait changer cela et cela a été changé.

Je pensais que la Cour constitutionnelle a cela de particulier que ses décisions ont un impact national et parfois même international, une décision de la Cour va toucher l'État, le citoyen, les partis politiques, la société civile ; en outre, les élections déterminent l'avenir du pays et le choix des dirigeants. Il m'est apparu alors évident que tout en renforçant l'aspect juridictionnel de la Cour, il fallait faire en sorte que le citoyen non seulement s'approprie sa constitution, mais également sa cour constitutionnelle. C'est ainsi que, lorsque le projet de nouvelle constitution était en cours d'élaboration par le CNT, avec le concours de mon excellent collègue et ami, le professeur Joël AIVO du Bénin, nous nous sommes mobilisés pour que soit introduite dans la constitution la saisine directe par toute personne.

Cette saisine directe est contenue dans l'article 98 de la Constitution du 30 mars 2016 en ces termes : « *Toute personne peut saisir la Cour constitutionnelle sur la constitutionnalité des lois, soit directement, soit par la procédure de l'exception d'inconstitutionnalité invoquée devant une juridiction dans une affaire qui la concerne.* » La Constitution centrafricaine va loin, car elle prescrit la saisine par « toute personne », ce qui signifie que même un étranger peut saisir la Cour en matière de contrôle de constitutionnalité. Ce contrôle va s'exercer non seulement sur les lois, mais également les règlements en application de l'article 95 de la Constitution.

La saisine directe, pour être utilisée, devait être connue et le citoyen devait arriver non seulement à s'approprier sa Constitution, mais également à s'approprier sa Cour constitutionnelle.

Ce rapprochement avait déjà commencé lors de la Transition, car lorsque la Cour a pénétré sur le stade pour recevoir le serment du président élu à l'issue de la Transition, elle a été ovationnée par les spectateurs venus nombreux pour assister à cette investiture : c'était une première dans l'histoire de la Cour constitutionnelle centrafricaine et c'était réconfortant, j'ai compris que nous devions poursuivre dans cette voie.

La Cour à la rencontre du citoyen

Ainsi dès la première année de l'installation de la Cour, nous avons programmé et réalisé une série de rencontres avec les différents acteurs : la Cour est allée à la rencontre des députés de la nation, des partis politiques, de la société civile, des organisations de femmes et de jeunesse, des médias, des universitaires. Tout ceci a été très bénéfique par la suite pour la compréhension de notre mission et le rapprochement avec les citoyens. Il n'était peut-être pas dans les pratiques d'une Cour constitutionnelle d'aller ainsi vers les différents acteurs de la société, mais, compte tenu du contexte national particulièrement difficile et du rôle que la Cour était appelée à jouer dans la construction de la paix et de la cohésion sociale, cela m'a paru indispensable.

Les publications sont venues compléter cela et renforcer notre volonté d'être plus proche des populations et des différents acteurs de la société.

Les publications de la Cour

Il m'était apparu également évident que la Cour, à l'instar d'autres Cours constitutionnelles que j'avais pu visiter, devait être plus visible du point de vue de ses décisions et faire œuvre pédagogique. Ainsi nos décisions devaient être bien motivées pour être compréhensibles et elles devaient être connues à l'intérieur comme à l'extérieur du pays. Nous avons donc effectué une série de publications : les recueils des décisions de la Cour, la loi portant organisation et fonctionnement de la Cour, divers guides à destination des candidats aux élections, nous avons élaboré, adopté et publié un règlement de procédure et publié certaines de nos déclarations, et en général tout acte posé par la Cour qui nous semblait revêtir une importance particulière a été publié.

L'Union européenne et la France nous ont beaucoup appuyés par le financement de la reproduction dans cette action, qu'elles en soient remerciées.

La plus importante publication de la Cour a été très certainement la Constitution en français et en sango ce qui était une première en République centrafricaine.

Un jour, alors que j'étais devenue présidente de la Cour, je reçus dans ma boite mail une version sango de la Constitution et celle-ci me venait d'un Américain dont je me permets de citer le nom ici avec son accord, monsieur Wally. Je ne connaissais pas l'existence de cette version et j'étais très étonnée que ce soit un étranger qui me l'envoie et de surcroit un anglophone. En lisant la version, il m'est apparu évident que c'était bien des Centrafricains qui avaient rédigé cette version, elle me paraissait assez bien faite. Cependant, n'étant pas linguiste, j'écrivis au Premier ministre qui était alors Simplice Sarandji et lui proposait de l'envoyer à l'Institut de Linguistique appliquée (ILA) de l'Université de Bangui afin que celui-ci fasse une vérification et correction de cette version sango pour que celle-ci puisse être publiée. Il le fit et, après son départ du poste de Premier ministre, nous avons suivi le travail effectué par l'ILA jusqu'à ce que l'institut nous produise la version corrigée et c'est celle qui sera publiée. J'ai ressenti une grande satisfaction et même une grande fierté d'avoir été à l'origine de cette publication. Ceci allait permettre une meilleure connaissance de la Constitution par les citoyens. Ainsi, après la reproduction, nous avons distribué cette version bilingue dans les administrations centrales et préfectorales, aux partis politiques, aux ambassades, à la société civile, aux organisations, aux médias, aux juridictions et à de nombreux particuliers qui nous rendaient visite à la Cour.

La Cour et les autres Institutions de la République

La Constitution du 30 mars 2016 institue un certain nombre d'« Institutions de la République » : la Cour constitutionnelle, la Haute Cour de Justice, le Conseil économique et social, le Conseil national de la Médiation, le Haut Conseil à la Communication, l'Autorité nationale des Élections et la Haute autorité chargée de la bonne gouvernance. Toutes ces Institutions ont fonctionné tant bien que mal, mais celle qui aura certainement été la plus négligée a été la Haute Cour de Justice. Cette

Institution a manifestement posé problème aux dirigeants du fait de son rôle et de sa mission.

Une collaboration s'est instaurée entre ces diverses institutions, mais surtout une certaine solidarité. Il était prévu que le président de la République réunisse les présidents pour des échanges, cela s'est fait, mais sans calendrier particulier, un peu au gré des évènements et du bon vouloir du président. En dehors de cela, chaque Institution ou chaque président d'institution avait bien sûr la liberté de demander audience au Chef de l'État.

La Cour et son environnement international

Il est primordial que chaque Cour constitutionnelle ne soit pas isolée et qu'elle soit en relation avec les autres Cours constitutionnelles régionales et au niveau international.

Les échanges avec les autres Cours constitutionnelles, notamment au sein de la Conférence des juridictions constitutionnelles africaines (CJCA), nous ont été très bénéfiques, tant du point de vue des échanges d'expériences que de point de vue du renforcement de la solidarité entre les Cours constitutionnelles et ceci est particulièrement important lorsqu'une Cour rencontre des difficultés notamment pour avoir voulu dire le droit et promouvoir d'État de Droit et la Justice. Ça a été le cas de notre Cour constitutionnelle. Nous avons, le juge Bango Sangafio et moi, bénéficié de la solidarité de la CJCA, tant du Bureau que de la Conférence, au moment où nous étions dans la tourmente du fait du projet de révision de la Constitution. La CJCA est également intervenue auprès de la Commission de Venise qui nous a également soutenus ; nous avons également reçu le soutien de l'Assemblée parlementaire de la Francophonie.

Je voudrais ici leur dire toute notre reconnaissance, comment le faire mieux qu'en reproduisant leurs communiqués :

Communiqué de la Conférence des Juridictions constitutionnelles africaines CJCA :

« *Ces derniers jours, la Cour constitutionnelle de la République centrafricaine a été la cible d'attaques et de menaces proférées contre ses juges et sa présidente, ainsi que des tentatives de porter atteinte à son indépendance. Elle a fait aussi l'objet de la volonté du gouvernement de faire partir, la présidente en retraite, en raison des dernières décisions prises par la Cour, et qui s'apparenterait à une mesure disciplinaire alors que les juges sont inamovibles. Devant cette situation, la Conférence des juridictions constitutionnelles africaines, dont la Cour constitutionnelle de Centrafrique est membre fondateur, tient lieu de marquer un soutien indéfectible aux juges constitutionnels et à leur tête Mme la Professeure Danièle DARLAN, et leur exprime sa solidarité et rappelle que l'inamovibilité est un principe fondamental relatif à l'indépendance de la magistrature.*

Fait à Luanda, le 22 octobre 2022 ».

Commission de Venise, Conférence mondiale sur la Justice constitutionnelle

Déclaration du 3 novembre 2022 de Gianni Buquicchio représentant spécial de la commission de Venise

« *Au nom de la conférence mondiale sur la justice constitutionnelle, je soutiens pleinement la déclaration de la conférence des juridictions constitutionnelles africaines défendant l'indépendance de la Cour constitutionnelle de la République centrafricaine qui a subi des pressions indues de la part du gouvernement lorsque la Cour a adopté des décisions qui ont déplu au pouvoir exécutif. L'indépendance des Cours constitutionnelles et de leurs juges est au cœur des travaux de la conférence mondiale sur la justice constitutionnelle ; révoquer des juges parce qu'ils prennent des décisions qui déplaisent à ce pouvoir est inadmissible* ».

Nous avons également bénéficié du soutien de l'Assemblée parlementaire francophone.

Communiqué de l'Assemblée parlementaire de la Francophonie du 4 novembre 2022 (extrait) :

« *La commission politique de l'Assemblée parlementaire de la Francophonie (APF) exprime son inquiétude après la destitution de la présidente de la Cour constitutionnelle de la République centrafricaine (RCA),* ***Danièle Darlan****, ainsi que celle du juge* ***Trinité Bango Sangafio****, avant le terme de leur mandat de sept ans, en dépit de l'inamovibilité liée à leur fonction.*

Cette violation de la Constitution centrafricaine et du principe d'indépendance de la magistrature, au profit d'ambitions politiciennes, constitue un signe très inquiétant pour l'avenir de la RCA. Cet acte fait en effet suite à la décision du 23 septembre 2022 par laquelle la Cour constitutionnelle avait dit le droit en annulant les décrets présidentiels créant un « comité de réécriture de la Constitution », qui ouvre la porte à un troisième mandat présidentiel. »

Lorsque j'entrais à la Cour constitutionnelle de Transition en 2013, je n'avais pas pris tout le sens de la noble mission qui était assignée à cette haute juridiction : celle de protéger la Constitution. C'est petit à petit au fil des circonstances et de nos décisions que j'ai mesuré toute l'importance de cette mission. J'aurai exercé 9 ans et 7 mois au sein de cette Institution, ayant été évincée illégalement par le président de la République le 24 mars 2022 alors que mon mandat courait jusqu'au 24 mars 2024.

Toutes les dispositions constitutionnelles et légales auraient dû nous conduire résolument vers des élections transparentes, organisées tous les cinq ans et permettant au peuple de choisir ses dirigeants dans la quiétude et peu à peu de construire un État de Droit. Cependant, il en fut tout autrement au pays de Boganda et les mauvais démons ont ressurgi.

La Cour constitutionnelle, dans un contexte difficile, a rendu des décisions importantes qui démontrent de la volonté des juges constitutionnels, sous cette Cour, d'être un facteur de paix sociale et de promotion de la démocratie et de la bonne gouvernance. Quelques décisions illustreront cela que ce soit en contentieux général ou en contentieux électoral.

CHAPITRE III

LES GRANDES DÉCISIONS DE LA COUR CONSTITUTIONNELLE EN CONTENTIEUX GÉNÉRAL

SECTION I - LE RENFORCEMENT DE LA BONNE GOUVERNANCE ET DE L'ÉTAT DE DROIT

I - L'ADMINISTRATION ET LA GESTION DES FONDS PUBLICS

A. LE RESPECT DES PRINCIPES DE BONNE ADMINISTRATION

Le président de l'Assemblée nationale par sa demande d'avis du 10 septembre 2018, a offert l'opportunité à la Cour dans son **avis N° 007/CC/18 du 19 septembre 2018** [27] de rappeler certains principes de bonne administration et de bonne gestion des fonds publics.

Un problème récurrent de répartition des compétences au sein du Bureau de l'Assemblée nationale

Que disent les textes en matière de répartition de compétences au sein du Bureau de l'Assemblée nationale ?

La Constitution ne traite pas de cette question, elle renvoie cela au Règlement intérieur en l'article 72 qui dispose : « *L'Assemblée nationale fixe, elle-même, ses règles d'organisation et de fonctionnement sous forme de loi portant règlement intérieur. Celui-ci ne peut entrer en vigueur qu'après avoir été reconnu conforme à la Constitution par la Cour constitutionnelle* ».

Sous la Transition, la Cour avait déjà eu à rappeler certains principes de bonne gestion et de bonne administration par deux décisions, ceci à l'occasion de l'examen de conformité du Règlement intérieur de l'Assemblée nationale : la **décision N° 004/CCT/17 du 01er février 2017** et la **décision N° 006/CCT/17 du 07 mars 2017**[28]. La Cour, lors de l'examen de la loi pour délivrance du visa de conformité, a constaté que l'Assemblée nationale n'avait pas pris en compte certaines reformulations

---

[27] Recueil des décisions de la CCT, requêtes diverses, années 2013 à 2017, p.141

[28] Recueil des décisions de la CCT, requêtes diverses, années 2013 à 2017, p.176

demandées dans la première décision. Au lieu de renvoyer le texte à l'Assemblée nationale, et devant la volonté manifeste de l'Assemblée nationale de ne pas se conformer à la décision de la Cour violant ainsi les dispositions constitutionnelles, la Cour constitutionnelle de Transition a simplement supprimé les dispositions qui posaient problème pour inconstitutionnalité, ces termes étant séparables du texte. La Cour s'est exprimée ainsi : « *le Règlement intérieur de l'Assemblée nationale avec les articles ci-dessus reformulés entre en vigueur en application de l'article 72 de la Constitution* ».

Ce ne sera pas l'unique cas où la Cour constitutionnelle devra faire face à des réticences de l'Assemblée nationale à exécuter ses décisions. Deux autres cas peuvent être cités : l'un concernant le vote des réfugiés et l'autre la parité hommes-femmes.

Les problèmes de gestion auxquels le président de l'Assemblée nationale faisait face de façon récurrente le conduiront à introduire une nouvelle demande d'avis le 10 septembre 2018.

Dans cette requête, le président de l'Assemblée nationale demandait à la Cour une interprétation des articles 14, 15 et 16 de la loi organique N° 17.011 du 14 mars 2017 portant Règlement intérieur de l'Assemblée nationale.

Il posait les questions suivantes à la Cour :

1. En matière de gestion des services et du personnel de l'Assemblée nationale, quelle est la répartition des compétences entre le président et le bureau de l'Assemblée nationale ?
2. Les décisions de nomination des membres de cabinet du président de l'Assemblée nationale ainsi que celles concernant l'organisation et le fonctionnement du cabinet relèvent-elles ou non du pouvoir propre du président ?
3. Des attributions du président de l'Assemblée nationale en vertu de l'article 15 de la loi portant règlement intérieur de l'institution, lesquelles relèvent du pouvoir propre du président ?
4. Quelle est la différence entre la suppléance et la délégation de pouvoirs, quelles sont les modalités respectives de leur application et quel est le sort réservé au pouvoir d'ordonnateur du président ?
5. Quelles sont les implications pratiques de l'exercice des attributions des membres du bureau de l'Assemblée nationale « sous l'autorité du président » au sens de l'article 16 alinéa Ier de la loi ?

La Cour, dans son **avis N° 007/CC/18 du 19 septembre 2018,** [29]a répondu au président de l'Assemblée nationale en analysant les attributions du président d'une part et celles du bureau d'autre part. Dans cet avis, la Cour a tenu à protéger les attributions du président contre les velléités d'accaparement d'autres membres du bureau en particulier des vice-présidents. Ce problème demeure sous la nouvelle législature, c'est donc un problème récurrent de répartition des compétences au sein du B-bureau de l'Assemblée nationale et particulièrement concernant la gestion des fonds et les nominations. Malheureusement, très certainement, aucun des membres du bureau actuel n'a connaissance de cet avis rendu par la Cour et ne s'en inspire, les pratiques de mauvaise gestion étant profondément ancrées non seulement à l'Assemblée nationale, mais aussi dans toute l'administration centrafricaine.

Les points significatifs de l'avis de la Cour constitutionnelle sont les suivants :

L'organigramme de l'Assemblée nationale doit être fixé pour parer aux recrutements anarchiques

La Cour a d'abord précisé et rappelé que le bureau de l'Assemblée nationale a la responsabilité d'adopter l'organigramme de l'Assemblée nationale et de déterminer les missions de chacun et que cela doit se concrétiser par un arrêté du président de l'Assemblée nationale. En effet, cet arrêté, au moment où la Cour était saisie, n'existait pas ; ce qui était une faute de gestion et conduisait à des recrutements anarchiques.

Certains pouvoirs sont des pouvoirs propres au président de l'Assemblée nationale (art.15 du Règlement intérieur)

La Cour a également précisé que les attributions fixées par l'article 15 sont des attributions propres au président de l'Assemblée nationale et que ces attributions ne peuvent être exercées par les autres membres du bureau que dans le cadre de la suppléance et sur délégation expresse du président.

En outre, certains de ces pouvoirs propres peuvent être délégués par le président et certains autres ne le peuvent pas.

Les pouvoirs propres du président qui doivent être expressément délégués par un arrêté *en cas d'empêchement temporaire* du président sont les suivants :

[29] Recueil des décisions de la CC, années 2018 à 2021, p.63

- Chef de l'administration de l'Assemblée nationale
- Ordonnateur des dépenses
- La nomination et la révocation des membres du cabinet de président dans le respect des dispositions légales

Les pouvoirs propres du président qui ne peuvent être délégués sont les suivants :

- La suppléance du président de la République
- La saisine de la Cour constitutionnelle
- La nomination d'un membre à la Cour constitutionnelle
- La saisine de la Cour de cassation pour avis
- La saisine du Conseil d'État
- La transmission au procureur général près la Haute Cour de justice de la résolution de mise en accusation du président de la République adoptée par les députés dans les conditions fixée par l'article 125 la Constitution

En dehors des pouvoirs propres, certaines attributions sont déléguées par le président aux autres membres du bureau (Art.16) en cas d'absence de courte durée du président

Les attributions contenues dans l'article 16 sont des attributions déléguées aux membres du bureau de l'Assemblée nationale qui doivent été exercées sous l'autorité du président de l'Assemblée nationale avec obligation de rendre compte.

Ce sont des attributions exercées en collaboration avec le bureau de l'Assemblée nationale et assurées par les membres du bureau, dans l'ordre de préséance, en cas d'absence de courte durée du président

- La convocation des sessions ordinaires après consultation du Président de la République
- La présidence des séances plénières de l'Assemblée nationale, les réunions du bureau, de la conférence des présidents et des concertations
- La direction des débats, faire observer le règlement intérieur, maintenir l'ordre de discussion et assurer la police des débats
- Mettre aux voix le projet et les propositions de loi soumis aux délibérations de l'Assemblée nationale
- Juger, conjointement avec les secrétaires parlementaires, les épreuves de vote et en proclamer les résultats

- La transmission au gouvernement des actes de l'Assemblée nationale et généralement toutes les communications de celle-ci.

B. LE RESPECT DES PRINCIPES DE BONNE GESTION DES FONDS PUBLICS

Deux affaires peuvent être citées pour illustrer l'intervention de la Cour constitutionnelle dans ce domaine. La Cour est intervenue en contrôle de constitutionnalité dans une affaire relative aux télécommunications sur saisine d'une société. À cette occasion, elle a rappelé certaines règles de bonne gestion notamment en ce qui concerne l'implication obligatoire de l'ordonnateur principal qu'est le ministre des Finances et du Budget.

La deuxième affaire concerne les indemnités allouées aux députés.

Décision N° 004/CC/18 du 26 juin 2018 sur saisine en contrôle de constitutionnalité de certaines dispositions de la loi N° 18.002 du 17 janvier 2018 régissant les communications électroniques en RCA [30]

La Société requérante arguait d'une violation de son droit de propriété par certaines dispositions de cette loi. Elle sera déboutée de ses demandes. Cependant, en application de l'article 28 de la loi organique de la Cour qui dispose que quand elle est saisie en contrôle de constitutionnalité la Cour *« se prononce sur l'ensemble de la loi, tant sur son contenu que sur la procédure d'élaboration »*, la juridiction a contrôlé l'ensemble de la loi et il est apparu que certaines de ses dispositions étaient non conformes et ont été reformulées. Ce sont ces dispositions qui nous intéressent dans le cadre de cet ouvrage, car elles touchent à la question de la bonne gouvernance.

<u>Sur la violation des articles 52 et 83 de la Constitution</u> :

L'article 52 de la Constitution dispose : « *Le Premier ministre, chef du Gouvernement, détermine et conduit la politique de la Nation dont les grandes orientations sont fixées par le Président de la République, Chef de l'État* ».

L'article 83 alinéa 1 dispose : « *L'initiative des lois appartient concurremment au gouvernement et au parlement* ».

L'article 8 de la loi dispose : le ministre des Télécommunications « *détermine la politique générale de développement du secteur. Il a l'initiative des lois et règlements visant à faire évoluer le cadre législatif et de développement du secteur* ». Ces dispositions

[30] Recueil des décisions de la CC, années 2018 à 2021, p.48

n'étaient pas conformes en ce qu'elles accordaient des pouvoirs à un ministre qu'il n'avait pas au regard des articles 52 et 83 de la Constitution.

La Cour a donc rectifié et a reformulé en ces termes : « *À ce titre, il contribue à la détermination de la politique de développement du secteur. Il élabore les projets de lois et de règlements visant à faire évoluer le cadre législatif du secteur et les soumet au gouvernement* ».

Sur le principe de bonne gouvernance prévu à l'article 25 de la Constitution :

L'article 25 proclame les sept principes de la République, dont « *la bonne gouvernance* ».

La loi disposait en son article 15 que le titulaire d'une licence est assujetti au paiement d'une contrepartie financière et que le montant de la contrepartie financière était fixé par arrêté du ministre des Télécommunications et l'article 16, que les licences étaient accordées, transférées, modifiées, renouvelées, suspendues ou retirées par arrêté du ministre sur proposition de l'autorité de régulation.

La Cour constatait ainsi qu'à aucun moment le ministre des Finances n'était impliqué « *alors que les enjeux financiers sont importants* » et elle poursuivait... « *En application du principe de bonne gouvernance, il y a lieu d'impliquer le ministre des Finances et donc de reformuler les articles 15 et 16* ». Le montant de la contrepartie financière devait être fixé « *sur avis conforme du ministre des Finances* » et l'article 16 relatif aux licences devait être complété par les mêmes termes.

La deuxième affaire était relative aux indemnités parlementaires.

Décision N° 136/CC/21 du 26 novembre 2021 relative à l'interprétation des articles 68 et 69 de la Constitution [31]

La Cour constitutionnelle avait été saisie en interprétation des articles 68 et 69 par le président de l'Assemblée nationale sur une question touchant aux indemnités allouées aux députés.

Certains députés réclamaient le paiement d'indemnités à titre de rappel pour une période située entre l'installation de l'Assemblée nationale et leur propre prise de fonction. Le président de l'Assemblée nationale relevait le fait que les indemnités réclamées concernaient une période où les députés

---

[31] Recueil des décisions de la CC, années 2018 à 2021, p.223

visés n'avaient pas encore pris fonction à l'Assemblée nationale et donc ne pouvaient bénéficier des indemnités.

Les articles 68 et 69 de la Constitution concernent le mandat du député et l'installation de l'Assemblée nationale.

L'article 68 stipule : « *Le peuple centrafricain élit au suffrage universel direct pour un mandat de cinq ans des citoyens qui constituent l'Assemblée nationale et qui portent le titre de député.*
Chaque député est l'élu de la Nation.
Le mandat du député ne peut être écourté que par la dissolution de l'Assemblée nationale, la démission, la radiation ou la déchéance dudit député ».

Aux termes de l'article 69 : « *L'Assemblée élit son président pour la durée de la législature dans les huit premiers jours de son installation. Les autres membres du bureau sont élus chaque année* ».

Compte tenu de l'organisation d'élections partielles, 50 candidats avaient été proclamés élus par la Cour constitutionnelle postérieurement à l'installation officielle de l'Assemblée nationale intervenue le 3 mai 2021. Ils avaient donc pris fonction après l'installation de l'Assemblée nationale. Pouvaient-ils bénéficier des indemnités versées aux députés pour la période située entre l'installation de l'Assemblée nationale et leur prise de fonction ?

La Cour a répondu qu'antérieurement à la proclamation par la Cour des résultats définitifs les concernant, aucun candidat ne peut porter le titre de député ni ne peut siéger à l'Assemblée nationale ni bénéficier des avantages liés à la fonction.

La Cour a fait référence également aux règles de gestion des fonds publics. Elle a rappelé que suivant l'article 127 alinéa 4 du règlement intérieur de l'Assemblée nationale : « *Les services de la comptabilité assurent la gestion du budget de l'Assemblée nationale suivant les règles de la comptabilité publique* » ; qu'en application de l'article 93 du décret N° 19.091 du 27 mars 2019 portant Règlement général de la comptabilité publique en RCA : « *Les paiements ne peuvent intervenir avant, soit l'échéance de la dette, soit l'exécution du service, soit la décision individuelle d'attribution de subvention, d'allocation* » et elle concluait « *le paiement à titre de rappel, des indemnités parlementaires pour les périodes où les députés n'avaient pas encore pris service, ni n'étaient installés officiellement n'est pas conforme aux dispositions constitutionnelles et légales* ».

II - LA VIOLATION DU PRINCIPE DE LA SÉPARATION DES POUVOIRS ET LA CONFUSION DES MISSIONS

Deux décisions permettent d'illustrer la dérive du régime vers la concentration des pouvoirs donc vers la dictature. Elles sont en réalité prémonitoires de ce qui allait aboutir à la volonté de réviser la Constitution pour permettre un troisième mandat. Il s'agit de la décision relative à la Délégation générale des Grands Travaux et à celle relative aux mesures d'exécution de la loi sur la cryptomonnaie.

Ces deux décisions permettent d'illustrer la confusion des pouvoirs et donc la violation du principe fondamental de séparation des pouvoirs, mais également la confusion des missions entre le cabinet présidentiel et le gouvernement, au détriment du gouvernement.

A. LA CONFUSION DES POUVOIRS EXÉCUTIF ET LÉGISLATIF AU DÉTRIMENT DU LÉGISLATIF

Le principe fondamental de la séparation des pouvoirs dans la Constitution du 30 mars 2016

La séparation des pouvoirs est la base du fonctionnement du système démocratique. En réalité, tout l'agencement des trois pouvoirs est basé sur l'organisation de leur séparation, mais aussi de leur collaboration et par contre l'exclusion de la confusion des pouvoirs.

Plusieurs articles de la Constitution du 30 mars touchent à la séparation des pouvoirs.

Dans le préambule, on relève la première mention de la séparation des pouvoirs : « *Résolu à construire un État de droit fondé sur une démocratie pluraliste, le respect de la séparation et de l'équilibre des pouvoirs en vue de garantir la sécurité des personnes et des biens, la protection des plus faibles, notamment des personnes vulnérables, des minorités et le plein exercice des libertés et des droits fondamentaux* ».

Le régime mis en place est un régime semi-présidentiel dans lequel le chef de l'État nomme le Premier ministre et les membres du gouvernement, et dans lequel le gouvernement est responsable devant l'Assemblée nationale.

Le titre III traite du pouvoir exécutif, le Titre IV du pouvoir législatif et le Titre VII du pouvoir judiciaire. L'exécutif comprend le Président de la République, chef de l'État qui est chef de l'exécutif et le gouvernement, le Premier ministre, chef du gouvernement, et les membres du gouvernement.

Le pouvoir législatif est composé de deux chambres, l'Assemblée nationale et le Sénat et le pouvoir judiciaire des Cours et Tribunaux.

L'exécutif gère l'État, le législatif vote les lois et contrôle l'action du gouvernement et le judiciaire rend la justice et sanctionne les manquements à la loi. Chaque pouvoir doit remplir son rôle en toute indépendance et en toute responsabilité et assumer ses responsabilités dans le respect des dispositions constitutionnelles ; des lois et règlements. Si la Constitution organise un « équilibre entre les pouvoirs » et une collaboration, par contre toute confusion des pouvoirs est exclue. La Cour constitutionnelle a, parmi ses compétences, celle de veiller à ce que la séparation des pouvoirs telle qu'organisée par la Constitution soit respectée et de sanctionner la confusion des pouvoirs, car toute confusion des pouvoirs est une violation des dispositions constitutionnelles et de la démocratie.

Malheureusement, on a assisté petit à petit à de plus en plus d'actes pris par le gouvernement ou par le président constituant une violation de la séparation des pouvoirs et une usurpation par le pouvoir exécutif des pouvoirs revenant au législatif ceci, on peut le dire, avec la complicité du pouvoir législatif lui-même vu son mutisme et son inaction face à cette usurpation. L'Assemblée nationale est devenue finalement une « chambre d'enregistrement » du fait principalement de la duplicité de certains députés et de l'appât du gain, donc de leur immoralité. Ce faisant, ils ont contribué à la dégradation de la démocratie, à la transformation du régime en un régime à caractère dictatorial et donc à la violation de la Constitution.

Ainsi, des mesures du domaine de la loi ont été prises par l'exécutif, par décret du président de la République. Ça a été le cas pour la création de la Délégation générale des grands travaux et aussi pour les mesures d'accompagnement de la loi sur la cryptomonnaie qui elles, de surcroit, ne reposaient sur aucun texte.

D'autres actes inconstitutionnels ont été pris, mais peu ont été soumis au contrôle de constitutionnalité, la Cour n'ayant pas l'auto-saisine elle ne pouvait donc en connaître.

Le décret portant création de la Délégation générale des grands travaux a été déféré à la Cour par le chef d'un parti d'opposition, Mouvement démocratique pour la Renaissance et l'Évolution de Centrafrique (MDREC), Joseph Bendounga.

Décision N° 002/CC/20 du 30 janvier 2020 relative au décret N° 19.355 du 17 décembre 2019 portant création d'une Délégation générale des Grands Travaux et des Investissements stratégiques [32]

L'article 80 de la Constitution liste les matières qui sont du domaine de la loi ; selon l'article 80 tiret 14 la création ou la suppression des établissements publics sont du domaine de la loi.

Le requérant soutenait effectivement que la création de la Délégation générale était du domaine de la loi, cette structure étant un Établissement Public.

L'article 2 du décret disposait : « *La Délégation générale des grands travaux et des investissements stratégiques est une entité publique ou à participation publique majoritaire, dotée de la personnalité morale et de l'autonomie financière* ». Les missions de cette « entité », qui ne disait pas son nom, étaient notamment selon le décret « *d'assurer pour le compte du Gouvernement, le contrôle de l'exécution des Grands Travaux et des Investissements stratégiques en qualité de maître d'ouvrage* ».

La Cour dans sa décision constatait que ceci constituait des missions de service public. Un établissement public étant une structure chargée de la gestion d'une activité de service public, la Cour en a déduit qu'il s'agissait bien d'un Établissement public, et qu'ainsi, sa création relevait du domaine de la loi en application de l'article 80, tiret 14, de la Constitution et qu'en conséquence, le décret était non conforme, qu'il était annulé et devait être retiré de l'ordonnancement juridique.

Ce décret, pourtant annulé par la Cour constitutionnelle, ne fut jamais retiré de l'ordonnancement juridique puisque cette Délégation a continué d'exister au sein de la Présidence de la République, avec les mêmes fonctions. Aucun texte de régularisation ne fut introduit auprès de l'Assemblée nationale. Ce maintien, malgré la décision de la Cour, constituait également une violation de la Constitution.

Par ce refus d'exécuter une décision de la Cour constitutionnelle, le président de la République commençait sa descente dans l'illégalité, lui et l'ensemble de l'Exécutif qui lui était lié. Les choses par la suite ne feront qu'empirer pour aboutir à la volonté de faire sauter les verrous constitutionnels interdisant un troisième mandat. Une première tentative de révision était déjà intervenue en 2020 sur laquelle nous reviendrons.

---

[32] Cette décision a été omise dans la publication du recueil des décisions de la CC de 2018 à 2020.

Les mesures d'application de la loi sur la cryptomonnaie seront une nouvelle manifestation de cette dérive du régime Touadera.

Décision N° 008/CC/22 du 29 août 2022 relative aux actes de l'Exécutif organisant la vente de la nationalité, du sol et du sous-sol centrafricains dans le cadre de l'exécution de la loi régissant la cryptomonnaie en République centrafricaine [33]

La Cour a été saisie par Jean François Akandji-Kombe, Karl Blague, Sydney Tchikaya, Ben Wilson Ngassan et Ludovic Ledo ayant pour conseil Maître Arlette Sombo-Dibele.

Une loi du 22 avril 2022, adoptée sans murmures ni hésitation, régissait la cryptomonnaie en République centrafricaine et portait création de la cryptomonnaie SANGO-COIN. Suite à la promulgation de la loi, l'Exécutif a organisé la vente de la nationalité, du sol et du sous-sol centrafricain sur un site internet créé par la Présidence de la République et dénommé « SANGO.ORG ».

Les requérants faisaient ressortir qu'il était manifeste que c'était le président de la République lui-même qui assurait le pilotage de l'ensemble du dispositif, ainsi que l'établissent plusieurs communiqués émanant de la Présidence de la République ; que le président lui-même avait procédé au lancement officiel de la cryptomonnaie sur le site, que les actes contestés avaient incontestablement une portée juridique réglementaire, que les offres faites aux investisseurs conféraient des droits aux acheteurs de sango-coin en imposant des obligations à l'État centrafricain, que ces actes ont une portée générale et qu'ainsi ils ont un caractère réglementaire au sens de l'article 95 alinéa 1 de la Constitution qui fonde la compétence de la Cour.

Le 25 août 2022, alors que nous étions en train d'examiner cette requête et que nous allions bientôt délibérer, je recevais un message du directeur de cabinet à la Présidence de la République Obed Namsio. Par ce message, le directeur de cabinet me demandait de le rencontrer à propos de ce dossier alors que nous étions à la veille de délibérer sur cette affaire, le projet de décision était déjà prêt, la délibération devait avoir lieu le 26 août donc le lendemain. Il me semble important de préciser que le rapporteur dans ce dossier était le juge Bango Sangafio qui est le deuxième juge à avoir subi les foudres du décret du 24 octobre.

[33] Le recueil des décisions de l'année 2022 n'est pas encore publié.

Je le rencontrais effectivement le 26 août et il me faisait part de ses appréhensions et de celles du Chef de l'État quant à notre prochaine décision. La Cour a délibéré deux heures plus tard et a adopté le projet à l'unanimité chaque juge s'étant prononcé sur chaque paragraphe du projet. Malheureusement, cette décision n'allait pas dans le sens souhaité et il n'aurait pu en être autrement. En effet, nous avons déclaré inconstitutionnelle et annulé la vente de la nationalité via le site SANGO.COIN, la vente des terrains, la e. résidence, la vente des ressources naturelles tout simplement parce que ces dispositions étaient du domaine de la loi. Un simple site internet se mettait à vendre la nationalité centrafricaine, les terrains, les ressources naturelles sans aucun contrôle des administrations concernées ni base légale !

Le lendemain, donc le 27 août, quand j'informais par message WhatsApp le directeur de cabinet que la décision était telle, j'ai eu de sa part une réponse qui marquait le début de mes ennuis. La voici reproduite dans son entièreté :

« *Bonsoir Mme le Président. Bien noté. Mais je pense que cela va constituer un dangereux précédent pour le pays ; s'agissant d'une décision de la Cour constitutionnelle, si cela se fait, les communiqués officiels, les messages sur les réseaux sociaux, les publicités, même de nature commerciale, faits par l'exécutif, seront désormais considérés comme des textes législatifs susceptibles d'être déférés devant la haute juridiction ; ce sera aussi un message fort envoyé aux ennemis du pays, qu'ils peuvent dorénavant utiliser certaines institutions de la République pour bloquer le développement de la RCA et maintenir ad vitam aeternam le peuple centrafricain dans la pauvreté, comme je vous l'ai dit, une telle décision qui ne sera certainement pas comprise par le peuple, renforcera les soupçons et les rumeurs d'instrumentalisation de certaines de nos institutions à des fins autres que celles de l'intérêt général. Je me demande enfin si les autres membres de la cour constitutionnelle sont tenus d'adopter un projet de rapports élaborés par un juge qui peut-être n'avait pas tous les éléments d'appréciation du dossier. En tous cas, je pense que le pays peut encore compter sur vous, c'est pourquoi je me permets de vous livrer mon sentiment ; Merci et bonne soirée à vous* ».

Ce message me laissa perplexe et surtout déçue qu'il provienne de celui qui m'était apparu comme quelqu'un digne de confiance et de probité intellectuelle. Ce message comportait de façon à peine voilée des menaces et, de façon tout à fait directe, de graves accusations portées contre la Cour.

Dès le surlendemain, est-ce une coïncidence, je ne le pense pas, j'ai eu droit à une première menace de mort, sur les réseaux sociaux, signée d'un certain Guinon Aymard, repris de justice, chargé de mission à l'Assemblée nationale, triste personnage, et dont les méfaits dans de telles pratiques étaient bien connus tout comme ses liens avec la Présidence de la République.

Depuis lors je n'eus plus aucun contact avec le directeur de cabinet à la présidence de la République, trop déçue par les propos proférés. Je pense qu'à partir de ce moment j'ai été cataloguée comme étant du côté de l'opposition et comme étant une personne à écarter ; la décision sur la Constitution leur en donnera l'occasion.

En ce qui concerne la recevabilité de la requête, la Cour a motivé sa décision en ces termes : « *ces dispositions qui figurent sur le site officiel SANGO.org et dans le document SANGO GENESIS PAPER sont des dispositions conférant des droits relevant du domaine de la loi déterminé par l'article 80* », et, de ce fait, relevait de la compétence de la Cour constitutionnelle.

En ce qui concerne le fond : sur le moyen relatif à l'annulation pour atteinte à la souveraineté de l'État atteinte à la souveraineté du peuple centrafricain et violation des articles 80 et 60 de la Constitution du 30 mars 2016 :

<u>Sur la mise en vente de la nationalité centrafricaine sur le site SANGO.ORG</u>

La Cour s'exprimait ainsi « *il ressort des dispositions de l'article 80 de la Constitution du 30 mars 2016 qu'il appartient au législateur de fixer les règles en matière d'acquisition et de perte de la nationalité..* », elle faisait également ressortir le fait que la loi sur la cryptomonnaie, qui avait été adoptée par les députés ne comportait aucune disposition relative à la citoyenneté ; que le code de nationalité fixait les conditions de naturalisation des étrangers conditions qui devaient être respectées ; elle faisait surtout remarquer que *« la nationalité n'a pas de valeur marchande »*.

<u>Sur la e-résidence</u>

La Cour faisait ressortir le fait que la e-résidence n'existait pas dans la législation fixant les conditions de résidence des étrangers en RCA, et que l'article 80 de la Constitution confiait le statut des étrangers et de l'immigration à la loi.

<u>Sur la mise en vente des terrains et des ressources naturelles sur le site SANGO.ORG</u>

La Cour relevait la violation de l'article 60 de la Constitution qui oblige le gouvernement à recueillir préalablement l'autorisation de l'Assemblée nationale avant la signature de tout contrat relatif aux ressources naturelles, la Cour relevait que toute ces transactions se faisaient « *manifestement en dehors de tout contrôle préalable des administrations concernées…* » elle poursuivait « *ceci est contraire aux dispositions constitutionnelles notamment à l'article 80 et à l'article 60 de la Constitution et au respect du principe du respect de l'intégrité du territoire* ».

En conséquence, la Cour annulait les dispositions contestées les déclarant inconstitutionnelles.

B. LA CONFUSION DES MISSIONS ENTRE LE CABINET PRÉSIDENTIEL ET LE GOUVERNEMENT AU DÉTRIMENT DU GOUVERNEMENT

L'usurpation des missions du Gouvernement par le Cabinet présidentiel

La confusion des pouvoirs en faveur de l'exécutif s'est faite réellement en faveur du chef de l'Exécutif qu'est le président de la République, on a ainsi assisté à une dérive dans la dérive, celle de la concurrence née entre les membres du gouvernement et les membres du Cabinet présidentiel, concurrence qui s'est opérée au détriment du Gouvernement.

La Constitution est pourtant très claire sur ce point. L'exécutif comprend le président de la République qui est Chef de l'exécutif, le Premier ministre qui est chef du Gouvernement et les ministres. Le Cabinet présidentiel n'existe pas en tant qu'Institution et n'a pas de pouvoirs particuliers si ce n'est celui d'aider le président de la République dans sa mission.

Ainsi, la Constitution dispose très clairement :

Art. 32 : *Le Pouvoir exécutif est composé du Président de la République et du Gouvernement.*
Le Président de la République est le Chef de l'Exécutif.
Le Premier ministre est le Chef du Gouvernement.

Art. 51 : *Le Gouvernement comprend le Premier ministre, Chef du gouvernement et les ministres.*
Art. 52 : *Le Premier ministre, Chef du gouvernement, détermine et conduit la politique de la Nation dont les grandes orientations sont fixées par le Président de la République, Chef de l'État, conformément à l'article 33 alinéa 5 ci-dessus.*
Le Premier ministre, Chef du gouvernement, dispose de l'Administration et nomme à certains emplois civils déterminés par la loi.

Il assure l'exécution des lois.
Il préside les Conseils de Cabinet et les Comités interministériels.
Les actes réglementaires du Premier ministre, Chef du Gouvernement sont contresignés par les ministres chargés de leur exécution.
L'absence de contreseing entraîne la nullité de ces actes.

La signification du contreseing

Il y a lieu ici de préciser la signification du contreseing.

Le contreseing est prévu par la Constitution en son article 49 qui dispose :

« *À l'exception de ceux relevant des domaines réservés du Chef de l'État, prévus aux articles 33, 40, 41, 42, 43, 44, 45, 46, 90, 91, 92 et 99, les actes du Président de la République sont contresignés par le Premier ministre et, le cas échéant, par les ministres chargés de leur exécution.*
L'absence du contreseing entraîne la nullité de ces actes ».

Le contreseing n'est pas une simple formalité. En droit constitutionnel, le contreseing est le fait pour une autorité d'apposer sa signature sur un acte tel qu'un décret et d'en endosser la responsabilité avec l'autorité qui a pris l'acte. Le contreseing est institué pour une concertation et une collaboration entre les membres de l'exécutif et aussi pour créer une solidarité et des responsabilités partagées dans la gestion des affaires de l'État. Le contreseing, qui n'est pas un simple visa, engage la responsabilité de celui qui appose sa signature, il est également une manifestation du consentement au contenu du décret contresigné et un engagement pour son exécution.

La responsabilité du Gouvernement dans les dérives constatées est donc pleinement engagée et en particulier celle du chef du Gouvernement, le Premier ministre, à moins que celui-ci n'ait manifesté sa désapprobation en refusant de contresigner. Ce qui a notre connaissance n'a jamais été le cas.

Certaines structures ont été initiées, créées et dirigées par la Présidence de la République, certains conseillers se substituant aux membres du gouvernement concernés et cela a été particulièrement vrai dans les domaines susceptibles de générer des ressources. Ainsi cette volonté de se substituer au gouvernement s'est très clairement manifestée par la création de la Délégation générale des grands travaux et par la cryptomonnaie, deux domaines qui couvrent pratiquement toutes les compétences dévolues au gouvernement particulièrement celles du ministère des Finances et du

Budget, du ministre des Mines, de l'Aménagement du Territoire, du Commerce, de l'Industrialisation… Une concurrence est ainsi née entre le cabinet présidentiel et le gouvernement, mais elle s'est développée au détriment du gouvernement et dans le silence de celui-ci.

Le texte de création de la Délégation générale disait que celle-ci doit agir *« pour le compte du Gouvernement »*, ceci était parfaitement clair. La loi sur la cryptomonnaie et ses suites ont été initiées et pilotées par le responsable de cette Délégation générale.

La Cour a eu à rappeler les principes et les différentes missions dans une déclaration faite à l'occasion de l'affaire de la Délégation générale des grands travaux.

La Cour s'est exprimée ainsi :

« *L'action du gouvernement est placée sous le signe de la responsabilité, responsabilité devant celui qui l'a nommé, responsabilité devant l'Assemblée nationale, représentant la Nation ; pour se faire, la Constitution en son article 89 liste les moyens de contrôle dont dispose le parlement sur l'action gouvernementale, qui vont de la question de confiance à la motion de censure* ».

« *Les Cabinets qu'ils soient présidentiels, ministériels ou parlementaires sont des structures internes qui ne font partie ni du pouvoir exécutif ni du pouvoir législatif tels que définis par la Constitution. Ainsi, un membre du cabinet présidentiel ou de la primature, quelles que soient ses prérogatives, n'est pas membre du gouvernement. De même, le fait de faire partie du Cabinet de l'Assemblée nationale ne donne pas le statut de député de la Nation. Le membre d'un cabinet présidentiel ou ministériel est responsable devant celui qui l'a nommé, et ne pourra en aucun cas faire l'objet d'une interpellation du Parlement qui ne peut exercer sur celui-ci aucun contrôle.* »

Et la Cour concluait :

« *Il revient à la Cour constitutionnelle, gardienne de la Constitution de veiller au respect des dispositions constitutionnelles fixant les attributions du Président de la République, du Premier ministre et du gouvernement ainsi que celles du Parlement afin de protéger ces diverses fonctions constitutionnelles et d'éviter toute confusion qui nuirait non seulement à la bonne collaboration, mais également aux diverses fonctions présidentielle, ministérielle, ou législative* ».

Encore une fois nous n'avons pas été écoutés ! Ne dit-on pas qu'« il n'y a pas pire sourd que celui qui ne veut pas entendre » ?

La Cour a rendu également des décisions ou mené des actions qui avaient pour objectif de renforcer la protection des droits fondamentaux du citoyen, notamment en faveur du renforcement de la participation de la femme et du respect de sa personne ou encore en faveur des Partis politiques afin que ceux-ci puissent jouer pleinement leur rôle.

SECTION II - LA PROTECTION DES DROITS FONDAMENTAUX ET DES LIBERTÉS

L'action de la Cour constitutionnelle a été significative dans le cadre du renforcement de la participation de la femme aux élections et de sa protection. La femme centrafricaine doit faire face à de nombreux obstacles qui freinent sa promotion et sa participation au développement de son pays. Elle subit au quotidien de nombreuses frustrations. Elle est maintenue dans un état de dépendance tant au niveau familial qu'au niveau de la société en général.

Dans mon adresse du 30 mars 2021 au président élu, je relevais ce problème en ces termes :

« *Le développement est l'affaire de tous et chacun doit pouvoir apporter sa pierre à la construction de l'édifice : il nous faut renforcer la participation de la femme, la femme est signe de travail, de résilience et de protection…* »

La prise en compte de la promotion de la femme est avant tout une question de volonté politique au plus haut niveau. Il ne suffit pas de ratifier des Conventions internationales, de voter des lois ou de prendre des règlements, ils sont insuffisants, encore faut-il que ceux-ci soient traduits par des actes concrets reflétant la volonté manifestée dans les textes. Les discours sont légion, mais les actes concrets sont rares et même ceux qui sont pris n'ont que peu d'impact sur les réalités et sur la condition de la femme et plus la violence gagne du terrain et plus la femme en subit les conséquences.

La Cour constitutionnelle n'a pas beaucoup de marge de manœuvre tout d'abord parce que pour prendre une décision elle doit être saisie d'une requête et elle n'a jamais été saisie de cette question ni par les femmes elles-mêmes ni par le citoyen ni par les partis politiques et encore moins par les autorités. Et pourtant, combien de décrets ou d'arrêtés n'ont pas respecté la parité inscrite dans la Constitution ! Les violations de la loi sur la parité sont en priorité du ressort de la juridiction administrative, cependant un décret ne respectant pas la parité est pris également en violation de la

Constitution. Cependant, il est à parier que même si la Cour avait eu à sanctionner un Règlement en application du principe d'égalité entre l'homme et la femme ou de la parité, sa décision serait restée lettre morte !

Quoi qu'il en soit, la Cour a mené des actions en faveur de la participation de la femme aux élections et elle a également eu à faire une déclaration sur le respect dû à la femme.

I - LE RENFORCEMENT DE LA PARTICIPATION DE LA FEMME ET DE SA PROTECTION

A. L'ACTION DE LA COUR CONSTITUTIONNELLE EN FAVEUR DE LA PARTICIPATION DE LA FEMME AUX ÉLECTIONS

Les dispositions constitutionnelles et la loi sur la parité

Les dispositions constitutionnelles relatives au statut de la femme et à la parité sont les suivantes :

Art. 6 alinéas 1 et 3 : *Tous les êtres humains sont égaux devant la loi sans distinction de race, d'origine ethnique, de région, de sexe, de religion, d'appartenance politique et de position sociale.*

La loi garantit à l'homme et à la femme des droits égaux dans tous les domaines. Il n'y a en République centrafricaine ni sujet ni privilège de lieu de naissance, de personne ou de famille.

Art. 7 alinéa 5 : *La protection de la femme et de l'enfant contre la violence, l'insécurité, l'exploitation et l'abandon moral, intellectuel et physique est une obligation pour l'État et les autres collectivités publiques. Cette protection est assurée par des mesures et des institutions appropriées de l'État et des autres collectivités publiques.*

Art. 11 alinéa 2 : *Tous les citoyens sont égaux devant l'emploi. Nul ne peut être lésé dans son travail ou son emploi en raison de ses origines, de son sexe, de ses opinions ou de ses croyances.*

Art. 80 tiret 2 : *Sont du domaine de la loi : la parité homme et femme dans les instances de prises de décisions* ».

Une loi sur la parité entre hommes et femmes a été promulguée le 24 novembre 2016, il s'agit de la loi N° 16.004 du 24 novembre 2016.

Le Code électoral et la parité

Le Code électoral devait appliquer ces dispositions dans le cadre de la promotion de la participation de la femme aux élections pas seulement en tant qu'électrice, mais également et surtout en tant que candidate. Cela a donné lieu à une véritable « prise de tête » entre l'Assemblée nationale et la Cour constitutionnelle à l'occasion de l'examen du contrôle de constitutionnalité de la loi portant code électoral de la République centrafricaine.

L'Assemblée nationale était opposée à l'application de la parité et au scrutin de liste qui devaient permettre une meilleure prise en compte des candidatures féminines. Les raisons invoquées nous ont indiqué que le fait de favoriser les candidatures féminines allait nécessairement aboutir à la perte de leur siège pour certains députés du fait du nombre fixe de sièges qui était de 140. Il est apparu clairement lors de la prise de position des députés qu'ils n'étaient pas prêts à se conformer à la loi sur la parité qu'ils avaient pourtant votée.

Dans sa **décision N° 006/CC/19 du 05 juin 2019**[34], la Cour s'est exprimée ainsi :

« *L'Assemblée nationale a voté une loi qui a été promulguée le 24 novembre 2016, il s'agit de la loi N° 16.004 du 24 novembre 2016 instituant la parité entre les hommes et les femmes en République centrafricaine.*
L'article 3 de la loi pose le principe d'égal accès des hommes et des femmes aux mandats électoraux, aux fonctions législatives et aux postes à caractère nominatif.
En vue de l'application de la loi sur la parité dans les élections, il est nécessaire d'introduire le scrutin de liste dans le système électoral ».

Les députés refusèrent de se conformer à cette décision sauf en ce qui concerne les élections municipales. Une rencontre informelle eut lieu entre le président de la Commission des Lois, qui était assisté de deux députés, et moi-même, assistée du vice-président. À cette occasion, un compromis fut trouvé, mais pour ma part ce fut un pis-aller et une déception. Je proposais, pour sortir de l'impasse, que l'on utilise la responsabilité, pesant sur les partis politiques, contenue dans l'article 31 alinéa 4 de la Constitution qui stipule : « *Les partis politiques doivent respecter les principes de représentation du genre et des régions prévues par la loi* ». C'est ainsi que la responsabilité du respect de la loi sur la parité fut transférée aux partis politiques.

---

[34] Recueil des décisions de la CC, années 2018 à 2021, p. 83.

Le compromis ressort dans la formulation de l'article 281 du Code électoral.

L'article 281 :

« *Pour le mode de scrutin uninominal à deux tours en ce qui concerne les élections législatives, sénatoriales et régionales, les partis politiques et les groupements politiques sont tenus de présenter au moins trente-cinq pour cent (35 %) de candidatures féminines conformément aux dispositions de l'article 31 alinéa 4 de la Constitution du 30 mars 2016.*

Pour les élections municipales, les listes de candidatures doivent respecter le quota minimum de trente-cinq pour cent (35 %) de candidatures exigées par la loi sur la parité.

En cas d'impossibilité avérée de respecter le quota minium de trente-cinq pour cent (35 %) de candidatures féminises, la Cour constitutionnelle est saisie par le candidat(e)s, les partis politiques, les associations ou les groupements politiques qui sont tenus de présenter leurs requêtes au moins quinze (15) jours avant la date officielle de dépôt des candidatures. La Cour constitutionnelle dispose à cet effet de huit (8) jours pour rendre sa décision ».

Par **décision N° 007/CC/19 du 14 août 2019** [35] la Cour constitutionnelle délivrait le visa de conformité à la loi portant code électoral.

<u>L'article 281 du Code électoral et le contrôle de son application par la Cour constitutionnelle</u>

27 partis politiques ont introduit des requêtes relatives à leur impossibilité d'appliquer ces dispositions. Les requêtes présentées ont fait l'objet d'instruction, les représentants des partis politiques ont été auditionnés. Aucun parti politique n'a pu satisfaire aux exigences de l'article 281 quant au pourcentage exigé.

Dans sa **décision N° 023/CC/20 du 26 octobre 2020** [36] la Cour a indiqué les raisons invoquées par les partis politiques

- « *Le manque de moyens financiers des femmes*
- *Les problèmes financiers des partis politiques*
- *Les pesanteurs socioculturelles notamment les pressions maritales et familiales*
- *La non-préparation des femmes aux activités politiques*
- *Les réticences des femmes dues aux retards et aux problèmes intervenus dans la préparation des élections face au problème d'insécurité et de violence*
- *Les craintes des femmes* »

[35] Recueil des décisions de la CC, années 2018 à 2021, p.108

[36] Cette décision a été omise dans le recueil des décisions de la Cour

La Cour a également auditionné des femmes et en a conclu :

« *Considérant que l'instruction a établi que les principales raisons du non-respect des 35 % sont dues aux réticences des femmes elles-mêmes, compte tenu de leurs moyens financiers, des pesanteurs socioculturelles, de la crainte de l'insécurité et de la violence*

Considérant que poser sa candidature est un acte volontaire, qu'il ne peut être imposé,

Considérant en outre que la Cour ne peut prononcer l'exclusion du processus électoral de 27 partis politiques n'ayant pu satisfaire à ces conditions, qu'en effet, une telle mesure reviendrait à exclure bon nombre de partis politiques des élections sinon la totalité des partis politiques prenant part au processus, ce qui serait une violation du principe d'inclusivité des élections et une violation de l'article 31 alinéa 1er qui dispose « *les partis politiques et les groupements politiques concourent à l'expression des suffrages* ».

Ainsi la Cour a constaté l'impossibilité de satisfaire aux dispositions de l'article 281 et a autorisé les partis politiques à poursuivre le processus électoral malgré la carence constatée.

Il est intéressant de reproduire ici les pourcentages de candidatures féminines présentés par les partis politiques à l'exclusion de quatre partis n'ayant pas produit les données :

- PNCN 32,25 %
- CRPS : 28,57 %
- MCU : 26,42 %
- PGD : 25 %
- ANC : 22,72%
- KNK : 21,54 %
- RPR : 19 %
- PAD : 18,75 %
- UNDP : 16,66 %
- PATRIE ; 16,66%
- BTK : 16 %
- PRCE : 16%
- MOUNI : 12,67 %
- PS : 12 %
- URCA : 12 %
- MLPC : 11,11 %
- UPDS : 0 %
- FODEM : 0 %
- URD : 0 %
- MDI-PS : 0 %
- MESAN : 0 %
- KELEMBA : 0 %
- PDP : 0 %

La responsabilité mise sur les partis politiques n'avait donc pas fonctionné, ce qui était prévisible. Au final, il y eut une légère augmentation du nombre des femmes députées par rapport à la précédente législature, leur nombre est passé de 11 à 18. Ce qui reste très faible et ne correspond pas aux prescriptions de la loi sur la parité.

La Cour constitutionnelle a eu également à intervenir suite à des déclarations, ou des messages circulant sur les réseaux sociaux dégradants et injurieux envers les femmes centrafricaines.

B. L'ACTION DE LA COUR CONSTITUTIONNELLE EN FAVEUR DU RESPECT DE LA FEMME

Le contexte

La femme centrafricaine est un peu dans la même position que les États : juridiquement parlant tous les États sont égaux, mais en fait ils diffèrent énormément les uns des autres tout dépend de quel point de vue on se place ; économique, financier, géographique… ; la femme est l'égale de l'homme dans la Constitution (art. 6 alinéa 3 de la Constitution du 30 mars 2016) *« La loi garantit à l'homme et à la femme des droits égaux dans tous les domaines »* cependant, chacun sait que la femme subit de grandes inégalités tant du point de vue social ; économique ou financier ; que le taux de scolarisation des filles est plus bas que celui des garçons et que les déperditions scolaires sont plus importantes chez les filles que chez les garçons, qu'elle a du mal à accéder aux postes de responsabilités et que dans la famille, l'homme dispose encore de pouvoirs dominants. Tout ceci est à déplorer, même si des progrès ont été accomplis ils restent insuffisants.

Cette position de la femme dans la société centrafricaine fait que les progrès sont difficiles à réaliser dans le domaine de la promotion et de la participation de la femme, mais souvent malheureusement la femme est le premier obstacle à cette promotion par son comportement par la conception qu'elle a d'elle-même et de son rôle. Il lui arrive de nager à contre-courant des actions que vous pouvez mener en sa faveur.

Il faut cependant rendre hommage à certaines femmes qui se sont organisées en associations de défense des droits de la femme et qui sont actives malgré tous les obstacles qui se dressent devant elles. Le chemin qui reste à parcourir est encore long et tortueux, il faut s'armer de patience et de courage.

Je considère pour ma part que la première condition qui peut permettre des progrès significatifs est la volonté politique au sommet de l'État et celle-ci n'a jamais existé en dehors, il y a lieu de le rappeler, des quelques actions menées par le président Bokassa en son temps.

Nous avons même assisté à une dégradation de la condition de la femme ces dernières années et du respect qu'on lui doit et cela s'est manifesté notamment par des déclarations outrageantes sur les réseaux sociaux qui ont, compte tenu de leur ampleur, conduit les Femmes Leaders à venir nous rencontrer afin d'obtenir un appui de la Haute Juridiction. Suite à cette rencontre, la Cour a profité de la tenue d'une audience publique pour faire une déclaration rappelant les dispositions constitutionnelles et légales relatives au respect de la personne humaine et aux droits de la femme particulièrement en ce qui concerne la communication sur les réseaux sociaux.

II - LA LOI SUR LES PARTIS POLITIQUES ET LE STATUT DE L'OPPOSITION : L'APPORT DE LA COUR CONSTITUTIONELLE

A. LA PLACE DES PARTIS POLITIQUES DANS LA CONSTITUTION

Après l'obtention de son indépendance le 13 août 1960, la République centrafricaine qui connaissait un régime parlementaire et le multipartisme a vite basculé, en quelques mois, vers la dictature et le monopartisme. Le multipartisme sera rétabli en 1993 à la faveur des changements intervenus suite au « vent de l'Est » et à la chute du mur de Berlin qui ont eu des répercussions jusqu'en Afrique et ont entraîné une vague de démocratisation. La République centrafricaine a ainsi retrouvé à cette occasion un système démocratique et le multipartisme.

La Constitution du 30 mars 2016 se situe dans cette lignée et traite de la liberté d'association et du rôle des partis politiques ceci respectivement dans les articles 14 et 31.

Art. 14 : *Tous les citoyens ont le droit de constituer librement des associations, des groupements, des sociétés et des partis politiques conformément aux textes en vigueur.*

Les associations, les groupements, les sociétés et les partis politiques dont les activités sont contraires à l'ordre public ainsi qu'à l'unité et à la cohésion du peuple centrafricain sont prohibés.

Art. 31 : *Les partis et groupements politiques concourent à l'expression du suffrage, à l'animation de la vie politique, économique et sociale.*

Ils se forment et exercent librement leurs activités. Ils sont tenus de promouvoir et de respecter les principes de la démocratie, de l'unité et de la souveraineté nationale, des droits de l'Homme, de la laïcité et la forme républicaine de l'État, conformément aux lois et règlements en vigueur.

Il leur est interdit de s'identifier à une race, à une ethnie, à un sexe, à une religion, à une secte, à une langue, à une région ou à un groupe armé.

Les partis politiques doivent respecter les principes de représentation du genre et des régions prévues par la loi.

Une loi détermine les conditions de leur formation, de leur fonctionnement, de leur financement, de leur contrôle et de leur dissolution ».

La loi sur les partis politiques et le statut de l'opposition a été révisée en 2020 et la Cour a apporté des corrections importantes lors du contrôle de conformité de celle-ci dans sa **décision N° 010/CC/2020 du 01 avril 2020**[37]**.**

B. LES CORRECTIONS APPORTÉES PAR LA COUR CONSTITUTIONNELLE A LA LOI SUR LES PARTIS POLITIQUES ET LE STATUT DE L'OPPOSITION EN APPLICATION DES PRINCIPES DE LIBERTÉ D'ASSOCIATION ET D'INCLUSIVITÉ

Les dispositions sanctionnées pour non-conformité

Ces dispositions portaient atteinte au droit fondamental de liberté d'association contenu dans l'article 14 de la Constitution et à l'article 31 qui pose le principe du libre exercice des activités des partis politiques :

La loi prévoyait que les fondateurs et les dirigeants des partis politiques, c'est-à-dire tous les membres du Bureau, devaient avoir une résidence sur le territoire national ; la Cour a jugé cette disposition exclusive et l'a annulée.

La loi exigeait que le dossier de déclaration administrative déposé au ministre de l'Intérieur comporte la lettre de démission des responsables en cas d'appartenance antérieure à un autre parti politique ; la Cour a jugé que les modalités de la démission d'un parti sont déterminées par les statuts du parti qui sont librement adoptés par les adhérents « *que la démission est un acte volontaire, interne au parti et qu'elle doit être notifiée aux instances du parti selon les modalités prévues par les statuts* », elle a donc annulé cette disposition.

L'article 15 de la loi prévoyait « *les partis déjà existants sont tenus de recueillir au moins cinq pour cent (5 %) des suffrages exprimés lors des élections législatives ou municipales sous peine de dissolution* » et le ministre de l'Administration du territoire disposait d'un délai de quarante-cinq jours, après tout règlement du contentieux électoral, pour prononcer la dissolution des partis politiques n'ayant pas rempli cette condition. La Cour a jugé ces dispositions non conformes et les a annulées en ce que la menace de dissolution altère la liberté d'association pour les partis politiques, ceux-ci n'ayant pas l'obligation de présenter des candidats aux élections et qu'en

[37] Recueil des décisions de la CC, années 2018 à 2021, p.141

outre, il ne revenait pas au ministre de prononcer la dissolution d'un parti politique, ce pouvoir relevant de l'autorité judiciaire.

La loi prévoyait enfin que les dons et legs faits aux partis politiques devaient être déclarés au ministre de l'Administration du territoire et que l'identification des donateurs devait être annexée, la nature et la valeur des dons legs et libéralités ainsi qu'une copie de l'acte de donation ou de dévolution successorale. La cour a considéré qu'il s'agissait là d'une immixtion inacceptable du ministre dans la gestion du parti et que cela altérait le principe de libre administration des partis politiques par leurs propres instances.

Certaines autres dispositions ont dû être reformulées pour être conformes.

Les dispositions reformulées

Parmi les dispositions qui ont nécessité une reformulation, il y a lieu de signaler l'article 85 de la loi qui interdisait la désobéissance civile comme moyen d'expression des partis politiques, la Cour a ordonné la suppression de ces termes en application de la Constitution qui prévoit la désobéissance civile comme moyen d'action, celle-ci étant donc un droit protégé par la Constitution.

En effet que dit la Constitution à ce propos ? La Cour a interprété les dispositions de l'article 29 de la Constitution qui dispose en son alinéa 2 qu'en cas de coup d'État, d'agression par un État tiers ou par des mercenaires « *tout citoyen ou groupe de citoyens a le droit et le devoir de s'organiser d'une manière pacifique, pour faire échec à l'autorité illégitime* » la désobéissance civile étant l'un de ces moyens, son utilisation ne pouvait être interdite aux partis politiques compte tenu justement de leur rôle défini à l'article 31.

Une disposition prévoyait que tout membre d'un parti politique qui voulait le quitter devait en informer le parti politique concerné ainsi que le ministre en charge de l'Administration du Territoire. La Cour a jugé que cette disposition qui obligeait le membre à informer le ministre était inconstitutionnelle « *en ce que les modalités d'adhésion et de démission d'un parti politique sont déterminées par les statuts du parti et relèvent des affaires internes du parti qui s'administre librement* ».

L'article 9 alinéa 2 de la loi prévoyait que tout membre fondateur d'un parti politique devait notamment être âgé de 25 ans révolus. La Cour a considéré d'une part que la majorité civile et donc la capacité juridique était fixée à 18 ans, qu'il y avait lieu de se conformer à cette disposition et que l'exigence de résidence était exclusive, l'article tel que libellé n'était donc pas conforme. La Cour a également annulé l'exigence de résidence en République centrafricaine, le travail et les contacts à distance étant possibles, il s'agissait de favoriser l'implication de la diaspora dans la vie politique de leur pays.

L'article 18 de la loi stipulait que le ministre délivrait une décision autorisant l'existence légale d'un parti politique ou d'un groupement de partis ; la Cour a remplacé le terme « autorisation » par le terme « agrément », la personnalité juridique d'un parti politique relevant du domaine de la loi.

CHAPITRE IV

LES GRANDES DÉCISIONS DE LA COUR CONSTITUTIONNELLE EN CONTENTIEUX ÉLECTORAL

SECTION I - L'INTERVENTION DE LA COUR EN PÉRIODE PRÉ-ÉLECTORALE

I - LE CONTRÔLE DE CONFORMITÉ DU CODE ÉLECTORAL

A. L'IMPÉRATIF DU RESPECT DU CARACTÈRE INCLUSIF DU CODE ÉLECTORAL

Le Code électoral est une loi organique, sa soumission au contrôle de conformité est donc obligatoire, en outre, ce texte régit le déroulement des processus électoraux dont est gardienne la Cour constitutionnelle, il est important que le Code électoral subisse le contrôle de conformité, cela permet à la Cour constitutionnelle, avant même le déroulement du processus, de pouvoir repérer les dispositions qui pourraient mettre à mal la crédibilité et la transparence des élections. Un aspect du code électoral a fait l'objet d'une attention particulière c'est le caractère inclusif du code électoral. En effet les députés lors de l'examen du texte pourraient être tentés d'introduire des dispositions excluant certaines catégories de potentiels candidats en particulier, les femmes, les jeunes et les opposants ; si l'Assemblée nationale dispose d'une majorité confortable, elle aura tendance à faire un code électoral sur mesure, or cela est contraire au principe d'égalité et d'inclusivité. Des dispositions non inclusives et même parfois discriminatoires sont de potentielles complications dans le déroulement du scrutin, dans l'acceptation des résultats et donc la paix sociale ceci particulièrement dans un pays qui doit organiser des élections générales dans un contexte de crise et de division. Aussi la Cour constitutionnelle a-t-elle était particulièrement attentive à ces aspects lors du contrôle de conformité.

B. LES CORRECTIONS APPORTÉES PAR LA COUR CONSTITUTIONNELLE LORS DU CONTRÔLE DE CONFORMITÉ

Lors de l'examen de contrôle de conformité du Code électoral, la Cour a eu à recadrer la loi portant Code électoral sur plusieurs points qui contrevenaient au caractère inclusif que doit revêtir le Code. Elle est notamment intervenue en faveur de la participation de la femme, des jeunes et de la diaspora. En ce qui concerne la participation de la femme, cet aspect a déjà été traité[38]. En ce qui concerne les jeunes une disposition était particulièrement exclusive et les écartait de la compétition : l'obligation de posséder un bien immobilier. Il n'est pas courant en effet qu'un jeune soit propriétaire d'un bien immobilier, ainsi une telle exigence était discriminatoire vis-à-vis des jeunes et c'était une façon sournoise de les exclure de la compétition. Il en était de même pour la diaspora, exiger un certificat de résidence revenait à les exclure de la compétition.

II - L'ACTION DE LA COUR CONSTITUTIONNELLE RELATIVE AU CHRONOGRAMME ÉLECTORAL

A. L'IMPORTANCE DU CHRONOGRAMME ÉLECTORAL

Le caractère juridique du chronogramme électoral

Le chronogramme électoral est d'une importance capitale pour l'organisation d'élections crédibles. Le chronogramme électoral comporte toutes les échéances et les dates importantes devant jalonner l'organisation des élections. J'ai compris cette importance lorsque la Cour a été confrontée à des retards pris dans l'organisation des élections. Ce qui s'était passé sous la Transition et qui avait failli compromettre la Transition elle-même et le retour à l'ordre constitutionnel m'avait sensibilisée sur cet outil de travail et conduite à y faire particulièrement attention. Certaines dates sont impératives, d'autres peuvent être modulées, pratiquement toutes les échéances sont inscrites dans le code électoral, mais certaines figurent également dans la Constitution, celles figurant dans la Constitution sont toutes impératives et doivent retenir particulièrement l'attention des différents acteurs spécialement de la Cour constitutionnelle et de l'Autorité nationale des élections.

Compte tenu de l'importance du respect des échéances dans l'organisation des élections, j'estimais qu'il était indispensable que, désormais, la Cour élabore ce chronogramme et surtout veille à son respect. Tout changement ne pouvant intervenir que sur accord de la Cour constitutionnelle garante de tout le processus électoral.

Nous avons ainsi produit un tableau répertoriant ces dates et l'avons distribué à tous les acteurs impliqués dans le processus.

---

[38] P. 78

Il y a lieu de rappeler ici les dates clés contenues dans la Constitution, car celles-ci amèneront la Cour à prendre certaines décisions pour préserver le processus électoral et la démocratie. La Constitution centrafricaine comporte des dates clés qui ont une signification et une raison précises. Nous rappellerons ici celles relatives à l'élection présidentielle. Ces échéances ont trait à la durée du mandat du président de la République ; ce mandat est fixé à cinq ans par l'article 35 de la Constitution ; il est donc impératif de respecter les dates liées au renouvellement du mandat et à l'organisation de l'élection présidentielle.

« *L'élection du nouveau président a lieu quarante-cinq (45) jours au moins et quatre-vingt-dix (90) jours au plus avant le terme du mandat du président en exercice.*

L'investiture, par la Cour constitutionnelle, du président élu intervient dans un délai de quarante-cinq (45) jours au plus tard après que la cour ait vidé le contentieux électoral.

L'article 37 alinéa 2 de la Constitution dispose quant à lui *« les résultats de l'élection présidentielle sont proclamés par la Cour constitutionnelle quinze (15) jours au plus tard après la publication provisoire par l'Autorité nationale des élections* ».

Le président de la République, élu sous l'empire de la Constitution du 30 mars 2016, a été installé le jour de la promulgation de cette Constitution, ainsi le mandat commençant à courir le 30 mars 2016, le décompte devait s'effectuer à compter de cette date de référence. C'est ainsi que la date du 30 mars est devenue une date butoir à partir de laquelle est effectué le compte à rebours pour fixer les différentes échéances électorales de la présidentielle et s'y conformer. Cette date butoir donnera l'occasion à la Cour constitutionnelle de rendre une décision qui n'a pas toujours été comprise et qu'il y a lieu d'expliquer.

La décision N° 027/CC/du 26 décembre 2020 sur les demandes de report ou de reprise des élections, présidentielle et législatives, du 27 décembre 2020[39].

Pratiquement toutes les requêtes avaient été enregistrées au greffe le 24 décembre, trois jours avant la date du scrutin qui devait se tenir le 27 décembre 2020.

Les requêtes dans leur grande majorité invoquaient l'application de l'article 115 du Code électoral qui stipulait : *« en cas de décès, d'empêchement définitif ou de retrait de l'un des candidats entre la publication de la liste des candidats et le premier tour, l'organisation de l'élection est entièrement reprise avec une nouvelle*

[39] Recueil des décisions de la CC, années 2018 à 2021, p.201

liste de candidats, sur décision de la Cour constitutionnelle, saisie sans délai par l'ANE ou toute partie intéressée ».

L'article 116 quant à lui disposait : « *En cas de reprise de l'élection, une nouvelle date est fixée par décret pris en Conseil des ministres dans les quarante-cinq (45) jours qui suivent la date du constat de l'évènement qui en est la cause* ».

L'évènement en question était le retrait du candidat Jean Serge Bokassa de l'élection présidentielle, retrait notifié à la Cour constitutionnelle par l'ANE le 23 décembre 2020.

En application des dispositions constitutionnelles contenues dans les articles 36 et 37 de la Constitution, un chronogramme avait été établi et le premier tour avait été fixé au 27 décembre 2020, ainsi, si l'on appliquait les dispositions de l'article 115 et 116 du Code électoral, qui par ailleurs ne concernaient que l'élection présidentielle, les dates butoirs constitutionnelles fixées par ces articles ne pourraient pas être respectées et en conséquence la date du 30 mars non plus, on se trouverait alors dans un vide juridique qui pouvait aboutir à une Transition, ce qui était contraire à l'ordre constitutionnel établi par la Constitution du 30 mars 2016 ; la Cour a ainsi privilégié les dispositions constitutionnelles en application du *principe de la hiérarchie des normes* et a rappelé que les dysfonctionnements soulevés par les requérants relevaient du contentieux électoral et seraient traités le moment venu.

B. LE CONTRÔLE DU RESPECT DES DÉLAIS : L'AUDITION DE L'AUTORITÉ NATIONALE DES ÉLECTIONS PAR LA COUR

Le respect des délais est d'une grande importance pour des élections qui se veulent démocratiques. L'Institution en charge de l'organisation des élections se doit de les respecter et établit, sur la base des délais constitutionnels et légaux, son chronogramme. La Cour constitutionnelle qui est garante de tout le processus électoral se doit de veiller au respect de délais constitutionnels et légaux, c'est pour cette raison qu'il est important qu'elle soit très attentive au déroulement de tout le processus et aux difficultés qui pourraient survenir dans le respect de ces délais.

L'Institution en charge de l'organisation des élections, forte de son caractère indépendant, a tendance à travailler en vase clos et à ne pas rendre compte aux autorités de tutelle notamment au ministère en charge de l'Administration du Territoire et au gouvernement. Les relations de collaboration sont aussi difficiles à établir avec la Cour constitutionnelle et l'ANE n'a pas pour habitude de lui rendre compte de l'évolution du processus. Fort heureusement, le Comité stratégique mis en place et fonctionnant sus l'autorité du Premier ministre a été d'une grande utilité de ce point de vue, car l'ANE y était contrainte de rendre compte des opérations de préparation des élections et un membre de la Cour constitutionnelle siégeant à ce Comité, cela a permis à la Cour d'être informée et de pouvoir intervenir en cas de nécessité. Ainsi, lors de la préparation des élections de 2020, il était évident, vu les comptes-rendus qui étaient faits lors des réunions de ce Comité, que les opérations prenaient du retard et il nous est apparu à un moment donné qu'il était évident que les dates des scrutins ne seraient pas respectées ; cependant, l'ANE continuait d'affirmer que celles-ci le seraient. Prévoyant de grosses difficultés relatives aux échéances électorales et face aux affirmations répétées de l'ANE, la Cour constitutionnelle a pris la décision d'auditionner les dirigeants de l'ANE afin de pouvoir évaluer les risques réels. Lors de cette audition, il a été finalement établi et reconnu par l'ANE que les délais ne pourraient pas être tenus. Nous avons alors demandé à l'ANE d'en faire rapport au gouvernement et notamment au Comité stratégique et sur cette base, appuyée par le rapport d'audition établi par la Cour constitutionnelle, les délais furent réaménagés suffisamment tôt ce qui a évité de graves perturbations au processus.

Je pense pour ma part que cette audition aurait pu être évitée si une collaboration avait pu s'établir entre l'ANE et la Cour constitutionnelle, l'audition était devenue inévitable du fait de ce manque de contacts entre les deux Institutions et du fait que manifestement l'ANE ne semblait pas totalement décidée à reconnaître les retards accusés, alors que ceux-ci bien souvent n'étaient pas de son fait, mais étaient dus plutôt au retard pris dans la mise à disposition des moyens nécessaires à son action.

SECTION II - LE CONTENTIEUX DES CANDIDATURES

I - LES CRITÈRES D'ÉLIGIBILITÉ

A. LES CRITÈRES D'ÉLIGIBILITÉ À L'ÉLECTION PRÉSIDENTIELLE

Les critères d'éligibilité à l'élection présidentielle sont fixés par la Constitution et sont contenus dans l'article 36 de la Constitution et repris dans l'article 103 du Code électoral.

L'article 36 de la Constitution dispose ainsi :

« Ne peuvent être candidats à l'élection présidentielle que les hommes et les femmes remplissant les conditions suivantes :
- être de nationalité centrafricaine ;
- être âgé de trente-cinq (35) ans au moins le jour du dépôt du dossier de candidature,
- avoir une propriété bâtie sur le territoire national,
- avoir résidé sur le territoire national depuis au moins un (1) an,
- n'avoir pas fait l'objet de condamnation à une peine afflictive ou infamante,
- jouir de leurs droits civiques,
- jouir d'une bonne santé mentale et physique,
- être de bonne moralité. »

L'article 104 quant à lui dispose que sont inéligibles aux fonctions de président de la République

- les personnes privées de leur droit à l'éligibilité par décision de justice,
- les personnes condamnées à des peines afflictives ou infamantes,
- les personnes condamnées à une peine d'emprisonnement pour vol, escroquerie, abus de confiance, détournements de deniers publics, faux ou usage de faux, corruption et trafic d'influence, infraction aux lois sur les mœurs et les stupéfiants, infractions économiques, financières, fiscales et douanières,
- les personnes condamnées par contumace,
- les faillis non réhabilités dont la faillite a été déclarée soit par les tribunaux centrafricains soit par un jugement rendu à l'étranger, mais exécutoire en République centrafricaine,
- les majeurs incapables sous tutelle ou sous curatelle.

B. LES CRITÈRES D'ÉLIGIBILITÉ AUX ÉLECTIONS LÉGISLATIVES

Les critères d'éligibilité relatifs aux élections législatives sont fixés par le Code électoral en ses articles 134 et 135. Ils sont les suivants :

- être de nationalité centrafricaine,
- être âgé de vingt-cinq (25) ans au moins le jour du dépôt de dossier de candidature,
- être inscrit sur la liste électorale définitive,
- n'avoir pas fait l'objet de condamnation à une peine afflictive ou infamante,
- jouir de ses droits civiques,
- jouir d'une bonne santé mentale et physique
- être de bonne moralité.

Aux termes de l'article 135 sont inéligibles aux fonctions de député :

- les personnes privées de leur droit à l'éligibilité par décision de justice,

- les personnes condamnées à des peines afflictives ou infamantes,
- les personnes dont les droits civiques ont été retirés suite à une condamnation par les juridictions en République centrafricaine ou à l'étranger, à une peine d'emprisonnement pour vol, escroquerie, abus de confiance, détournements de deniers publics, faux ou usage de faux, corruption et trafic d'influence, infraction aux lois sur les mœurs et les stupéfiants, infractions économiques, financières, fiscales et douanières,
- les personnes condamnées par contumace,
- les faillis non réhabilités dont la faillite a été déclarée soit par les tribunaux centrafricains soit par un jugement rendu à l'étranger, mais exécutoire en République Centrafricaine,
- les majeurs incapables sous tutelle ou sous curatelle.

II - LES CANDIDATURES DES MEMBRES OU ANCIENS MEMBRES DE GROUPES ARMÉS ET D'AUTO-DÉFENSE

Il est intéressant de rappeler la motivation de la Cour ayant conduit à l'invalidation de 12 candidatures de membres de groupes armés ou d'autodéfense sur la base du critère de bonne moralité et de l'article 28 de la Constitution.

Dans sa **décision N° 002/CC/18 du 23 mai 2018**[40] la Cour avait précisé les critères d'éligibilité des anciens Membres des Groupes Armés au DDRR et aux nominations aux emplois publics, elle s'y est conformée lors de l'examen des candidatures.

A. L'EXCLUSION DES MEMBRES OU ANCIENS MEMBRES DES GROUPES ARMÉS SUR LA BASE DE L'ARTICLE 28 DE LA CONSTITUTION

L'article 28 de la Constitution stipule :

« *L'usurpation de la souveraineté par coup d'État, rébellion, mutinerie ou tout autre procédé non démocratique constitue un crime imprescriptible contre le peuple centrafricain. Toute personne ou tout État tiers qui accomplit de tels actes aura déclaré la guerre au peuple centrafricain.*

Toute personne physique ou morale qui organise des actions de soutien, diffuse ou fait diffuser des déclarations pour soutenir un coup d'État, une rébellion ou une tentative de prise de pouvoir par mutinerie ou par tout autre moyen, est considérée comme co-auteur.

[40] Recueil des décisions de la CC, années 2018 à 2021, p.39

Les auteurs, co-auteurs et complices des actes visés aux alinéas 1 et 2 sont interdits d'exercer toute fonction publique dans les Institutions de l'État. »

Quel a été l'apport de la Cour constitutionnelle ?

B. L'APPORT DE LA COUR CONSTITUTIONNELLE : LA DÉCISION N° 002 DU 23 MAI 2018

La Cour avait été saisie par le Parti MOUVEMENT POUR LA RENAISSANCE ET L'ÉVOLUTION DE CENTRAFRIQUE (MDREC) représenté par son président Joseph Bendounga pour violation de la Constitution et inconstitutionnalité de certains actes et activités du pouvoir exécutif. Certains moyens soulevés par le requérant ont conduit la Cour à rappeler la suprématie de la Constitution, elle a été amenée à se prononcer sur le fondement du DDRR et sur les critères d'éligibilité des membres ou anciens membres de Groupes armés. Elle se servira de cette jurisprudence lors de l'examen des candidatures à l'élection présidentielle et aux élections législatives.

Le parti demandeur sollicitait entre autres un contrôle de conformité en ce qui concerne les deux derniers volets du DDRR que sont la réinsertion et le rapatriement qui ouvrait la voie à la nomination ou l'élection de membres de groupes armés.

Le rappel de la suprématie de la Constitution

Le requérant s'interrogeait sur la suprématie de la Constitution, par rapport aux actes des pouvoirs publics, la Cour a rappelé la place de la Constitution dans l'ordonnancement juridique.

La Cour a d'abord rappelé les articles de la Constitution qui fixe cette suprématie. Ainsi le préambule de la Constitution précise que le Peuple « *adopte solennellement la présente Constitution, loi suprême de l'état à laquelle il doit respect, loyauté et fidélité* » ; l'article 159 spécifie que *« la Constitution est adoptée par référendum et promulguée par le chef de l'État* », ce qui a été fait : la Constitution ayant été adoptée par référendum du 13 décembre 2015 et promulguée le 30 mars 2016.

La Cour a ensuite précisé le rôle primordial de la Constitution et son contenu « *la Constitution définit les Bases fondamentales de la Société, de l'État et de la Souveraineté, le régime constitutionnel, organise les différents pouvoirs que sont l'exécutif, le législatif et le judiciaire, et précise quelles sont les Institutions de la république* ».

La Cour a ensuite rappelé l'article 23 de la Constitution qui dispose « *toute personne habitant le territoire national a le devoir de respecter en toute circonstance, la Constitution, les lois et règlements de la république* ».

Enfin, un contrôle de constitutionnalité par la Cour constitutionnelle est institué pour veiller à ce que cette suprématie de la Constitution soit respectée et que tout acte légal ou réglementaire lui soit conforme.

La précision apportée par la Cour en ce qui concerne les critères d'éligibilité fixés par le programme DDRR

Le Gouvernement de Transition avait conclu un accord avec les groupes armés le 10 mai 2015 sur les principes de désarmement, démobilisation, réintégration et rapatriement (DDRR) et d'intégration dans les corps en uniforme de l'État centrafricain. Les requérants soutenaient que les deux derniers volets du DDRR étaient inconstitutionnels et que la nomination aux emplois publics l'était aussi en application de l'article 28 de la Constitution.

La Cour a rappelé dans un premier temps que l'article 28 de la Constitution faisait appel à des notions pénales telles qu'auteur, co-auteur, complices et que « *l'imputation de la qualité d'auteur, co-auteur ou de complice doit être l'œuvre des juridictions compétentes à l'issue d'un procès équitable et régulier* ».

La Cour a rappelé que l'objet du DDRR « *est de contribuer à la stabilité, à la sécurité et au relèvement de la République centrafricaine grâce à un processus qui commence avec le désarmement et la démobilisation des membres des groupes armés qui ont signé l'accord de Bangui et le prépare ensuite à la réintégration communautaire* ».

Les critères pour bénéficier du DDRR étaient les suivants :

- Les combattants doivent être membres des groupes armés qui ont signé l'Accord de Bangui ;
- Chaque combattant doit déposer les armes de guerre en état de marche ou non, les mines explosives et l'intégralité des effets militaires en sa possession ;
- Les combattants doivent être âgés de 18 ans ou plus ;
- Les combattants ne doivent faire l'objet d'aucune poursuite par l'État centrafricain ou la Cour pénale internationale, de crimes de guerre, crimes contre l'humanité ou de violations graves des droits de l'homme.

La Cour a complété ces critères d'éligibilité au DDRR en se basant sur les règles du droit international humanitaire et sur les dispositions constitutionnelles : elle a rappelé l'existence de la compétence universelle qui donne pouvoir à chaque État qui l'exerce de juger les personnes soupçonnées de violations graves du droit international en tant de conflits armés, elle en a conclu qu'il y avait lieu d'intégrer cet élément dans les critères d'éligibilité lors de l'examen des candidatures.

La Cour a ensuite rappelé l'article 27 alinéa 1 et 2 de la Constitution « *les forces de défense et de sécurité sont au service de la Nation. Elles sont composées exclusivement de citoyens centrafricains* » ; et que les emplois de la fonction publique sont réservés aux citoyens centrafricains.

La Cour a ainsi conclu en complétant les critères fixés par l'accord sur le DDRR par les dispositions suivantes :

- « *Ils doivent être de nationalité centrafricaine*
- *Les combattants ne doivent faire l'objet d'aucune poursuite par l'état centrafricain, par la Cour pénale Internationale ou par tout État exerçant la compétence universelle pour crime de guerre, crimes contre l'humanité ou violations graves des droits de l'Homme ;*
- *S'ils sont poursuivis et jugés, ils ne doivent pas avoir été reconnus comme auteur, co-auteur, ni complices de ces crimes* ».

Sur le critère de bonne moralité

Alors que j'étais sur la rédaction de ce livre, j'ai été invitée à participer à un colloque international sur « la justice constitutionnelle et le contentieux électoral », colloque tenu à Kinshasa du 18 au 20 mai 2023 organisé par la Cour constitutionnelle de la République Démocratique du Congo, j'ai eu aussi l'honneur de prononcer la leçon inaugurale. Dans cette leçon inaugurale, j'abordais la question du critère controversé de « bonne moralité ». Ce critère de bonne moralité figure tant dans les conditions d'éligibilité de la présidentielle que des législatives. J'ai soulevé cette question devant les collègues tous éminents juristes participants, car je savais que c'était un critère controversé et qu'il entraînerait des débats et même des contestations. En tant que juristes, nous savons tous qu'une juridiction ne juge pas en morale, mais en droit. Aussi il paraît incongru que ce critère puisse figurer parmi des critères d'éligibilité. J'ai voulu faire part de l'expérience de la Cour constitutionnelle dans l'application de ce critère et susciter les réactions de mes collègues.

La première question qui se pose est la suivante : à partir du moment où des critères d'éligibilité sont des critères légaux déterminés par le législateur, la juridiction constitutionnelle peut-elle faire un tri entre ces critères et écarter ceux qui lui semblent ne pas convenir, ceux qui lui posent problème ? Pour moi la réponse est non, car la Cour ne crée pas le droit, elle est là pour l'appliquer. Cependant, dans cette application, la juridiction a une marge d'appréciation et doit veiller à ce que cette application soit basée sur des éléments objectifs ne souffrant pas de contestation.

Sur quels éléments s'est basée la Cour pour écarter des candidatures sur la base de ce critère ?

Comme je le relevais, lors du colloque, cet élément qui paraît subjectif s'adressant à la morale, son application doit être rigoureuse et se baser sur des éléments objectifs établis par des Institutions judiciaires ou ayant autorité en la matière. Ainsi la Cour s'est basée sur des rapports de la Cour des comptes, sur des rapports de la Haute Autorité chargée de la bonne gouvernance et sur des éléments d'enquête produits par les parquets.

Je suis convaincue pour ma part que ce critère est utile lorsque les dysfonctionnements de la justice sont tels que l'impunité devient la règle et que la reconnaissance de culpabilité suite à un procès équitable n'est pas faite, les procès n'étant pas tenus.

Dans des États où la justice fonctionne et fait son travail, où la justice n'est pas sélective, un tel critère n'aurait pas sa raison d'être, il n'a de sens que quand l'impunité devient la règle et la justice l'exception. C'est un pis-aller, un mal nécessaire comme il en existe parfois malheureusement.

III - LE TRAITEMENT DES CANDIDATURES EN APPLICATION DES TEXTES ET DE LA JURISPRUDENCE DE LA COUR

A. LES CANDIDATURES À L'ÉLECTION PRÉSIDENTIELLE

Les candidatures à l'élection présidentielle du 27 décembre 2020 ont fait l'objet de la **décision N° 026/CC/20 du 03 décembre 2020**[41].

La liste provisoire avait été publiée par l'ANE le 13 novembre 2020 et transmise à la même date à la Cour constitutionnelle. Cette liste comprenait 22 candidats. À la suite de l'examen des dossiers de candidatures, la cour a invalidé 5 candidatures.

[41] Cette décision a été omise dans le recueil des décisions de la CC

Il y a lieu de s'arrêter sur les candidatures invalidées de Bozize François, ancien chef d'État et de Ningatoloum-Sayo, ministre de la République.

L'invalidation de la candidature de Bozize Yangouvonda François

Faut-il rappeler qu'il s'agissait d'une candidature particulièrement sensible, car il s'agissait de l'ancien président qui, chassé du pouvoir en 2003 par la coalition Seleka, avait dû s'exiler de 2003 à 2020 et était revenu au pays dans des conditions encore assez inexpliquées en 2020. J'étais pour ma part décidée à ce que sa candidature soit traitée en toute objectivité et conformément aux critères applicables comme devaient l'être toutes les candidatures. Je voudrais préciser ici que, pour ma part, je n'ai reçu aucune pression ni du régime ni du parti KNK, parti du président Bozize, ni d'un responsable quelconque ni du candidat lui-même, il n'en demeure pas moins qu'il était évident que cette candidature faisait l'objet de beaucoup d'attention et de supputation de part et d'autre et qu'il fallait d'autant plus se conformer au droit.

La Cour avait enregistré une requête, afin d'invalidation, de la candidature de François Bozize émanant de la « Coalition des Organisations de la Société Civile pour la Cour pénale Spéciale et les Associations des victimes ».

Deux critères ont été examinés par la Cour en ce qui concerne cette candidature, le critère de résidence et le critère de bonne moralité, les autres critères ne posant pas de difficulté.

En ce qui concerne le critère de résidence, rappelons que la Constitution précise que le candidat doit « *avoir résidé sur le territoire national depuis au moins un an* », à décompter à partir de la date du dépôt de candidature.

Le document demandé par la Cour était un certificat de résidence délivré par un maire. Le candidat avait produit une attestation de domicile délivrée par le chef du village Gaga, le 9 octobre 2019, ce qui n'était pas un document recevable, car il laissait planer un doute sur la date d'entrée du candidat sur le territoire national ; cependant, la Cour a écarté le critère de résidence compte tenu du fait que l'intéressé avait manifesté sa volonté auprès des autorités de rentrer dans son pays, mais en avait été empêché par celles-ci. En effet, une circulaire N° 163 du ministre des Transports faisait interdiction aux compagnies de transport aérien de faire embarquer François Bozize, cette décision fut annulée par une décision du tribunal administratif du 28 octobre 2020, donc proche de la date de dépôt des candidatures.

En ce qui concerne le critère de bonne moralité, la Cour a constaté que le candidat faisait l'objet d'un mandat d'arrêt international du doyen des juges d'instruction du tribunal de Grande Instance de Bangui du 31 mars 2014 pour les motifs suivants : assassinats, arrestations, séquestrations, détentions arbitraires et tortures ; destruction et incendies de maisons, enlèvements, exécutions sommaires et extrajudiciaires, détournements de deniers publics.

En outre, le candidat faisait l'objet de sanctions du Conseil de sécurité des Nations Unies et celles-ci avaient été renouvelées par la résolution N° 2536 du 28 juillet 2020, la Cour a ainsi invalidé la candidature en application de l'article 103 du Code électoral.

L'invalidation de la candidature de Ningatoloum-Sayo Armel pour appartenance à un groupe armé actif ou d'autodéfense

La Cour a fondé sa décision sur l'article 28 de la Constitution et sur sa décision du 22 mai 2018. La Cour a d'abord constaté que le processus de désarmement n'était pas achevé, elle a relevé que « *la seule présence de membres de groupes armés toujours actifs était de nature à porter gravement atteinte à la sincérité du scrutin* » et qu'ainsi il y avait lieu d'écarter ces candidatures. Ainsi elle invalidait la candidature de Ningatoloum-Sayo non seulement du fait qu'il était chef du Groupe armé « Révolution-justice-aile SAYO », mais également au vu d'investigations du Parquet général de Bangui pour associations de malfaiteurs et avis de recherche et également sur la base d'investigations menées par la Haute Autorité chargée de la Bonne Gouvernance, rapport du 12 octobre 2020.

B. LES CANDIDATURES AUX ÉLECTIONS LÉGISLATIVES

La **décision N° 024/CC/20 du 27 novembre 2020** [42]a arrêté la liste des candidats aux élections législatives. La liste provisoire publiée par l'ANE le 13 novembre 2020 comportait 1585 candidats. Les recours pouvaient être introduits dans les trois jours qui suivaient la publication de cette liste par l'ANE. La Cour avait reçu 59 recours. La Cour ayant autorité sur tout le processus électoral et ayant dans ses compétences le contentieux de l'éligibilité, elle a examiné toutes les candidatures retenues en plus de celles ayant fait l'objet de requêtes.

[42] Recueil des décisions de la CC, années 2018 à 2021, p.182

La Cour a invalidé 76 candidatures sur la base des dispositions suivantes :

49 Candidatures invalidées en application de l'article 37 du Code électoral. L'article 37 du Code électoral fixe les pièces à produire par les candidats

15 Candidatures invalidées sur la base de l'article 134 et 135 du code électoral.

12 candidatures invalidées en application de l'article 28 de la Constitution pour appartenance à des groupes armés ou d'autodéfense.

SECTION III - LE CONTENTIEUX DES RÉSULTATS

Les élections groupées, présidentielle et législatives, se sont déroulées le 27 décembre 2020 dans un climat de tension extrême et d'insécurité dues aux attaques du groupe armé dénommé CPC dirigé par l'ancien président François Bozize suite à son éviction du processus électoral.

I - LE CONTENTIEUX DE L'ÉLECTION PRÉSIDENTIELLE

A. LES RÉSULTATS

Les résultats définitifs de l'élection présidentielle ont été proclamés par la Cour constitutionnelle le 18 janvier 2021 par **décision N° 003/CC/2021**[43].

Quatre requêtes en annulation ou redressement des résultats avaient été introduites :

Une requête groupée émanant de Anicet Georges Dologuele du Parti URCA ; Martin Ziguele du parti MLPC ; Mahamat Kamoun du parti BEAFRIKA TI E KWE (BTK) ; Agou Augustino du Parti Renaissance pour un développement durable (RDD) ; Mboli Goumba Crépin du Parti PATRIE : Nguendet Alexandre du parti Rassemblement pour la République (RPR) ; Mekassoua Abdoul Karim du parti Chemin de l'Espérance (CDE) ; Samba Panza, née Souga Catherine, candidate indépendante ; Tiangaye Nicolas du parti Convention républicaine pour le Progrès social (CRPS) ; Kolingba Nzanga Désiré, du parti rassemblement

[43] Recueil des décisions de la CC, contentieux électoral, 1er tour élection présidentielle 27 décembre 2020, p.37

démocratique Centrafricain (RDC) représenté par Maître Arlette Sombo Dimbelet et maître Mpoko Innocent.

Les requérants demandaient l'annulation de l'élection présidentielle du 27 décembre 2020 et d'ordonner la reprise des opérations électorales en application de l'article 127 alinéa 3 du Code électoral.

Les autres requêtes émanaient individuellement de Martin Ziguele, (ayant pour conseils maîtres Étienne Malekoudou et Roger Tarissius Paritoine), Anicet Georges Dologuele, Gonda Cyriaque candidat du parti Pour un Centrafrique Nouveau (PNCN), tous demandaient l'annulation du scrutin présidentiel au motif de diverses violations ayant ôté au scrutin tout caractère crédible et sincère.

La proclamation des résultats provisoires du premier tour avait eu lieu par l'ANE le 04 janvier par décision N° 001/ANE/P/VP/RG/2021 et se présentait comme suit :

Nombre total d'inscrits	910.784
Nombre de votants	695.019
Bulletins blancs et nuls	52.170
Suffrages valablement exprimés	642.956
Taux de participation	*76,31 %*

Suffrages par candidat

1.	TOUADERA Faustin Archange	346 687 voix	53, 92 %
2.	DOLOGUELE Anicet Georges	135 081 voix	21,01 %
3.	ZIGUELE Martin	47 948 voix	7,46 %
4.	NZANGA BILAL KOLINGBA Désiré	24 381 voix	3,79 %
5.	MBOLI GOUMBA BENDERET Crépin	20 298 voix	3,16 %
6.	NGAKOUTOU PATASSE Sylvain	9 250 voix	1,44 %
7.	AGOU Augustin	9 009 voix	1,40 %
8.	BOKASSA SERGE	8 907 voix	1,39 %
9.	KAMOUN MAHAMAT	7 833 voix	1,22 %
10.	N'GUENDET Alexandre Ferdinand	6 984 voix	1,09 %
11.	SAMBA PANZA Catherine	5526 voix	0,86 %
12.	MECKASSOUA Abdou Karim	5153 voix	0,80 %
13.	ANGUIMATE Elois	3975 voix	0,62 %
14.	DJORIE serge Chislain	3673 voix	0,57 %
15.	GONDA Cyriaque	3265 voix	0,51 %
16.	REBOAS Aristide Briand	2593 voix	0,40 %
17.	TIANGAYE Nicolas	2393 voix	0,37 %

La Cour a procédé après traitement des requêtes et vérification de tous les procès-verbaux, à diverses vérifications, effectué des redressements et procédé à des annulations ; les résultats de Bambari, Baoro, Bozoum et Carnot 1 et 2 ont été annulés au vu des irrégularités constatées, et ce pour les deux scrutins.

Les résultats définitifs publiés par la Cour ont été les suivants :

Nombre total d'électeurs inscrits	1.858. 236
Nombre total de votants	655. 054
Nombre total de bulletins nuls	22. 046
Nombre total de bulletins blancs	19. 284
Total votants par dérogation	14. 308
Suffrages valablement exprimés	599. 416
Taux de participation	35, 25 %

		Nbr voix	%
1	TOUADERA Faustin Archange	318 626	51,16
2	DOLOGUELE Anicet Georges	130 017	21,69
3	ZIGUELE Martin	45 206	7,5
4	NZANGA BILAL KOLINGBA Désiré	22 157	3,70
5	MBOLI GOUMBA BENDERET Crépin	19 271	3,21
6	NGAKOUTOU PATASSE Sylvain	8 760	1,46
7	AGOU Augustin	8 009	1,40
8	BOKASSA Serge	7 870	1,31
9	KAMOUN MAHAMAT	7 536	1,26
10	N'GUENDET Alexandre Ferdinand	6 668	1,11
11	MECKASSOUA Abdou Karim	5 099	0,85
12	SAMBA PANZA Catherine	5 078	0,85
13	ANGUIMATE Eloi	3 710	0,62
14	DJORIE Serge Ghislain	3 392	0,57
15	GONDA Cyriaque	2 973	0,50
16	REBOAS Aristide Briand	2 454	0,41
17	TIANGAYE Nicolas	2 163	0,36

Il faut noter que la Cour a conservé les voix attribuées au candidat Serge Bokassa malgré son retrait du processus. En effet, malgré ce retrait, des voix s'étaient portées sur lui, son nom figurant toujours sur les bulletins de vote compte tenu du fait que ce retrait avait été effectué à l'approche du scrutin, le choix effectué par les électeurs dans des conditions régulières devait être respecté.

Ce qui est intéressant à rapporter c'est la motivation de la Cour en rapport avec les demandes d'annulation du scrutin présidentiel.

B. LA MOTIVATION DE LA COUR RELATIVE AUX DEMANDES D'ANNULATION DU SCRUTIN PRÉSIDENTIEL

Les requérants soutenaient, en se fondant sur l'article 26 de la Constitution, que le vote n'était pas représentatif du corps électoral compte tenu du taux de participation et que de ce fait le président qui était élu dans ces conditions ne serait pas légitime.

L'article 26 de la Constitution dispose : « *La souveraineté nationale appartient au peuple centrafricain qui l'exerce soit par voie de référendum, soit par l'intermédiaire de ses représentants.*

Aucune fraction du peuple ni aucun individu ne peut s'en attribuer l'exercice ni l'aliéner.

Les institutions éligibles, chargées de diriger l'État, tiennent leurs pouvoirs du peuple par voie d'élections, au suffrage universel direct ou indirect. »

Il y a lieu, au lieu de paraphraser la Cour, de reporter intégralement sa motivation, celle-ci étant particulièrement précise et détaillée :

« *Sur la représentativité du vote exprimé*

… Considérant qu'au moment d'aller voter pour choisir librement ses dirigeants, une partie du peuple centrafricain en a été empêché par des actes de terreur, relevant de l'article 28 de la Constitution ; que malgré la situation sécuritaire, bravant les agissements des groupes armés et la terreur, ce peuple, dans les zones où il a pu quand même s'exprimer, s'est levé avec détermination, parfois même au péril de sa vie, pour aller voter ;

Que par cette posture et lors de ce vote, le peuple a envoyé un message fort à ceux qui le terrorisaient, à ceux qui lui avaient demandé de ne pas aller voter et au monde entier ;

Que le contenu de ce message est le suivant :

-nous voulons choisir librement nos dirigeants comme prescrit par notre Constitution

-nous condamnons les actes de violence et la tentative de prise de pouvoir par la force en violation de l'article 28 de notre Constitution ;

Considérant que ce peuple qui était en guerre le jour du vote, comme le précise l'article 28 de la Constitution, n'a pas pu, dans certaines parties du Territoire national aller exprimer librement son choix malgré sa volonté de vouloir le faire, qu'il a ainsi fait face à une situation qui s'imposait à lui et contre laquelle il était impuissant ;

Que cela a eu des conséquences manifestes sur le taux de participation ;

Considérant que la légitimité et la légalité sont deux concepts différents même s'ils se complètent et se renforcent ;

Que le « concept de légitimité ne concerne pas seulement la dévolution du pouvoir opérée selon le principe désormais incontestable qu'est le suffrage universel, il s'attache aussi à la manière dont le pouvoir est exercé et désigne soit la qualité du pouvoir exercé en accord avec la volonté populaire et conformément à la justice, soit la capacité du pouvoir à assume ses responsabilités essentielles, il se rapproche alors de l'effectivité du pouvoir ;

Qu'ainsi, si la légitimité s'acquiert par les urnes lors des élections, elle n'est jamais définitivement acquise, elle doit être conquise et maintenue au quotidien par l'exercice du pouvoir et la bonne gouvernance ;

Considérant enfin qu'il revient à la Cour constitutionnelle gardienne de la Constitution et juge des élections d'apprécier l'impact des troubles sur les résultats sortis des urnes ; qu'elle a pour mission et compétence de procéder à des vérifications, et à des redressements si nécessaires ;

Considérant qu'aux termes de l'article 126 du code électoral « l'annulation est prononcée si des irrégularités avérées sont susceptibles d'inverser les résultats eu égard à leur ampleur et au faible écart de voix qui sépare les candidats, ou si les circonstances du déroulement des opérations électorales ont pour effet d'empêcher l'exercice de tout contrôle sur la sincérité des résultats ;

Qu'aux termes de l'article 127 du code électoral « la Cour constitutionnelle procède au redressement des résultats si l'impact des irrégularités constatées peut être déterminé. Le cas échéant elle proclame les résultats ainsi redressés ;

Considérant qu'en l'espèce, la Cour a constaté des irrégularités et a procédé à des annulations de procès-verbaux de bureaux de vote et à des redressements, que suite à ces annulations et à ces redressements il a été constaté que compte tenu de l'ampleur de l'écart des voix entre le candidatait N° 1 et le candidat N° 2, l'impact des annulations et redressements n'a pu inverser les résultats, qu'en outre, la Cour a procédé à l'examen de tous les procès-verbaux, elle a pu exercer un contrôle sur la sincérité des résultats dans les lieux ou le vote a pu avoir lieu et où les procès-verbaux étaient disponibles ;

Considérant que l'impact des irrégularités a pu être déterminé ;

Considérant qu'eu égard à la détermination du Peuple à choisir ses dirigeants, eu égard au fait que la Cour a examiné et contrôlé tous les procès-verbaux des bureaux de vote de la présidentielle qui lui étaient destinés, qu'elle a procédé à des redressements ;

Il y a lieu de proclamer les résultats ainsi redressés ».

II - LE CONTENTIEUX DES ÉLECTIONS LÉGISLATIVES

A. LA COMPLEXITÉ DU TRAITEMENT DES LÉGISLATIVES

Les élections législatives se sont échelonnées sur plusieurs mois compte tenu des difficultés rencontrées durant ce scrutin et du fait que la Cour avait dû annuler certaines circonscriptions. Ainsi il y a eu le premier et second tour des élections législatives le 27 décembre 2020 et le 14 mars 2021. Il y eut ensuite les premier et second tours des législatives partielles le 14 mars et 23 mai 2021 et enfin le premier et second tour des résiduelles le 23 mai 2021 et le 25 juillet 2021. Commencées le 27 décembre 2020 et achevées le 25 juillet 2022, elles auront donc duré sept mois.

Après la tenue du premier tour, la Cour a reçu 346 requêtes en annulation ou redressements des résultats. En application des délais des contentieux, toutes les requêtes doivent être traitées et les résultats proclamés. Ainsi les 346 requêtes ont été partagées entre les juges constitutionnels qui durant le processus ont été appuyés par des assistants recrutés parmi les enseignants-chercheurs de droit de l'Enseignement supérieur. Les assistants ne pouvaient cependant participer aux délibérations.

Certains dossiers ont été particulièrement pénibles à traiter compte tenu des interventions souvent des candidats eux-mêmes et des pressions subies au quotidien par les juges et même par les assistants. Le traitement des législatives nécessite une organisation particulière compte tenu du nombre des requêtes et des délais octroyés. Pour la proclamation des résultats, une décision commune est rédigée par contre, après cette proclamation, chaque juge doit s'atteler à rédiger une décision pour chaque dossier et souvent il ne dispose que d'un ou deux mois pour le faire. La jonction des procédures par circonscription, quand celle-ci était possible, a permis de réduire le nombre de décisions, mais pas le temps de traitement chaque cas devant être traité et faire l'objet d'une motivation. Chaque juge peut avoir au total, sur tout le processus, plus de cinquante décisions à rédiger, même si une trame a pu être élaborée pour faciliter ce travail et harmoniser la présentation des décisions, la motivation est spécifique à chaque décision et doit être particulièrement rigoureuse que l'affaire soit complexe, sensible ou pas.

Pour illustrer cette complexité et cette sensibilité, il y a lieu de faire référence à quelques dossiers qui ont défrayé la chronique compte tenu notamment de la personnalité des candidats.

B. LA CIRCONSCRIPTION DE BAORO ET LA DEUXIÈME CIRCONSCRIPTION DU TROISIÈME ARRONDISSEMENT DE BANGUI

L'annulation des résultats de la circonscription de Baoro lors du premier tour des élections législatives

Le candidat du MCU, ancien Premier ministre, était Mathieu Simplice Sarandji, l'un des dirigeants de parti présidentiel. C'est pour cette raison que Baoro avait fait l'objet d'une particulière attention de la part de l'opinion. La Cour a annulé les résultats du premier tour de Baoro, autant en ce qui concerne la présidentielle que les législatives.

La motivation de la Cour figure dans la décision proclamant les résultats définitifs de premier tour de l'élection présidentielle. La Cour a constaté plusieurs anomalies en ce qui concerne Baoro, la première étant que les premiers rapports sur le déroulement des élections indiquaient que Baoro n'avait pas pu voter compte tenu de troubles provoqués par les groupes armés, mais, cependant, l'ANE avait publié des résultats pour Baoro, tant en ce qui concerne la présidentielle que les législatives, et ces résultats indiquaient que 44 procès-verbaux de bureaux de vote avaient été reçus par l'ANE soit un pourcentage de 91,67 %. La Cour, elle, avait réceptionné des procès-verbaux concernant l'élection présidentielle, mais aucun procès-verbal concernant les législatives. Par ailleurs, les vérifications faites par la Cour avaient indiqué que des troubles avaient effectivement eu lieu à Baoro le jour du scrutin et que des candidats avaient même dû quitter la ville. Certains messages indiquaient, dès le lendemain du vote, que du matériel électoral de Baoro avait été saccagé et brulé, ce qui expliquerait les procès-verbaux manquants. En conséquence, les résultats de Baoro ont été annulés.

La déchéance par la Cour constitutionnelle d'un candidat proclamé élu : l'affaire Karim Mekassoua

C'est dans toutes autres conditions et pour toute autre motivation que la Cour a prononcé la déchéance de Karim Mekassoua, chef d'un parti d'opposition le parti Chemin de l'Espérance (CDE) et ancien président de l'Assemblée nationale, poste dont il avait été déchu par l'Assemblée nationale contrôlée par le parti présidentiel MCU.

Cette affaire a également défrayé la chronique pour plusieurs raisons : il s'agissait d'une figure de l'opposition, d'un ancien président de l'Assemblée nationale, qui avait été déchu, de façon très contestable, du poste de président de l'Assemblée nationale, qui avait fait l'objet de tracasseries juridico-politiques, candidat à l'élection présentielle, candidat musulman habitant le quartier du KM5, quartier très sensible politiquement et du point de vue sécuritaire.

Tout le monde, y compris la Communauté internationale, s'accordait pour dire que la troisième circonscription était une circonscription extrêmement sensible et à laquelle il fallait être particulièrement attentif. En tant que présidente de la Cour constitutionnelle, j'ai ressenti de bout en bout toute la pression et les préoccupations que suscitait cette candidature parmi les juges constitutionnels qui, manifestement, ont été travaillés au corps en ce qui concerne ce candidat. Avec le recul, je puis affirmer que ce qui s'est passé était en fait prémonitoire de tout ce qui allait arriver par la suite et aboutir au projet de modification de la Constitution et à mon éviction de la Cour constitutionnelle. Les pressions ont été facilitées par le fait que, durant cette période, quatre juges constitutionnels résidaient dans un hôtel de la place pour des raisons de sécurité, hôtel où logeait également Sani Yalo, conseiller à la Présidence, et avec qui ils étaient en contact régulier du fait de cette proximité, cela m'a été signalé à plusieurs reprises. Certains juges eux-mêmes m'ont fait part de leur fréquentation régulière de Sani Yalo. Le candidat soutenu par Sani Yalo, adversaire de Karim Mekassoua, était également musulman résidant au KM5, du parti MCU. Je me suis tout de suite inquiétée de cette fréquentation compte tenu de la réputation du personnage et de son influence réelle et j'en ai même fait part aux juges en leur demandant de faire très attention, car nous étions étroitement surveillés en cette période tant par le pouvoir que par l'opposition et même par tous et par chacun. Cette mise en garde n'a pas changé la situation.

Par la suite, après la déchéance de Mekassoua par la Cour, j'ai été accusée par certains d'avoir été à l'origine et même d'avoir orchestré cette déchéance malgré mon absence de la RCA pour raisons de santé à ce moment-là. J'ai donc aujourd'hui l'occasion de donner ma version des faits, de rétablir la vérité et de démontrer que je ne suis pas impliquée dans cette affaire regrettable, bien au contraire : pressentant ce qui se tramait, j'ai fait tout ce qui était en mon pouvoir pour rappeler jusqu'au bout que la Cour devait se conformer au droit et rien qu'au droit. Je n'accuserai personne, mais relaterai simplement les faits tels que je les ai directement vécus. Je veux bien être accusée quand je suis responsable, mais pas injustement.

Je voudrais commencer par dire et par affirmer que jamais le président de la République n'a exercé quelque pression sur moi en ce qui concerne le candidat Mekassoua, Sani Yalo ne m'a jamais approchée et ne m'a jamais contactée même en ce qui concerne ce candidat ou un quelconque autre candidat. Les rares fois où j'ai croisé Sani Yalo dans ma vie, cela été tout à fait par hasard par exemple lors d'une cérémonie officielle. Je ne connais pas personnellement Sani Yalo dont tout le monde a entendu parler, car il a bien souvent défrayé la chronique. Bien au contraire, au vu de ce que certains juges me rapportaient, j'étais très agacée de ce que ce monsieur se mêle ainsi des affaires de la Cour constitutionnelle et un jour je suis allée me plaindre de cela au directeur de cabinet du chef de l'État en lui disant que la Cour et moi, en tant que présidente de l'Institution, ne devions travailler qu'avec les institutions officielles, que ce monsieur, même s'il était conseiller à la Présidence, n'avait rien à voir avec la Cour constitutionnelle et devait donc s'abstenir de toute immixtion.

Mon intervention malheureusement n'a pas été très entendue puisque les fréquentations et les « comptes-rendus » à l'hôtel se sont poursuivis.

Revenons sur les faits.

Cette affaire s'est déroulée en plusieurs étapes.

La Cour, dans sa **décision N° 004/CC/2021 du 1er février 2021**[44] portant proclamation des résultats définitifs du premier tour des élections législatives du 27 décembre 2020, avait annulé les résultats du troisième arrondissement de Bangui, première et deuxième circonscription, du fait d'une répartition des bureaux de vote et des listes d'électeurs erronées effectuées par l'ANE et qui avait défavorisé les candidats de ces circonscriptions, nombre de leurs électeurs n'ayant pas pu voter du fait de ces erreurs. J'avais pu constater cela par moi-même, car je m'étais rendue dans le troisième arrondissement lors du déroulement du scrutin et particulièrement dans le grand centre de l'École Koudoukou ou de nombreux électeurs se sont plaints directement à moi et tous les rapports par la suite ont confirmé cet état de fait. La faute était imputable à l'organisation des élections et non aux candidats ou aux électeurs. Les résultats ont donc été annulés dans ces deux circonscriptions et les élections reprises le 14 mars.

Vint ensuite la **Décision 095/CC/21 du 19 avril 2021** proclamant les résultats définitifs du premier tour des élections législatives partielles du 14 mars 2021 :

---

[44] Recueil des décisions de la CC, 1er tour et 2ème tour des élections législatives, 27 décembre 2020 et 14 mars 2021, p.56

Karim Mekassoua était habilité à se présenter au second tour ayant obtenu 1549 voix soit 39, 58 % des voix et il était en tête.

À l'issue du second tour, Karim Mekassoua était à nouveau en tête des résultats proclamés par l'ANE et était donc en voie d'être proclamé élu par la Cour constitutionnelle. C'est là que tout a commencé à se compliquer et que les manœuvres pour écarter le candidat Mekassoua ont débuté au sein même de la Cour.

Un juge vint me trouver avant même que nous n'ayons délibéré pour me dire qu'en ce qui concerne la deuxième circonscription du troisième arrondissement il fallait annuler les résultats ! Je ne comprenais pas, les élections s'étaient déroulées correctement cette fois-ci, l'ANE avait apporté les rectifications nécessaires chacun avait pu exercer son droit de vote, l'observation des élections avait été particulièrement attentive, en clair tout s'était bien déroulé, pourquoi fallait-il annuler !!! Par contre, je compris très vite que ce juge parlait également au nom de quelques-uns des juges, car ayant réussi à le convaincre ce jour-là, il avait fini par se ranger à mon avis, mais le lendemain il revint à la charge. Il était évident donc qu'il y avait une coalition pour l'annulation ; connaissant les pressions exercées au niveau de l'hôtel et les comptes-rendus qui étaient faits, j'ai compris que cette affaire n'était plus juridique, mais politique.

Nous étions à la veille de la délibération, devant cette situation et pressentant ce qui risquait de se produire, je pris alors la décision de contacter le directeur de cabinet du président de la République voulant situer la provenance de ces pressions. Je me suis rendue avec le vice-président dans le bureau du directeur de cabinet où j'expliquais la situation notamment les velléités de prononcer l'annulation alors que tout s'était déroulé correctement. Je demandais ceci au directeur de cabinet : de bien vouloir expliquer la situation au président et de lui demander s'il avait une objection à ce que Mekassoua soit député ; je lui demandais aussi de bien vouloir me donner la réponse du président dans la soirée.

Effectivement dans la soirée, le directeur de cabinet me fit part de la réponse du chef de l'État : le chef de l'État nous faisait savoir qu'il n'avait pas à influencer la décision des juges et que ceux-ci devaient rendre leur décision en leur âme et conscience. Je disais au directeur de Cabinet que c'était la meilleure des réponses que le président pouvait nous donner. J'étais très satisfaite de cette position qui honorait le président.

Le lendemain, je fis part de cette position du président aux juges. La suite : Mekassoua fut proclamé élu député de la Nation par **Décision**

N° 111/CC/2021 du 29 juin 2021 [45] portant proclamation des résultats définitifs du deuxième tour des élections législatives avec 2090 voix soit 61,62 %. Le droit avait été respecté.

Survint alors une dernière décision la **décision N° 116/CC/2021 du 12 août 2021**[46] prononçant la déchéance du député Karim Mekassoua sur requête du candidat malheureux Ibrahim Al Hissein Algoni.

J'étais déjà en repos en juillet lorsque le vice-président, qui assurait mon intérim, vint m'annoncer qu'une requête était introduite demandant la déchéance du député Mekassoua. J'ai été évacuée sanitaire et suis partie en Tunisie pour y être opérée. La décision de la Cour fut prise le 12 août 2021 en mon absence. N'ayant pas participé à la délibération, je pense qu'il revient aux juristes d'analyser et de commenter la décision de la Cour. Je peux simplement dire que beaucoup n'ont pas compris cette décision et que suite à cette décision le député déchu Mekassoua a dû s'exiler alors que son arrestation était imminente. Je n'ai jamais interrogé aucun des juges sur cette décision, mais j'ai dû l'assumer en tant que présidente de la Cour constitutionnelle. J'ai même été accusée par certains sur les réseaux sociaux d'avoir été l'instigatrice de l'éviction du député Mekassoua et même d'avoir été corrompue pour cela ! Heureusement que d'autres m'ont dédouanée. Mais j'avoue que j'étais très en colère que l'on puisse porter de telles accusations sur moi et si injustement. En ce qui concerne cette affaire, je n'ai absolument rien me reprocher, je ne peux que regretter tout ce qui est arrivé, car c'était sous ma présidence même si j'étais absente pour raison de santé et que mon opération ne pouvait attendre. Quelles que soient les responsabilités que j'ai pu exercer dans ma vie, on peut me reprocher peut-être des insuffisances, mais pas d'avoir été corrompue, jamais !

À partir de là, la République centrafricaine allait s'acheminer vers une dérive qui nous conduira au coup d'État du 24 octobre 2022.

---

[45] Recueil des décisions de la CC, contentieux électoral, 1er et 2nd tour des élections législatives partielles(14 mars 2021 et 23 mai 2021 et 1er et 2nd tour des élections législatives résiduelles, p.64

[46] Même recueil p. 90

CHAPITRE V

LA RUPTURE DE L'ORDRE CONSTITUTIONNEL

L'ordre constitutionnel que nous nous étions attachés à rétablir va commencer à vaciller dès 2020 par la première tentative de révision constitutionnelle devant aboutir à la révision de mandats électifs du président de la République et des députés.

SECTION I - LA DÉRIVE VERS L'INCONSTITUTIONNALITÉ

I - LA PREMIÈRE TENTATIVE DE RÉVISION DES MANDATS PRÉSIDENTIEL ET LÉGISLATIF EN 2020

Une proposition de révision de certaines dispositions de la Constitution du 30 mars 2016 est apparue, à l'initiative de certains députés, arguant de la nécessité de prolonger les mandats du président de la République et des députés, ceci compte tenu de la pandémie du Covid 19. Ils soutenaient que la pandémie était un cas de force majeure faisant obstacle à la tenue des élections générales prévues en décembre 2020.

Pour pouvoir procéder à une révision de la Constitution, un certain nombre d'étapes et de conditions sont prévues par la Constitution elle-même. Il y a lieu de rappeler quelle est cette procédure.

A. LA PROCÉDURE DE RÉVISION CONSTITUTIONNELLE

Cette procédure est fixée par plusieurs articles de la Constitution.

Qui a l'initiative de la révision constitutionnelle ?

La réponse se trouve à l'article 151 de la Constitution : le président de la République ou le Parlement statuant à la majorité des deux tiers des membres qui composent chaque chambre. Ceci écarte toute possibilité d'initiative populaire. C'est important de le préciser compte tenu de ce qui a suivi.

Quelle est la procédure de révision constitutionnelle ?

Il faut faire la distinction entre la procédure lorsque l'initiative émane du Parlement et lorsque l'initiative émane du président de la République.

La révision à l'initiative du Parlement

L'adoption de la proposition quand la révision est à l'initiative du Parlement (article 152 alinéa 1) est la suivante :

La proposition de loi élaborée par le Parlement doit recueillir deux avis :

- L'avis du gouvernement qui a un délai de 45 jours pour le donner
- L'avis de la Cour constitutionnelle qui a un délai d'un mois pour cela.

L'avis de la Cour constitutionnelle sur la procédure et le contenu du texte est requis par l'article 95 tiret 9 de la Constitution et par l'article 105 de la Constitution qui dispose que les projets ou propositions de lois constitutionnelles sont déférés pour avis à la Cour constitutionnelle par le président de la République, le président de l'Assemblée nationale ou le président du Sénat avant d'être soumis au vote du Parlement ou au référendum. Le projet de proposition émanant du Parlement doit ensuite être adopté par celui-ci réuni en congrès à la majorité des trois quarts des membres qui le composent, ou définitivement adopté par référendum (article 152 alinéa 1)

La révision de la Constitution à l'initiative du président de la République

Le président de la République peut soit initier un projet de loi constitutionnelle qui sera soumis au Parlement pour adoption définitive soit avoir recours au référendum pour l'adoption définitive du projet :

- L'avis du Gouvernement est requis dans les mêmes conditions que quand il s'agit d'une proposition de révision
- L'avis de la Cour constitutionnelle sur la procédure et le contenu du texte est requis également
- Le projet de révision doit ensuite être adopté par le Parlement réuni en congrès à la majorité des trois quarts des membres qui le composent, ou adopté par référendum (article 152 alinéa 1)

Le recours au référendum : le référendum est à l'initiative du président de la République

Le recours au référendum est encadré par les dispositions constitutionnelles. L'initiative du recours au référendum appartient au président de la République.

En application de l'article 90 de la Constitution, le président doit au préalable consulter le président de la Cour constitutionnelle, le président de l'Assemblée nationale et le président du Sénat. Il est fort à parier que la présidente de la Cour constitutionnelle que je suis aurait émis un avis motivé défavorable en considération de l'objet de ce référendum et de la Constitution. Je constituais donc un embarras à plusieurs étapes de la procédure.

Qu'en est-il du référendum à initiative populaire ?

Il y a lieu en effet de soulever cette question, car, pour justifier le projet de recours au référendum devant conduire à la modification de la Constitution et à un troisième mandat, des voix se sont élevées, notamment celle du président de la République pour justifier le recours au référendum par la volonté du Peuple qui aurait été manifestée lors de manifestations organisées par le parti MCU ou par le pouvoir avec l'appui du Groupe Wagner.

Il faut préciser que le référendum à l'initiative populaire n'existe pas dans la Constitution. Le Peuple ne peut ni par des pétitions ni par tout autre moyen et encore moins par des manifestations téléguidées et soutenues financièrement par le pouvoir demander un référendum. Voilà pourquoi, les « manifestations populaires » pour demander une révision constitutionnelle ou une nouvelle constitution et que le pouvoir a maintes fois invoquées comme justification de la révision de la Constitution n'ont aucune base légale en ce qui concerne le recours au référendum. Des associations ou groupements peuvent certes influencer ce recours soit auprès du président ou auprès du Parlement, mais la responsabilité de l'initiative est assumée par le président de la République et ainsi le président de la République ne peut justifier sa démarche en disant : c'est le peuple qui le demande, je n'y peux rien, c'est sa volonté.

Des regroupements, des manifestations diverses de groupuscules ne peuvent être assimilés au Peuple, celui-ci ne pourrait être à l'initiative d'un changement de constitution que par une révolution entraînant une rupture de l'ordre constitutionnel et une nouvelle Constitution. Ce qui n'a pas été le cas en République centrafricaine.

Nous reviendrons sur cette question fondamentale de ce que représente le Peuple et quel est-il, car chacun l'invoque, mais souvent à tort ou par démagogie ou calcul politique.

Tels sont les dispositions régissant la révision constitutionnelle dans la Constitution du 30 mars 2016 applicable alors.

B. L'AVIS N° 015/CC/20 DU 05 JUIN 2020 RELATIF A LA RÉVISION DE CERTAINES DISPOSITIONS DE LA CONSTITUTION DU 30 MARS 2016 [47]

Cette demande d'avis a donné l'occasion à la Cour de se prononcer dès 2020 sur les velléités de révision de la Constitution dans le but de modifier la durée des mandats présidentiel et législatif.

Le président de l'Assemblée nationale introduisait le 15 mai 2020, une requête sollicitant l'avis de la Cour constitutionnelle sur une proposition de loi modifiant et complétant certaines dispositions de la Constitution du 30 mars 2016. Dans sa requête, le président de l'Assemblée nationale précisait que la proposition de loi avait été déclarée recevable par le Bureau de l'Assemblée nationale et qu'elle prenait en compte l'avis du Gouvernement formulé par le conseil des ministres du 14 mai 2020.

Pour traiter cette requête qui soulevait déjà à ce moment-là de nombreuses polémiques, la Cour a voulu, utilisant ses pouvoirs d'instruction, écouter les différents acteurs. Elle a ainsi auditionné le président de l'Assemblée nationale, le Premier ministre, les principaux partis politiques, représentés par leur président ou Secrétaire exécutif, les députés initiateurs de la proposition de révision, le président du Cadre de Concertation, différents responsables d'organisations de la société civile. Tous, mis à part les initiateurs et le parti MCU et affiliés, se sont déclarés contre la proposition de révision et tous, ont demandé que soit organisé une concertation nationale pour traiter du sujet, même le représentant du parti MCU n'était pas opposé à une telle concertation.

La Cour s'est prononcée tout d'abord sur la régularité de la procédure puis sur le fond.

Sur la régularité de la procédure : la Cour a constaté que la liste des députés signataires, qui lui avait été transmise à sa demande par le président de l'Assemblée nationale, comportait 101 noms et que cela était conforme, car correspondant aux deux tiers exigés par la Constitution, mais que les investigations de la Cour avaient démontré que les signatures avaient été recueillies individuellement l'une après l'autre alors que l'approbation devait être donnée, les députés étant réunis en plénière, en application de l'article 151 de la Constitution.

La Cour précisait que la réunion de concertation prévue par l'article 99 du règlement intérieur de l'Assemblée nationale qui dispose « *l'Assemblée*

---

[47] Recueil des décisions de la CC, Années 2018 à 2021, p.163

nationale se réunit en concertation à huis clos deux fois par mois pendant la session ordinaire » ne peut se substituer à une plénière au sens de l'article 151 de la Constitution.

Par contre, l'avis du Gouvernement formé dans la limite des 45 jours prescrit par l'article 83 de la Constitution était conforme, celui-ci était positif donc en faveur de la proposition de loi constitutionnelle, comme il fallait s'y attendre.

Sur les amendements : en application de la Constitution, la Cour devait se prononcer sur la compatibilité des amendements proposés avec l'ensemble des dispositions constitutionnelles. Cette notion d'examen global et d'intégrité globale de la Constitution était très importante, car elle conduisait la Cour à examiner chaque article proposé en le comparant à toutes les dispositions de la Constitution afin de conserver l'harmonie de l'ensemble du texte et l'esprit de la Loi fondamentale.

C'est ainsi que la Cour s'est prononcée sur la compatibilité des missions et des attributions des Institutions citées dans la proposition de loi constitutionnelle avec celles conférées par la Constitution, sur la compatibilité des dispositions contenues dans la proposition avec les dispositions constitutionnelles concernant les mandats du président de la République et des députés.

La Cour a ensuite fait un certain nombre d'observations.

Il est intéressant de rappeler la motivation développée par la Cour compte tenu des évènements qui suivront en 2021, ceci afin d'apprécier la cohérence de son raisonnement.

Quels étaient les amendements proposés ?

Les amendements proposés concernaient les articles 36 et 68 de la Constitution.

En ce qui concerne l'article 36 de la Constitution qui fixe les critères pour les candidats à la présidentielle, l'article était complété par ces dispositions :

« Si pour cause de force majeure, le processus électoral déclenché dans les délais constitutionnels et légaux ne va manifestement pas aboutir dans les délais prescrits, le Premier ministre, sur rapport motivé de l'Autorité nationale des Élections saisit la Cour constitutionnelle.

La Cour constitutionnelle se prononce sur la force majeure invoquée.

Si celle-ci est établie, la Cour constitutionnelle prononce le report de l'élection et fixe la durée du glissement électoral après avoir entendu les Institutions et les acteurs impliqués dans le processus électoral. Le président de la République, chef de l'État, demeure en fonction jusqu'à l'installation du nouveau président de la République, proclamé élu par la Cour constitutionnelle, à la proclamation des résultats définitifs de l'élection présidentielle reportée.

Pendant la durée du report de l'élection, la Constitution ne peut pas être révisée. »

En ce qui concerne l'article 68, il a trait au mandat des députés. Il était complété ainsi qu'il suit ;

« *Si pour cause de force majeure, le processus électoral déclenché dans les délais constitutionnels et légaux ne va manifestement pas aboutir dans les délais prescrits, le Premier ministre, sur rapport motivé de l'Autorité nationale des Élections saisit la Cour constitutionnelle.*

La Cour constitutionnelle se prononce sur la force majeure invoquée.

Si celle-ci est établie, la Cour constitutionnelle prononce le report de l'élection et fixe la durée du glissement électoral après avoir entendu les Institutions et les acteurs impliqués dans le processus électoral. L'Assemblée nationale reste en place jusqu'à l'installation effective de l'Assemblée nationale élue à l'issue du scrutin reporté.

Pendant la durée du report de l'élection, la Constitution ne peut pas être révisée ».

Déjà à ce stade, il y a lieu de faire une déduction logique : il suffirait alors à l'exécutif de ne pas mettre à disposition des Institutions concernées les crédits nécessaires pour l'organisation des élections, qui devaient se tenir en décembre 2020, et d'invoquer la force majeure due à la pandémie du covid 19, comme cela était d'ailleurs annoncé ; devant cette impossibilité la Cour n'aurait pu que reporter les élections et le tour était joué ! Je suis persuadée pour ma part que c'est la stratégie qui avait été prévue.

Des rencontres informelles avaient eu lieu avec moi, en tant que présidente de l'Institution, à l'initiative de certains initiateurs du projet qui tentaient de me convaincre du bien-fondé de leur démarche et je leur avais expliqué qu'il n'y avait nul besoin de réviser la Constitution, que si un cas de force majeure se présentait effectivement, la Cour se prononcerait, car elle a autorité sur tout le processus. Mais il fallait modifier la Constitution, car le but réel était de prolonger les mandats, une durée de deux ans avait même circulé. Deux ans de plus pour le président et pour les députés, hors élections. Pour les initiateurs, laisser à la Cour constitutionnelle le soin de se prononcer sur les modalités de prolongation était trop hasardeux et même dangereux, car la Cour, à ce moment-là, aurait certainement mis l'accent sur le minimum de consensus qui devait prévaloir dans cette hypothèse, car nous serions hors Constitution. Et ce n'était pas gagné d'avance, il ne fallait donc pas prendre de risques et modifier la Constitution. Cet argument de cas de force majeure aurait pu être invoqué à plusieurs reprises pour prolonger les mandats encore et encore.

La Cour s'est opposée à cette révision et s'en est expliquée dans son avis :

Sur la compatibilité des missions et attributions des Institutions citées dans la proposition de loi constitutionnelle avec celles conférées par la Constitution

Les propositions d'amendements prévoyaient une intervention de l'Autorité nationale des Élections qui ferait rapport au Premier ministre, celui-ci saisirait alors la Cour constitutionnelle pour qu'elle se prononce sur le cas de force majeure invoqué et prononce le report des élections.

Il n'était nul besoin de modifier la Constitution pour cela, car effectivement cela entrait dans les initiatives, les missions et les compétences de ces trois Institutions. Ainsi la Cour disait : « *Considérant que le rôle attribué par la proposition de loi constitutionnelle à ces trois institutions est conforme aux missions attribuées à celles-ci par la Constitution* ».

Le problème était ailleurs et la Cour l'a très bien perçu en poursuivant : « *Considérant que ce sont plutôt les conséquences du non-respect des délais électoraux que seraient notamment le report de l'élection et un glissement du calendrier électoral qui sont en cause lorsque ceux-ci ont un impact sur la durée des mandats du président de la République et des députés* » et elle concluait « *il y a donc lieu pour la Cour de se prononcer sur la nature des dispositions constitutionnelles relatives aux mandats du président de la République et des députés* ».

Sur la compatibilité des dispositions de la proposition de loi avec les dispositions constitutionnelles concernant le mandat du président de la République et celui des députés

La proposition de loi, si elle était acceptée, avait pour conséquence de prolonger les mandats du président de la République et des députés. Ces dispositions étaient-elles compatibles avec les dispositions contenues dans la Constitution du 30 mars 2016 ? Toute la question était là !

Le mandat du président de la République était de cinq ans en application de l'article 35, renouvelable une seule fois. Le mandat des députés était de cinq ans en application de l'article 68 de la Constitution.

La Cour a alors examiné la comptabilité des amendements proposés avec certains articles de la Constitution, notamment les articles 35, 38, 153 et 158.

Il convient de rapporter ces articles ici :

Art. 35 : *Le Président de la République est élu au suffrage universel direct et au scrutin secret, majoritaire à deux (2) tours.*

La durée du mandat du Président de la République est de cinq (5) ans. Le mandat est renouvelable une seule fois.

En aucun cas, le Président de la République ne peut exercer plus de deux (02) mandats consécutifs ***ou le proroger pour quelque motif que ce soit.***

Art. 38 : *Lors de son entrée en fonction, debout, découvert, la main gauche posée sur la Constitution et la main droite levée, le Président de la République prête le serment ci-après, en Sango, puis en Français, devant la Cour constitutionnelle siégeant en audience solennelle :*

« MOI……., JE JURE DEVANT DIEU ET DEVANT LA NATION D'OBSERVER SCRUPULEUSEMENT LA CONSTITUTION, DE GARANTIR L'INDÉPENDANCE ET LA PÉRENNITÉ DE LA RÉPUBLIQUE, DE SAUVEGARDER L'INTÉGRITÉ DU TERRITOIRE, DE PRÉSERVER LA PAIX, DE CONSOLIDER L'UNITÉ NATIONALE, D'ASSURER LE BIEN ÊTRE DU PEUPLE CENTRAFRICAIN, DE REMPLIR CONSCIENCIEUSEMENT LES DEVOIRS DE MA CHARGE SANS AUCUNE CONSIDÉRATION D'ORDRE ETHNIQUE, RÉGIONAL OU CONFESSIONNEL, DE NE JAMAIS EXERCER LES POUVOIRS QUI ME SONT DÉVOLUS PAR LA CONSTITUTION À DES FINS PERSONNELLES **NI DE RÉVISER LE NOMBRE ET LA DURÉE DE MON MANDAT** ET DE N'ÊTRE GUIDÉ EN TOUT QUE PAR L'INTÉRÊT NATIONAL ET LA DIGNITÉ DU PEUPLE CENTRAFRICAIN ».

Art. 153 : « *Sont expressément exclus de la révision :*

- *la forme républicaine et laïque de l'État ;*
- *le nombre et la durée des mandats présidentiels ;*
- *les conditions d'éligibilité ;*
- *les incompatibilités aux fonctions de président de la République ;*
- *les droits fondamentaux du citoyen ;*
- *les dispositions du présent article* ».

Art. 158 : « *Les dispositions de l'article 35 de la présente Constitution s'appliquent au mandat du président de la République élu sous l'autorité de la Charte constitutionnelle de Transition du 18 juillet 2013. Il commence ainsi le premier des deux (2) mandats consécutifs prévus par l'article 35 ci-dessus.* »

À la lecture de ces articles, on comprend qu'il n'y a pas d'ambiguïté possible et la Cour a conclu en ces termes sans ambiguïté :

« *Considérant que l'examen combiné de ces dispositions constitutionnelles indique que le peuple a clairement manifesté sa volonté d'instituer un verrou constitutionnel en ce qui concerne le mandat du président de la République, verrou que nul ne peut, pas même ses représentants, les députés, sauf à trahir sa volonté, ni supprimer ni modifier ;*

Que les amendements proposés à l'article 36 auront nécessairement une incidence sur l'article 35 et entraîneront une modification de la durée du mandat présidentiel ;

Qu'en ce qui concerne le mandat des députés, il serait également impacté même si le verrou ne vise que le mandat présidentiel ;

Qu'ainsi, en conséquence de ce qui précède, il y a lieu de dire que les amendements proposés ne sont pas compatibles avec la Constitution ».

La Cour a également fait des observations en deuxième partie de son avis.

Les observations de la Cour

La Cour a rappelé les engagements pris par la RCA au niveau international, notamment par la ratification de traités de l'Union africaine et en particulier la Charte africaine de la Démocratie, des Élections et de la Gouvernance du 30 juin 2007 et qu'il convenait de s'y référer. Cette Charte rappelle le principe de la suprématie de la Constitution en son article 10, le principe du consensus national pour tout processus d'amendement ou de révision de la Constitution, le dialogue national.

La Cour a également rappelé que l'élaboration de la Constitution avait fait l'objet d'un processus consensuel et a proposé une concertation nationale pour réfléchir à toutes ces questions, cette concertation devant exclure le choix d'une transition.

« *Considérant que les révisions constitutionnelles sont un facteur d'instabilité à l'approche d'échéances électorales…* »

Et la Cour concluait *:*

« *Considérant que la cour a le devoir, en tant que gardienne de la Constitution et régulatrice du fonctionnement des pouvoirs publics de veiller à la continuité de l'État et à la paix sociale ;*

Il y a lieu pour la cour d'émettre un avis défavorable à la proposition de révision de la Constitution et de dire ce qui suit :

Si les délais constitutionnels et légaux fixant le déroulement du processus électoral ne peuvent être respectés et vont manifestement conduire à un dépassement de la date du 30 mars 2021, il y a lieu, sans procéder à une révision de la Constitution, de recourir à une démarche consensuelle par une concertation nationale effectuée dans un court délai regroupant en un même lieu les différentes entités, notamment ; l'exécutif, le législatif, les partis politiques, la société civile, les anciens présidents de la République, les anciens chefs d'État, les Institutions de la République (à l'exception de la Cour constitutionnelle), ceci afin d'aboutir à une solution consensuelle qui puisse encadrer le report des élections et le glissement du calendrier électoral devenu inéluctable, cette concertation devant être organisée par l'exécutif.

Les résultats de cette concertation seront soumis avant leur adoption à la Cour constitutionnelle en tant que gardienne de la Constitution pour vérification de la compatibilité des dispositions issues de la concertation avec la Constitution ».

Suite à cet avis formulé par la Cour, les députés ont eu la sagesse de ne pas poursuivre dans leur projet et les élections ont eu lieu à date prévue. Faustin Archange Touadera fut réélu pour un deuxième mandat et son investiture par la Cour constitutionnelle eut lieu le 30 mars 2021. À cette occasion, de tradition, le président de la Cour constitutionnelle s'adresse au président élu.

II - L'ADRESSE DU 30 MARS 2021 AU PRÉSIDENT ÉLU : « LE PRÉSIDENT ET LE PEUPLE »

Ceci m'amène à évoquer l'adresse que j'avais faite au président de la République élu lors de son investiture le 30 mars 2021. C'est avec amusement que j'apprendrai que des « hommes de Dieu » m'ont élevée au rang de « prophétesse ». Je puis assurer que, lorsque j'ai rédigé cette adresse, je n'ai pas eu du tout l'impression de prophétiser, mais je me suis tout simplement servie des leçons de l'histoire centrafricaine pour donner quelques conseils à celui qui devait entamer son second mandat en lui rappelant l'essentiel de sa mission et ce qui m'apparaissait comme prioritaire à réaliser dans l'intérêt du Peuple centrafricain.

Il est de tradition que le président de la Cour constitutionnelle s'adresse au président élu lors de la cérémonie d'investiture. Environ un mois avant l'investiture de 2021, je commençais à me préoccuper, en tant que présidente de la Cour constitutionnelle, du contenu de l'adresse que je devais faire, je voulais qu'elle ait réellement du sens et qu'elle constitue non seulement des conseils, mais aussi des interpellations à l'endroit du président pour qu'il évite les écueils qui allaient forcément se présenter. Je voudrais préciser que c'est aussi pour cette raison que cette adresse je l'ai rédigée seule et que les autres juges l'ont découverte en même temps que toute l'assistance lors de l'investiture. Les flatteries ne sont pas de ma nature, l'hypocrisie non plus et quitte à faire une adresse au président en ce jour si important, il fallait qu'elle ait du sens, ceci en rapport avec la noble fonction qu'il se préparait à exercer pour la seconde fois. Alors j'ai bien choisi mes mots et je n'ai eu aucune hésitation. Il m'a fallu à peine deux ou trois jours pour la rédiger entièrement et ne plus rien y changer mis à part quelques corrections de forme. Je vais en extirper quelques passages pour préciser ma pensée. Le cœur de mes préoccupations était contenu dans le titre que je donnais à cette adresse : « Le Président et le Peuple ».

Le second mandat

En premier lieu, je voudrais préciser ici que c'est à dessein que, dans cette adresse, je parlais de *second mandat* et non de deuxième mandat pour bien faire comprendre que, constitutionnellement, c'était bien le dernier. Ceux qui ont essayé de travestir mes pensées en disant que j'avais moi-même recommandé au président de se tourner vers le peuple pour lui poser la question du troisième mandat me connaissent mal, je pensais à des choses plus nobles et importantes pour le pays, je pensais au fonctionnement de l'État et non à la personne de Touadera et certainement pas à un troisième mandat. Lorsque je l'invitais à se tourner vers son peuple en cas de nécessité, ce n'était certainement pas pour violer la Constitution que j'étais chargée de protéger ! J'avais des préoccupations plus nobles qui concernaient le pays et le peuple. Je pensais alors à cette capacité qu'avait le président Bokassa de se tourner vers son peuple quand il rencontrait une grande difficulté ou qu'il voulait l'informer d'une situation préoccupante, il appelait chacun à le retrouver au stade et il parlait. J'ai toujours trouvé que le président Touadera ne s'est pas assez adressé à la Nation et qu'il a ainsi creusé un fossé entre lui et la population, c'était pour l'amener à corriger cela durant son second mandat et non lui donner des velléités de troisième mandat, troisième mandat auquel moi-même je suis profondément opposée.

Je lui disais :

« … *Tel un capitaine, vous avez la lourde responsabilité de conduire le bateau à bon port, ne chavirez à aucun moment, ni pendant la traversée ni à l'arrivée…* »

Lorsque je disais cela, je pensais effectivement à une velléité de troisième mandat, souvent les chefs d'État attendent la dernière année, donc à l'arrivée, pour poser le problème du troisième mandat, je ne pouvais imaginer à ce moment-là que c'est dès la première année du second mandat que le nôtre choisirait de le poser même s'il y avait eu une alerte en 2020 dans ce sens !

« … *Par ce mandat politique, vous allez exercer le pouvoir au nom du peuple et pour son compte. Vos missions, et les pouvoirs qui vous sont conférés n'ont qu'une seule et unique finalité :* LE BIEN ÊTRE ET LA DIGNITÉ *(en lettres capitales dans l'adresse) du peuple qui vous a fait confiance…* »

J'essayais par ces propos de rappeler au président qu'il avait des pouvoirs constitutionnels importants, mais que ceux-ci ne lui étaient octroyés que pour servir l'intérêt général et l'État et non des intérêts particuliers ou personnels, qu'il était au service du Peuple et non l'inverse, qu'il avait bénéficié d'un mandat et non d'un passe-droit et donc qu'il était redevable et avait des comptes à rendre. C'est cela l'essence même de la démocratie servir et non se servir et rendre des comptes à celui qui vous a confié un mandat, car vous agissez en son nom, en son pouvoir et non pour votre bon vouloir. Tout ce dont vous bénéficiez vous vient de lui et il vous demande de respecter sa Constitution et de veiller à ce qu'elle soit respectée, car elle contient sa volonté.

« … *Nous devons assumer nos responsabilités pour nous améliorer et rectifier nos erreurs…* »

Je voulais dire que nous avons tendance à rejeter tous nos malheurs comme étant de la responsabilité des autres et notamment d'autres pays, en particulier l'ex-puissance coloniale ; qu'il nous fallait reconnaître nos propres erreurs et en assumer la responsabilité pour pouvoir avancer et nous améliorer.

Sans justice pas de paix

« … *La lutte contre l'impunité et les injustices sociales est un autre défi ; l'impunité fait naître la rancœur et le désir de vengeance dans le cœur des citoyens, ils perdent alors confiance en l'état protecteur ; sans justice pas de paix et donc pas de stabilité…* »

« … *Si la légitimité s'acquiert par les urnes, elle se conserve et se conquiert tous les jours, à travers la relation de confiance que vous bâtissez avec le peuple…* »

N'écoutez pas le « chant des sirènes » !

« … *N'écoutez pas le « chant des sirènes », je veux parler de ceux qui tenteront, pour servir leurs propres intérêts, de vous amener à oublier ce pour quoi le peuple vous a élu, qui tenteront de vous détourner de l'essentiel qui est la République et son peuple, qui tenteront de vous amener à user de vos pouvoirs pour servir leurs propres intérêts, ceux-là existent et ont existé sous tous les régimes ; n'oubliez pas qu'ils ne représentent qu'eux-mêmes et ne servent qu'eux-mêmes, ce faisant, ils ne désirent qu'une seule chose : vous éloigner du peuple qui est votre force, et détourner les pouvoirs constitutionnels du président* de *la République à leur profit !...* »

C'est cette interpellation qui m'a valu le titre de prophétesse ! Car, malheureusement, c'est exactement ce qui est arrivera, le président Touadera a écouté le chant des sirènes.

La République centrafricaine est le cœur de l'Afrique

« ... *La République centrafricaine est le cœur de l'Afrique, « le cœur fonctionne comme une pompe qui, grâce à ses contractions régulières, propulse le sang dans tout l'organisme et assure ainsi l'alimentation en oxygène de tout le corps entier.*

Un pays se construit notamment avec le sang de ses fils ; notre pays se construit avec le sang de nos martyrs, avec le sang de nos FACA tombés au combat, mais également avec le sang des fils d'autres pays qui sont venus mourir en terre centrafricaine pour notre liberté.

Qu'ils en soient remerciés à jamais !

Faisons en sorte que, tous, ils ne soient pas morts pour rien !

Nos espoirs sont à la dimension de nos épreuves, le peuple centrafricain a maintes fois démontré sa capacité de résilience ; démontrons à présent notre capacité à construire notre nation. Et plus l'épreuve est difficile, et plus nous nous enrichissons tous à la surmonter ensemble ! »

Je voulais dire qu'étant le cœur de l'Afrique, cela implique pour nous une responsabilité particulière et que, pour que ce cœur fonctionne et remplisse sa mission, des fils de Centrafrique, d'Afrique et d'ailleurs sont morts en terre centrafricaine et nous devrions faire en sorte que tous ceux-ci ne soient pas morts pour rien, à cause de nos propres erreurs.

Le président de la République a été installé le 30 mars 2021, dès le 7 mars 2022 les pressions pour un troisième mandat ont commencé.

III - LES PRESSIONS DIVERSES : CHRONIQUE D'UNE DESTITUTION ANNONCÉE

L'intervention de l'Ambassade de Russie le 7 mars 2022

Cette rencontre a bien eu lieu comme je l'ai affirmé à plusieurs reprises et elle a eu lieu le 7 mars 2022. Le chargé d'Affaires de l'Ambassade de Russie a demandé une audience. Je l'ai reçu le lendemain, il était avec un interprète et moi je m'étais fait assister de deux collaborateurs. Je n'étais donc pas seule. Il me fit savoir qu'il était venu pour me poser une seule question : comment faire pour modifier la Constitution afin que le président Touadera reste au pouvoir ?

Je lui ai expliqué que cela n'était pas possible en application des dispositions constitutionnelles et lui ai même brossé un tableau de l'évolution politique et constitutionnelle de la République centrafricaine pour lui démontrer que la Constitution du 30 mars 2016 était une réponse à cette instabilité qui devait être combattue et la limitation des mandats était l'une des dispositions qui devait permettre de favoriser la stabilité de nos Institutions.

Les pressions allaient se poursuivre et s'intensifier.

La rencontre du président de la République avec les présidents des Institutions de la République le 19 août 2022

Une rencontre a eu lieu entre le président de la République et les présidents des Institutions avant que nous ne rendions notre décision. Participaient à cette rencontre, le président de l'Assemblée nationale, le Premier ministre, le directeur de cabinet à la présidence de la République, et le ministre la Justice (celui-ci d'habitude n'était jamais convié aux rencontres du président avec les présidents des Institutions !) et les présidents des Institutions de la République donc moi-même, le président du Conseil économique et social, Le Médiateur de la République, le président de l'ANE, le président de la Haute Autorité chargée de la Bonne Gouvernance.

Ce fut une rencontre mémorable pour moi !

Au vu de la présence du ministre de la Justice, et à l'énoncé de l'ordre du jour qui comprenait un point sur le référendum constitutionnel, ordre du jour donné et introduit par le Chef de l'État, je compris tout de suite que c'est ce point-là qui justifiait cette rencontre, le reste n'étant que de l'habillage, je compris également que j'étais attendue au tournant. La parole me fut passée par le président de la République comme cela se doit en premier de toutes les autres Institutions (le Premier ministre et le président de l'Assemblée nationale s'étaient abstenus de s'exprimer à la suite du président). Sur le point relatif au référendum, je répondis que je ne pouvais pas m'exprimer sur ce sujet, les textes me l'interdisant étant donné que c'était une question qui allait fort probablement venir devant la Cour, mais que cependant j'étais à l'écoute des collègues. J'ai certainement irrité plus d'un par cette réponse, mais elle ne pouvait être autre ! Je remarquais cependant qu'aucun des présidents présents ne donna son avis sur la question à l'exception du président de la Haute Autorité chargée de la Bonne Gouvernance qui déclara de façon lapidaire qu'il fallait une nouvelle Constitution. Je le notais simplement.

Les pressions avaient commencé ! Elles allaient se poursuivre et s'accentuer.

L'intervention du ministre en charge de la Justice

Environ deux semaines avant que nous ne rendions notre décision, le ministre en charge de la Justice demandait à me rencontrer je me suis doutée tout de suite de l'objet de cette rencontre et je ne m'étais pas trompée. Il est allé droit au but et m'a demandé de ne pas annuler le décret mettant en place le Comité de rédaction d'une nouvelle Constitution ; il m'avoua également que c'était lui qui avait suggéré au gouvernement une nouvelle Constitution plutôt qu'une simple révision. Je lui répondis que je n'avais pas encore lu les requêtes et que donc à ce stade il m'était difficile de dire quoi que ce soit. Je crois que je venais de sceller mon sort !

Après moi, il a également rencontré d'autres juges qui m'en ont parlé. Apparemment, ses interventions n'ont pas eu de succès puisque, notre décision sera rendue à l'unanimité et pas dans le sens souhaité puisque nous avons annulé le décret querellé.

L'assaut contre la Cour Constitutionnelle, les 7 et 8 septembre 2022

Durant le mois d'août et début septembre, la Cour constitutionnelle a été violemment attaquée par des groupuscules vociférants, manifestement téléguidés, qui proféraient des menaces et des injures en particulier envers la présidente de la Cour, ceci est allé jusqu'à des menaces de mort, des injonctions à la démission, « OSEZ, ON VOUS TUE » était inscrit sur une pancarte. Comment, dans un État où il y a un minimum de démocratie, serait-il possible que des groupuscules (bien connus de tous en l'occurrence et envoyés par la fameuse GALAXIE tristement célèbre) puissent ainsi attaquer la Cour constitutionnelle ? Il n'était un secret pour personne que ces groupes étaient téléguidés par la Présidence de la République et le parti au pouvoir MCU. Les menaces du premier jour étaient dirigées uniquement contre le président de la Cour, c'est le second jour qu'ils ont ajouté le nom du vice-président.

Face à cette attaque, je compris que mon adversaire était le président de la République lui-même désormais. Celui-ci avait à sa disposition tous les moyens de l'appareil d'État, dont il se servira, et moi je n'avais que mes convictions et ma détermination à dire le droit. Fort heureusement, j'étais protégée par la Minusca 24 heures sur 24, c'est certainement ce qui m'a sauvé des griffes de la Galaxie et de ses sbires.

La rencontre du 12 septembre 2022 avec le président de la République

À l'approche de l'audience publique de la Cour du 23 septembre 2022, je choisis après mûre réflexion, de demander une audience au président de la République ceci pour tenter de sauver les meubles, mais surtout pour rester dans la ligne que je m'étais fixée dans mes relations avec le président, celle de la sincérité et de l'intégrité. Cette audience eut lieu et elle a duré 1h30 mn. Lors de cette audience je lui expliquais comment nous travaillions au niveau de la Cour, comment nous prenions nos décisions collégialement, je lui parlai de la décision sur les mesures de la cryptomonnaie en lui expliquant pourquoi nous avions annulé les mesures, je parlais ensuite de la question du projet de nouvelle Constitution en lui expliquant en fait tout le contenu de ce que sera notre décision, car nous étions déjà très avancés dans la rédaction du projet de décision qui était rédigé par trois juges rapporteurs. Lorsque je le quittais, j'avais la conscience tranquille et prête à assumer mes responsabilités envers la Constitution et le Peuple centrafricain. Et c'est ce qui arriva quelques jours plus tard, le 23 septembre 2022. Mon frère à qui j'avais parlé de mon projet de rencontrer le président m'avait dit : « *Dis-lui tout parce qu'après tu ne le reverras plus* ». Il ne croyait pas si bien dire ! Ça été ma dernière rencontre avec le président Touadera jusqu'au moment où je publie ce livre.

Le soutien du Barreau centrafricain à la Cour Constitutionnelle le 19 septembre 2022

Suite aux violentes attaques dont avait fait l'objet la Cour constitutionnelle et son président, le Barreau centrafricain pris la décision courageuse d'organiser un sitting à la Cour constitutionnelle en soutien à la Cour et à la justice. Cette visite a été très mal perçue par le pouvoir qui d'ailleurs l'a interdite pour les autres jours prévus, ce sitting était prévu normalement pour trois jours.

Cette matinée de soutien a eu un grand retentissement non seulement dans le pays, mais aussi à l'étranger. Le fait notamment que les juges constitutionnels soient venus s'assoir sous la terrasse de la Cour avec les avocats, ce qui était on ne peut plus normal, a été la goutte d'eau qui a fait déborder le vase.

Je voudrais préciser ici, et il faut que cela soit dit, qu'en dehors du juge Bango Sangafio qui sera aussi sanctionné, les autres juges, il faut bien le dire, ont trainé les pieds pour se montrer avec les avocats mêmes ceux qui étaient élus par le Barreau, leurs confrères, il a fallu que j'aille pratiquement les chercher pour qu'ils viennent, je sentais leur hésitation et peut-être leurs inquiétudes, mais nous ne pouvions pas ne pas nous joindre à ceux qui étaient venus avec courage nous soutenir, c'eut été une ignominie ! Ils auraient pu tout simplement refuser d'être présents, ils ne l'ont pas fait.

Je sais que par la suite toute la responsabilité me fût mise sur le dos et je l'accepte et je l'assume, cela a été interprété comme une opposition au régime, ce qui démontre que les violentes attaques contre la Cour étaient bien soutenues sinon organisées par la Présidence et le parti au pouvoir, ce qui est absolument inadmissible dans un État qui se respecte et qui prétend respecter les Institutions de la République et l'état de Droit. Les discours officiels prônant la démocratie ne sont que façade et prononcés le plus souvent pour les oreilles de la Communauté internationale.

Je voudrais ici remercier le Barreau pour avoir fait montre de courage et pour s'être battu pour le respect de la justice.

Ceci était une nouvelle étape franchie vers ma destitution et celle du juge Bango Sangafio.

SECTION II - LE COUP D'ÉTAT CONSTITUTIONNEL DU 24 OCTOBRE 2022

I - LE DÉSASTRE JURIDIQUE

On se rend compte qu'à la base de cette dérive se trouve une confusion des pouvoirs qui a fini par aboutir à une concentration des pouvoirs entre les mains d'un seul homme, donc à un régime dictatorial.

A. LA CONCENTRATION DES POUVOIRS, PRÉLUDE AU COUP D'ÉTAT

La concentration des pouvoirs appelle la dictature.

Lorsqu'un Chef d'État commence à concentrer les pouvoirs à son niveau et à son profit, c'est que la dictature s'installe irrémédiablement. Les différents régimes centrafricains en ont été une illustration, celui du président Touadera est particulièrement significatif. Dès le premier mandat, l'Exécutif n'a eu de cesse de contrôler et finalement de s'aliéner les autres pouvoirs. Disposant de la majorité à l'Assemblée nationale, cela ne lui a pas suffi, il est allé jusqu'à « acheter » les députés dits « indépendants » ou d'autres partis et ceux-ci, par cupidité ou par désir de se maintenir dans la fonction, ont trahi le Peuple qui les avait élus. Achat de conscience, achat de vote, on a assisté à une « prostitution parlementaire » tout à fait déplorable et à une transhumance de députés vers le parti au pouvoir. À ce sujet, les partis d'opposition se sont plaints de cet état de fait, mais comment empêcher un député de la Nation qui veut migrer vers un autre parti de le faire ? La Constitution ne le permet pas par cette simple qualification de député *de la Nation*. Le problème qui se pose est avant tout une question de convictions politiques et de moralité, il faut croire que certains députés n'avaient pas de conscience ni de convictions politiques et ils ont offert un spectacle désolant au paysage politique. Ils ont ainsi contribué à la dérive du régime.

Le pouvoir législatif étant acquis, il fallait ensuite s'occuper du pouvoir judiciaire. En ce qui concerne les cours et juridictions de droit commun, la tâche n'a pas été très compliquée compte tenu des divers dysfonctionnements de notre justice et parfois le terme de dysfonctionnement est faible au regard de la réalité de la situation. Notre justice n'a jamais été réellement indépendante étant sous la coupe du pouvoir et des différents régimes qui se sont succédé. Sous le régime de Touadera, les choses ont empiré très rapidement. La justice est ainsi descendue aux enfers, les injustices ont pris le pouvoir, la justice s'est mise au service du pouvoir et de ses intérêts tant et si bien que le pouvoir exécutif s'est placé au-dessus du pouvoir judiciaire. L'affaire Hassan Bouba en est une illustration parfaite et absolument scandaleuse. Hassan Bouba, rebelle devenu ministre de la République, a été rattrapé par la justice et arrêté sur ordre du procureur de la Cour Pénale Spéciale. Il ne fera pas long feu aux arrêts et sera libéré de force par une intervention musclée des forces de l'ordre. Quelle cuisante humiliation pour la Cour Pénale Spéciale, mais plus encore quel coup fatal porté à cette juridiction et à l'indépendance de la Justice !

Dans cette descente aux enfers, seule la Cour constitutionnelle essayait encore de garder le cap et de dire le droit, mais je savais qu'un jour l'assaut contre l'indépendance de la Cour constitutionnelle arriverait, et je ne m'étais pas trompée !

C'est ainsi que petit à petit, mais surement, le régime Touadera a évolué vers la dictature et la concentration des pouvoirs entre les mains d'un seul homme et de ceux qui le servaient.

La Cour constitutionnelle s'est évertuée, par plusieurs décisions, à rappeler le principe de la séparation des pouvoirs et à le faire appliquer, ceci principalement lors de contrôles de constitutionnalité. Il a fallu rappeler ce qui est du pouvoir des uns et des autres et sanctionner les confusions de pouvoir.

La décision qui avait annulé le décret des grands travaux en est une illustration, celle relative à l'annulation des mesures d'application de la loi sur la cryptomonnaie en est une autre. La Cour a dû, dans ces deux décisions, rappeler le rôle des membres du gouvernement qui étaient supplantés par certains conseillers à la Présidence. En effet, la concentration des pouvoirs a été telle qu'elle s'est faite même au détriment du gouvernement donc d'une partie de l'Exécutif, et toujours en faveur de la Présidence de la République. La Cour a dû également protéger et renforcer le rôle de certains ministres notamment le ministre des Finances et du Budget en ce qui concerne la gestion des Finances publiques, en rappelant les principes de base de la bonne gouvernance. Elle a été ainsi amenée à protéger les membres du gouvernement contre le Chef même de l'Exécutif ! Elle a ainsi rappelé le rôle des membres du cabinet présidentiel et le rôle des membres du gouvernement qui ont deux rôles bien distincts.

Ainsi, la confusion des pouvoirs ne s'est pas faite en faveur de l'Exécutif en général, mais bel et bien en faveur du chef de l'Exécutif, ceci au détriment du pouvoir législatif, au détriment du pouvoir exécutif représenté par le Gouvernement et au détriment du pouvoir judiciaire qu'il s'est aliéné.

Quand la concentration des pouvoirs règne, la justice disparaît et le chaos juridique finit par s'installer, celui-ci arrivera par le décret du 24 octobre 2022, décret par lequel le Chef de l'Exécutif s'attaquera non seulement à la Cour constitutionnelle, mais également à la Constitution, dernier rempart, dernier carré de la protection de la démocratie ; la ligne rouge était franchie ! La République centrafricaine, par la force d'un décret, devenait un État hors la Loi ; les dirigeants devenaient des hors-la-loi ; le Chef de l'État se parjurait et devenait illégitime, la République centrafricaine devenait un État voyou à la solde des intérêts particuliers et de mercenaires ; et toutes les possibilités étaient ainsi offertes à l'aventure.

Je n'imaginais pas qu'un jour un tel coup d'État puisse se produire et que j'en serais en outre la première victime. Nous étions habitués aux coups de force perpétrés par les armes, mais pas à ceux perpétrés par la force d'un « acte réglementaire » un décret en l'occurrence. En son temps, même le président Bozize qui n'avait pas été content d'une décision rendue par la Cour constitutionnelle n'avait pas osé aller jusque-là ; il s'était contenté de fermer les locaux de la Cour, mais il n'avait pas osé toucher aux juges constitutionnels, conscient de leur inamovibilité ; c'était un militaire pourtant, et c'est un professeur d'Université qui franchira le pas.

B. LA DÉCISION N° 009 du 23 SEPTEMBRE 2022 : LA DÉCISION DE TOUS LES DANGERS [48]

La Cour a reçu plusieurs recours en annulation de divers décrets pris dans le cadre de la mise en place d'un comité chargé de procéder à la rédaction d'une nouvelle Constitution :

- Décret N° 22.248 du 26 août 2022 portant création du comité chargé de rédiger le projet de Constitution de la République centrafricaine ;
- Décret 22.367 DU 12 septembre 2022 entérinant la désignation des membres du comité chargé de rédiger le projet de Constitution de la République centrafricaine
- Décret 22.372 du 14 septembre 2022 modifiant et complétant certaines dispositions du décret 22.367 du 12 septembre 2022 ;
- Décret 22.378 du 15 septembre 2022 entérinant la désignation, par leurs pairs des membres du bureau du comité chargé de rédiger le projet de la nouvelle Constitution de la République centrafricaine ;

Les requérants en annulation étaient les suivants :

1. Crépin Mboli Goumba, président du parti PATRIE en date du 22 août 2022
2. Joseph Bendounga, président du parti Mouvement pour la Renaissance et l'Évolution de Centrafrique (MDREC) en date du 29 août 2022
3. Onze (11) partis politiques, requête groupée en date du 31 août 2022 :
   - Mouvement de Libération du Peuple centrafricain (MLPC) représenté par son président Martin Ziguele ;
   - PATRIE, représenté par son vice-président, Innocent POKO ;
   - Convention républicaine pour le Progrès social (CRPS) représentée par son Premier vice-président, Maurice Lenga ;

[48] Recueil des décisions relatives à l'année 2022 non encore publié

- Union pour le Renouveau centrafricain (URCA) représentée par son président, Anicet Georges Dologuele ;
- BÊAFRICA TI Ê KWE (BTK) représenté par son président Mahamat Kamoun ;
- Rassemblement pour la République (RPR) représenté par son président, Alexandre Ferdinand Nguendet ;
- Chemin de l'Espérance (CDE) représenté par son président, Karim Mekassoua
- Mouvement pour la Démocratie, l'Indépendance et le Progrès social (MDI-PS) représenté par son Secrétaire général Raymond Adouma ;
- Marche pour la Démocratie et le Salut du Peuple (MDSP) représenté par son président Désiré Erenon ;
- Parti Social-Démocrate (PSD) représenté par son président Enoch Derant Lakoue ;
- Parti Centrafricain pour l'Unité et le Développement (PCUD), représenté par son Secrétaire général, Samson Ngaibona ;

Ayant pour Conseils Maître Nicolas Tiangaye et Maître Crépin Mboli Goumba, avocats à la Cour

4. Jean-François Akandji-Kombe, Karl Blague, Ben Wilson Ngassan, Ludovic Ledo, Sydney Tchikaya, Anatole Alain Congo-Sienne, Laurent Gandola, Lydie Nzengou épouse Koumat-Gueret, Rosalie Pouzere ayant pour conseil Maître Arlette Sombo-Dibelet, requête du 14 septembre 2022.

Les requérants invoquaient la violation de plusieurs dispositions constitutionnelles :

- **L'article 33 alinéas 1, 2 et 3** : le décret litigieux est inconstitutionnel en ce qu'il remet en cause l'existence même de la Constitution ;
- **L'article 38** : les termes du serment prononcé par le président rendent inconstitutionnel le décret attaqué en raison de la volonté manifeste de celui-ci de changer la Constitution à des fins personnelles en vue d'un troisième mandat proscrit par **l'article 35**.
- **L'article 95 tiret 9** : le président a transgressé la loi fondamentale en engageant la procédure référendaire sans l'avis préalable de la juridiction constitutionnelle ;

- **Les articles 63 et 65 et 156 :** L'Assemblée nationale seule sans le Sénat, même disposant de la totalité du pouvoir législatif en vertu de l'article 156 de la Constitution, ne peut valablement constituer le congrès qui est la seule instance habilitée à se prononcer sur les projets et propositions de lois constitutionnelles ;
- **L'article 152 alinéa :** La RCA connaissant une situation d'atteinte à l'intégrité du territoire, toute révision de la Constitution est exclue.

La Cour rendait sa décision le 23 septembre 2022 dans un climat de tension extrême, la « galaxie » était revenue manifester devant la Cour cependant, moi-même et le directeur de cabinet avions pris les dispositions sécuritaires avec la Minusca et les forces nationales de sécurité.

La décision de la Cour était précédée par une déclaration de celle-ci afin de faire une mise au point par rapport à toutes les attaques et violences inacceptables dont elle avait fait l'objet et à l'attitude hostile et irresponsable de certains députés en particulier le vice-président de l'Assemblée nationale.

La Cour a déclaré inconstitutionnel le décret querellé aux motifs suivants :

En ce qui concerne l'initiative de l'adoption d'une nouvelle Constitution, le bureau de l'Assemblée nationale par son président avait demandé au gouvernement de mettre en place une Constituante, sur ce point, la Cour a rappelé qu'il n'est pas dans les pouvoirs du président de l'Assemblée nationale et de son bureau de demander au gouvernement de mettre en place une constituante ; qu'en ce qui concerne le président de la République, celui-ci n'a pas de pouvoir d'initiative en matière d'abrogation de la Constitution.

La Cour a ensuite analysé les *conséquences constitutionnelles d'une abrogation* de la Constitution en faisant ressortir qu'une abrogation de la Constitution aurait nécessairement pour conséquence d'abroger les mandats électifs du pet des députés, ce qui n'était pas prévu par la Constitution ; la cour a rappelé également que l'abrogation d'une Constitution survient à la suite d'un évènement brutal ou lorsqu'il y a lieu de changer la nature même d'un régime politique, qu'en l'espèce aucune de ces situations ne correspondait à celle de la République centrafricaine, que la Constitution prévoyait une procédure de révision et non d'abrogation de la Constitution,

La Cour a rappelé la suprématie de la Constitution à laquelle chacun est soumis et *les conditions relatives à la révision* posées par les articles 153, 90 et 23. La Cour a précisé que le référendum à initiative populaire n'était pas prévu par la Constitution et qu'ainsi ni une pétition ni une manifestation ne sont l'expression de la souveraineté et de la volonté du Peuple. La Cour a rappelé les *conditions préalables* fixées à toute révision de la Constitution, contenues dans l'article 152 qui a prévu l'intervention du Congrès pour le vote de toute révision constitutionnelle ; le Sénat n'ayant pas été mis en place, le Congrès ne pouvait se réunir ceci en application de l'article 63 de la Constitution. La Cour a listé les *exclusions à la révision* contenues dans l'article 153 contenant les verrous constitutionnels et les termes du serment du président de la République contenu dans l'article 38, serment par lequel il s'est engagé à respecter la Constitution et à ne toucher ni à la durée ni au nombre de ses mandats et a souligné qu'aucune disposition de la Constitution ne permettait de le délier de son serment.

La Cour résumait sa motivation en ces termes :

« *Il y a lieu de dire que l'abrogation de la Constitution et la rédaction d'une nouvelle Constitution sont inconstitutionnelles et qu'il convient d'annuler les décrets organisant la rédaction d'une nouvelle constitution ; que la révision de la Constitution du 30 mars 2016 est prévue par celle-ci, mais qu'elle exclut la révision des dispositions intangibles fixées par l'article 153 de la Constitution par simple loi constitutionnelle, que ces exclusions s'imposent à l'actuel président de la République par le serment prêté lors de son investiture et qu'il ne peut y contrevenir en sa faveur même par recours au référendum ; que la condition préalable à la révision relative à l'unité nationale et à l'intégrité du territoire ne pourra être appréciée qu'au moment de la révision ; que le recours au référendum dans le cadre d'une révision de certaines dispositions constitutionnelles nécessite au préalable l'adoption de la loi organique sur les procédures référendaires et que toute révision ne peut être entamée qu'après la mise en place du Sénat* ».

La messe était dite !

II - DES RESPONSABILITÉS PARTAGÉES

Deux juges furent sanctionnés : le juge Trinité Bango Sangafio et moi-même, triplement sanctionnée en tant que juge, en tant que présidente de l'Institution et en tant que professeure à l'Université de Bangui.

Jamais je n'aurais imaginé que l'on puisse mettre un terme de cette façon si injuste et si inélégante aux bons et loyaux services rendus à l'État pendant quarante ans. Je ne conteste pas la mise à la retraite de l'enseignement, ce que je conteste c'est qu'elle s'est faite sur une base inconstitutionnelle. Je conteste par contre mon éviction de la Cour constitutionnelle qui est totalement inconstitutionnelle et injuste. En outre, en accomplissant cet acte, le président Touadera, encore certainement bien conseillé par son entourage, n'en avait probablement pas mesuré les conséquences pour lui - même en tant que Chef de l'État, en effet, il se rendait ainsi illégitime par le fait d'avoir accompli un coup d'État constitutionnel.

Mon éviction a été planifiée. En effet, dès le 2 octobre des messages circulaient sur les réseaux sociaux à ce propos dont l'un disant : « *les bras cassés du MCU se réunissent aujourd'hui à Damara pour la destitution de Mme Darlan…* » Qu'on ne vienne pas nous dire qu'il s'agissait là d'une simple mesure administrative comme le Chef de l'État lui-même l'a affirmé devant la Communauté internationale pour tenter de justifier l'injustifiable, ainsi que le porte-parole du Gouvernement.

Dans cette affaire, l'Exécutif assume la première responsabilité, mais il n'est pas le seul, en effet le législatif également a une part importante dans la dérive sans oublier les juges constitutionnels eux-mêmes.

A. LES RESPONSABILITÉS DE L'EXÉCUTIF

La première responsabilité est celle du président de la République et du Gouvernement qui l'a laissé conduire son projet sans s'y opposer, sans murmures ni hésitation, et l'a appuyé dans sa démarche inconstitutionnelle.

Le président de la République, par cet acte, a violé le serment prononcé lors de son investiture devant la nation et devant la Communauté internationale. Il en portera la marque et la responsabilité devant l'histoire, comme le président qui se sera rendu coupable d'un coup d'État constitutionnel, contre la Constitution qu'il avait mission de protéger et obligation de respecter.

Par ailleurs, je n'ai jamais vu l'administration centrafricaine travailler aussi rapidement, et ceci pour commettre une nouvelle inconstitutionnalité : nous avions rendu la décision le 23 septembre, le 24 octobre nous n'étions plus juges constitutionnels, le juge Bango Sangafio et moi-même, de par la volonté du Prince, en ce qui me concerne voici les divers textes qui ont été pris :

L'arrêté du 10 octobre 2022 du ministre en charge de la Fonction publique fixait la liste des enseignants du supérieur admis à faire valoir leur droit à la retraite, arrêté illégal et inconstitutionnel, car pris en violation de la loi ;

La lettre du 14 octobre 2022 du ministre chargé de l'Enseignement supérieur me notifiait ma mise à la retraite par arrêté du 10 octobre 2022 ; et il précisait : «*j'ai l'honneur de porter à votre connaissance que conformément à l'article 100 de la Constitution du 30 mars 2016 et des dispositions de l'arrêté rappelé, vous êtes autorisée à jouir de votre congé libératoire de trois mois du 30 septembre au 31 décembre 2022*».

La lettre N° 698 du 17 octobre 2022 du ministre chargé du Secrétariat général du Gouvernement ne faisait que confirmer les termes de la lettre du 14 octobre.

Ces ministres justifiaient leur acte par le fait que la mise à la retraite était un empêchement définitif, mettant ainsi fin mon mandat à la Cour constitutionnelle.

Je répondais au ministre chargé du Secrétariat général du Gouvernement avec copie au ministre de l'Enseignement supérieur, au président de la République et au Premier ministre en lui rappelant les dispositions constitutionnelles relatives au mandat des juges constitutionnels qui sont inamovibles et en lui précisant que ni lui ni le ministre de l'Enseignement supérieur n'avaient qualité ni pouvoir d'interpréter la Constitution ni de destituer un juge constitutionnel.

Les décrets N° 22.454 du 24 octobre 2022, l'un relevant le juge Bango Sangafio et moi-même de nos fonctions de juges constitutionnels et l'autre me relevant en tant que présidente de la Cour, décrets illégaux et inconstitutionnels, mais, pire, constituant un coup d'État constitutionnel.

Peut-être ma lettre avait dû leur suggérer que si les ministres n'avaient pas ce pouvoir, le président de la République devait l'avoir forcément ? C'est ainsi que, quelques jours plus tard, le 25 octobre 2022 étaient diffusés les deux décrets relevant le juge Bango Sangafio et moi-même de nos fonctions de juge constitutionnel et me relevant moi de mes fonctions de présidente de la Cour constitutionnelle.

En tout juste un mois, entre le 23 septembre 2022 et le 24 octobre 2022, l'Administration centrafricaine avait fixé les conditions de départ à la retraite des enseignants du Supérieur, puis pris un arrêté fixant la liste des enseignants mis à la retraite, notifié ces correspondances, pris deux décrets pour m'évincer de la Cour constitutionnelle !!!

La précipitation a fait que de graves erreurs sont apparues dans l'arrêté : des enseignants déjà mis à la retraite depuis plusieurs années étaient à nouveau cités !

J'ai toujours été sidérée de voir comment finalement certains n'aimaient qu'eux-mêmes et ne pensaient qu'à leurs intérêts, quitte à marcher sur leurs populations, quitte à instaurer des troubles et des conflits pour rester au pouvoir. Le peuple devient alors un prétexte dont ils se servent pour servir leurs propres intérêts, mais de ce peuple ils ne se soucient que dans leurs discours. Ils rejoignent parfaitement Machiavel, car leur question existentielle devient : comment faire pour rester au pouvoir ? Ceci quel que soit le prix que l'État ou que le Peuple doit payer. Ils font des serments qu'ils ne respectent pas sans que cela ne dérange leur conscience, ils finissent par se convaincre qu'ils sont dans leur bon droit et que le Peuple les soutient ! Et un jour le réveil est douloureux pour certains d'entre eux, et la réalité les rattrape.

Chaque pays a sa propre histoire politique et constitutionnelle, dans certains États le président peut y rester des décennies acceptées ou pas par la majorité de sa population ; en République centrafricaine, aucun président n'a fait long feu. L'instabilité politique et constitutionnelle a prévalu au fil des ans. La mauvaise gouvernance en est certainement la raison principale, l'incapacité des dirigeants à gouverner avec un minimum de sagesse et de rigueur tout cela nous a conduits à ce que nous connaissons. Le dirigeant qui dirigera en fonction des intérêts du Peuple aura peut-être l'opportunité de rester au pouvoir de nombreuses années cependant celui-ci aura certainement la sagesse de ne pas se laisser tenter par un troisième mandat, tout simplement parce qu'il sait qu'il peut partir tranquille, avec la reconnaissance de son peuple et de la Nation.

Faustin Archange Touadera, en voulant s'éterniser au pouvoir pour ses propres intérêts et sans avoir pu amorcer ne serait-ce qu'un début de développement et de bien-être au Peuple, n'a aucune chance d'y parvenir et il est fort à parier qu'il sera contraint de quitter le pouvoir par la petite porte de l'histoire, comme ses prédécesseurs. Et pourtant ! Il aurait pu choisir la voie de la sagesse dès son premier mandat. Il ne l'a pas fait. Il était excusable, car il a rencontré de gros problèmes de sécurité qui ont plombé son premier mandat et chacun se disait, le second mandat sera le bon ! Malheureusement, il fut tout autre et son second mandat a alors été à nouveau plombé, mais cette fois-ci par sa propre volonté et celle de ceux à qui il avait confié sa sécurité, la gestion du Pays et le pillage des ressources naturelles centrafricaines.

B. LES RESPONSABILITÉS DU LÉGISLATIF ET DE CERTAINS DÉPUTÉS

Le président de la République n'incarne pas le Peuple, il détient tous ses pouvoirs de ce peuple, mais ne le représente pas. Les représentants du peuple sont les députés, l'Assemblée nationale est la représentation nationale, mais quand cette Assemblée a-t-elle réellement représenté ce peuple ? Quand, une fois élu, le député s'est-il préoccupé réellement du sort de celui qu'il représente ? Il y a de quoi se poser sérieusement cette question quand on voit le comportement de certains d'entre eux. Tout au long de la première législature (2016-2021), nombre de députés se sont fait « acheter », ils sont passés sans vergogne d'un parti à un autre, violant les lois de la République qu'eux-mêmes ils avaient adoptées, méprisant le peuple qui les avait élus, ne se préoccupant que de leur propre devenir et de leur réélection. Je crois que les députés ont été ma plus grande déception en tant que présidente de la Cour constitutionnelle. Si certains députés n'avaient pas eu le comportement déplorable et indigne qu'ils ont eu, nous n'en serions pas là et jamais le président Touadera n'aurait pu se lancer et prospérer dans son funeste projet de troisième mandat. Ces députés ne se sont intéressés à la Constitution que quand ils ont voulu servir le pouvoir et se servir eux-mêmes. En effet, la première tentative de révision est bien de certains députés, la deuxième aussi, même si ces députés voulaient avant tout servir les intentions de Touadera, ils ne se sont pas oubliés dans l'affaire.

Comment rester au pouvoir ? Comment rester député de la Nation aussi longtemps que possible semble être la seule préoccupation de certains. Il y a lieu ici pour l'histoire de citer des députés qui se sont illustrés dans la trahison vis-à-vis de la Constitution et ont été particulièrement nuisibles, ils portent une très grande responsabilité dans la destruction de la démocratie dans notre pays.

Sous le régime du président Patassé un député s'était tristement illustré et dont chacun se souvient, Koudoufara, tant sa trahison est même devenue une « doctrine » : le Koudoufarisme !

En ce qui concerne la première tentative de révision, pendant la première législature 2016-2021, il faut citer en particulier Dimbelet Nakoé, qui a initié le projet de révision de la Constitution pour prolonger les mandats du président de la République et des députés sous prétexte de covid 19, analysé comme étant un cas de force majeure permettant une révision constitutionnelle pour prolonger les mandats du président de la République et des députés.

En ce qui concerne la deuxième législature, Brice Kakpayen a initié le projet de révision de la Constitution afin de permettre un troisième mandat, il n'était peut-être pas à l'origine de cette initiative, mais il a accepté de la porter et de la défendre, il en assume donc la responsabilité devant l'histoire.

Évariste Ngamana, vice-président de l'Assemblée nationale, s'est particulièrement illustré par une attaque en règle contre la Constitution et la Cour constitutionnelle. À l'audience du 23 septembre 2022, avant de rendre sa décision, la Cour constitutionnelle a fait une déclaration. Cette déclaration, je l'ai lue étant président de l'audience, mais je voudrais encore préciser que cette déclaration avait été adoptée dans ses moindres détails par tous les juges constitutionnels même ceux qui avaient des affinités avec ce député, ce n'était pas une déclaration du président de la Cour constitutionnelle, mais bien de la Cour constitutionnelle. En voici un passage :

Cette déclaration est intitulée « **Déclaration de la Cour constitutionnelle sur l'État de Droit et l'Indépendance de la Justice** »

« … *Nous avons assisté avec consternation à de violentes attaques contre l'Indépendance de la Justice, contre les Juges, contre les acteurs de justice que sont les avocats et les huissiers de justice, contre la Cour constitutionnelle en tant qu'Institution de la République et contre les juges constitutionnels, contre leur intégrité physique et morale. Les réseaux sociaux sont utilisés pour proférer des injures et des diffamations sur les acteurs de justice et les juges constitutionnelles sans aucun respect de leur dignité ou de leur vie privée. Des manifestations violentes et haineuses sont organisées devant le siège de la cour constitutionnelle… C'est aussi avec consternation que la Cour constitutionnelle a constaté que les attaques contre la Constitution et la Cour constitutionnelle sont même venues d'un député qui, de surcroit, est Premier vice-président de l'Assemblée nationale qui a déclaré que, quelle que soit la décision que prendra la Cour constitutionnelle, il n'en sera pas tenu compte parce qu'aucune institution n'est au-dessus du peuple,*

De quel peuple parlez-vous, monsieur le député ?

Le Peuple, le vrai, celui que vous êtes censé représenter en tant que député, a adopté sa constitution par référendum et vous promettez à ce Peuple un coup de force contre L'Institution qu'il a mise en place pour la protéger et qui vous a déclaré élu député de la Nation et une insurrection contre la Loi fondamentale !

Nul n'est au-dessus de la loi, c'est cela l'État de Droit !

Pour sa part, la Cour constitutionnelle poursuivra sa mission de protection de la volonté du peuple inscrite dans la Constitution à moins que vous ne réussissiez votre coup de force contre cette Haute Juridiction, en ce cas, vous en assumerez la responsabilité devant l'Histoire et devant la Nation !… »

Le coup de force a réussi, espérons que les responsabilités seront assumées ; de tels crimes sont imprescriptibles. Personne ne devrait être au-dessus de la loi, notamment et particulièrement de la Loi fondamentale, mais ce n'est pas le cas malheureusement comme chacun le sait.

Quelle a été l'attitude des juges constitutionnels ?

C. LE SILENCE COUPABLE DES JUGES CONSTITUTIONNELS

Nos collègues, juges constitutionnels, ont choisi de se taire face à cette inconstitutionnalité et certainement de ne pas prendre de risque en ce qui concerne leur devenir à la Cour, ils ont couvert cette forfaiture s'en rendant ainsi complices et ternissant à jamais l'image de la Cour et leur propre image, alors que la décision qui nous valait ce traitement, au juge Bango Sangafio et à moi-même, ils y avaient participé et mieux elle avait été prise à l'unanimité.

Face à leur silence, je décidais d'écrire au président de la République. Je savais qu'il ne me répondrait pas, mais il m'est apparu important de le faire pour que ma position soit connue de tous et pour qu'il y ait trace de celle-ci. Cette correspondance du 27 octobre 2022 démontre l'inconstitutionnalité des deux décrets et leurs conséquences sur la Cour constitutionnelle.

Nous avons été trahis par nos collègues juges constitutionnels, mais plus que nous, c'est la mission qui était la nôtre qui a été trahie et à travers elle, le Peuple centrafricain.

Si je l'affirme aujourd'hui, c'est qu'une multitude de petits faits, de comportements de certains juges étaient annonciateurs de cela, le plus significatif ayant été l'éviction de Karim Mekassoua par les juges constitutionnels en mon absence, car j'avais été évacuée en Tunisie pour des soins.

À mon retour, je n'ai jamais soulevé cette question avec les juges préférant les laisser face à leur conscience et à leur responsabilité. Ceci n'était qu'une étape malheureusement qui devait les conduire à la trahison envers moi et le juge Bango Sangafio et le pire envers la Cour et le Peuple qu'ils étaient censés servir. Peut-être ne savaient-ils pas ce qu'ils faisaient, peut être pensaient-ils comme le pouvoir que cela allait passer « comme une lettre à la poste » comme beaucoup de forfaitures malheureusement dans notre pays, mais heureusement ce ne fut pas le cas.

Certes, j'ai subi une injustice, mais subir une injustice pour avoir dit le droit est une fierté et il n'y a alors rien à regretter, bien au contraire ; j'ai été sanctionnée parce que j'ai fait mon devoir, parce que je me suis battue pour que le droit soit respecté, et je préfère être dans cette position que dans la position de celui-ci qui reste à son poste parce qu'il a violé les textes, parce qu'il n'a pas dit le droit ou parce qu'il couvre une forfaiture ou se déjuge pour garder son poste et plaire au pouvoir.

Nous avions en tant que juge constitutionnel la mission principale de protéger la loi fondamentale : si nous ne la protégions pas, non seulement nous violons notre serment, nous contrevenons à notre mission, mais en plus nous devenons responsables de beaucoup de souffrances pour les populations, nous devenons responsables de la chute de l'état, de la division. Le juge constitutionnel est le gardien du temple, quelles que soient les attaques, quelles que soient les pressions, il doit tenir et assumer son rôle, s'il n'est plus en mesure de l'exercer il doit démissionner et non se compromettre. Lorsqu'un juge rend une décision de justice dans les Cours et tribunaux de droit commun, sa décision va impacter une ou quelques personnes, mais lorsque que la Cour constitutionnelle rend une décision sa décision impacte tout un État, tout un Peuple.

La Cour constitutionnelle est gardienne de la volonté du peuple exprimée dans la Constitution ; si le juge constitutionnel n'est plus en accord avec cette volonté, il doit démissionner. Ainsi, j'avais écrit et affiché à mon cabinet à la Cour la phrase suivante en laquelle je crois profondément et qui est ma conception de la fonction :

« *Si en tant que juge constitutionnel, vous n'êtes plus en harmonie avec le Peuple dont vous protégez la Constitution et au nom duquel vous rendez vos décisions, alors le temps est venu de partir* ».

Ironie du sort, je n'ai jamais été en porte-à-faux avec la volonté du peuple, mais c'est moi qui me suis retrouvée hors de la Cour parce que justement j'avais appliqué ce qui était pour moi une profonde conviction. Alors, je dis merci de n'avoir pas failli à ma mission durant tout mon temps passé à servir la Cour constitutionnelle et à travers elle, le Peuple centrafricain au nom de qui nous rendons nos décisions.

Quelques jours après la publication des décrets, j'annonçais sur les ondes de la radio RFI que je ne retournerai pas à la Cour constitutionnelle, la raison de cela je la donnais le 20 novembre sur TV5Monde : l'attitude des juges et la perte de confiance qu'elle avait engendrée. Il m'était devenu impossible d'envisager que je puisse à nouveau travailler avec eux.

Martin Luther King a dit : « *À la fin, nous nous souviendrons non pas des mots de nos ennemis, mais des silences de nos amis* ».

Et ce silence est assourdissant !

On est en droit de se poser la question suivante : une Constitution pour quoi faire dans un tel contexte ? Ceci nous amènera à examiner la question du constitutionnalisme en Afrique, mais auparavant, posons-nous la question en ce qui concerne la République centrafricaine.

CHAPITRE VI

UNE CONSTITUTION POUR QUOI FAIRE ? L'EXEMPLE DE LA RÉPUBLIQUE CENTRAFRICAINE

SECTION I - L'INSTABILITÉ POLITIQUE ET INSTITUTIONNELLE CHRONIQUE EN RCA ET SES CONSÉQUENCES

I - AUTOPSIE DES COUPS D'ÉTAT

La première République : la République centrafricaine, État membre de la Communauté, la Constitution du 16 février 1959

En application de l'article 76 de la Constitution française de 1958, la délibération 199/58 de l'Assemblée territoriale proclame le Territoire de l'Oubangui-Chari « État membre de la Communauté » et l'appelle « République centrafricaine ». L'Assemblée territoriale, érigée en Assemblée constituante, vote la loi constitutionnelle 58/1 du 1er décembre 1958 instituant l'emblème national de la RCA. Le 8 décembre 1958, la loi 58.02 porte organisation des pouvoirs provisoires. L'Assemblée crée en son sein un comité chargé de préparer le projet de Constitution de la RCA. La première Constitution de la République centrafricaine est adoptée le 9 février 1959, elle sera promulguée le 16 février. Elle institue un régime parlementaire et le multipartisme.

Le 30 avril 1959, l'Assemblée législative de la RCA donne à David Dacko l'investiture à la présidence du Gouvernement. L'indépendance sera proclamée le 13 août 1960 et la loi 60.156 du 14 août 1960 confère au président du gouvernement le titre et les prérogatives de Chef de l'État centrafricain.

Que fera-t-il de son pouvoir ?

Il conduira rapidement la jeune république à l'autoritarisme et se fabriquera une Constitution à sa mesure.

La deuxième République : la Constitution du 26 novembre 1964

Dans mon livre sur « *l'évolution constitutionnelle et juridictionnelle de la République centrafricaine à travers les textes* », j'ai démontré comment, dès le lendemain de l'Indépendance, la jeune République centrafricaine a commencé sa dérive vers la dictature sous le régime de David Dacko. Plusieurs étapes conduiront finalement la République au premier coup d'État. Le régime s'illustre par la concentration des pouvoirs et l'adoption de lois répressives supprimant toute liberté d'expression ceci seulement quatre mois après l'indépendance ; ainsi, l'instauration de comités de vigilance par un décret du 6 novembre 1964 transforme chaque citoyen en espion et en délateur et inocule la peur et la division ; l'instauration du parti unique par le parti au pouvoir le Mesan sera effectuée par une loi votée par l'Assemblée que ce parti domine ; puis vint la révision du mandat présidentiel qui porte le mandat de cinq à sept ans. Finalement, la première Constitution de la jeune république est abrogée par une loi du 26 novembre 1964 afin de prendre en compte toutes ces révisions successives.

Tout cela conduira au premier coup d'État survenu dans la nuit du 31 décembre 1965 au 1er janvier 1966, coup d'État opéré par le chef d'État-major des armées, le colonel Jean Bedel Bokassa. Le pouvoir de David Dacko aura duré 6 ans. La première Constitution de la jeune République souveraine aura vécu 5 ans.

La monarchie parlementaire : la Constitution de l'Empire centrafricain du 4 décembre 1976

Jean Bedel Bokassa conduira la République centrafricaine d'une main de fer de 1966 à 1979. Suite au coup d'État, la Constitution de 1964, la Constitution de David Dacko, est abolie par l'acte constitutionnel numéro 1 du 4 janvier 1966. Un second acte du 8 janvier organisera les pouvoirs provisoires ; le président légifère par ordonnances, le parti unique est maintenu. À partir de 1969, des textes répressifs parachèvent l'œuvre commencée sous David Dacko. Les pouvoirs sont concentrés entre les mains d'un seul homme et Jean Bedel Bokassa poursuit ainsi le travail commencé par David Dacko en faisant disparaître les libertés publiques notamment la liberté d'expression. Le président Bokassa finira par instaurer une monarchie parlementaire sur acte du parti unique, le MESAN. La Constitution de l'Empire est adoptée par le congrès extraordinaire du Mesan le 4 décembre 1976 ; le maréchal Jean Bedel Bokassa est proclamé Empereur Bokassa 1er ; le décret impérial N° 76/01 porte promulgation de la Constitution de l'Empire centrafricain.

Le 21 septembre 1979, l'opération Barracuda de l'armée française chasse Bokassa du pouvoir et rétablit David Dacko comme président de la République. La Constitution de Bokassa n'aura duré que trois ans. Le règne de Bokassa aura duré 13 ans.

La troisième République : la Constitution du 1er février 1981 élaborée sur la base des recommandations du Séminaire national

Suite au séminaire national tenu en 1980 et sur ses orientations, une nouvelle Constitution est adoptée par référendum le 1er février 1981. Elle rétablit le multipartisme. Des élections seront organisées qui verront la victoire contestée de David Dacko le 15 mars 1981.

David Dacko n'est pas parvenu à maintenir l'ordre public, les manifestations sont quasi quotidiennes, il a été très vite dépassé par les évènements. Un attentat à la bombe, perpétré dans un cinéma de la place, aura raison de son pouvoir. La parenthèse Dacko II, commencée le 21 septembre 1979, s'achèvera le 1er septembre 1981 par le coup d'État du chef d'état-major des armées, le général André Kolingba, elle n'aura duré que deux ans. La Constitution de 1981 aura vécu 6 mois.

La quatrième République : la Constitution du 28 novembre 1986

Sous André Kolingba, un projet de constitution est adopté par référendum le 21 novembre 1986 et est promulgué par décret 86/357 du 28 novembre, ce qui signifie que de 1981 à 1986 la RCA n'a pas de Constitution. La nouvelle Constitution rétablit le parti unique, le Rassemblement démocratique centrafricain (RDC), parti du président Kolingba, est érigé au rang d'Institution de la République, il est en effet cité par la Constitution.

Le régime sera fortement contesté tant à l'intérieur du Pays qu'à l'extérieur.

En effet, suite au vent de l'Est, un souffle de démocratie s'est répandu en Afrique et sous les pressions tant nationales, portées principalement par les CCCCN et le magistrat François Gueret, qu'internationales, notamment le discours de la Baule de François Mitterrand, le régime du président Kolingba va être contraint à plus de démocratie. Trois révisions constitutionnelles vont intervenir : la loi constitutionnelle 91.001 du 8 mars 1991 institue un régime semi-présidentiel par la création du poste de Premier ministre qui est Chef de gouvernement, responsable devant le parlement ; la loi constitutionnelle 91.003 du 4 juillet 1991 instaure le multipartisme et la loi constitutionnelle 92.013 du 28 août 1992 renforce le pouvoir judiciaire et les pouvoirs du Parlement. Cependant, le régime du président Kolingba reste fortement contesté, beaucoup lui reproche une gestion clanique du pouvoir, ces reproches viennent même de son propre parti.

Un grand débat national est organisé en 1992 pour tenter d'apaiser le climat social et politique très tendu, mais en vain. Le retour au multipartisme a rétabli le parti MLPC et son leader Ange Félix Patassé revient au pays où il est manifestement très attendu. Des élections sont organisées en 1993, le président Kolingba, décidé à se maintenir au pouvoir et sentant la défaite arriver va tenter de modifier le Code électoral par des ordonnances ; sous les pressions internationales particulièrement la pression de la France, il sera contraint d'annuler ces ordonnances. Afin d'éviter le chaos et la vacance du pouvoir, il est institué par l'ordonnance 92.002 du 27 novembre 1992 un Comité national politique provisoire, organe consultatif comprenant les candidats à la présidence ; l'ordonnance prolonge le mandat du président de la République, les échéances électorales n'ayant pas pu être tenues. Les élections verront la victoire prévisible d'Ange Félix Patassé, candidat du MLPC. Le régime d'André Kolingba aura duré 12 ans. La Constitution aura vécu 7 ans.

La cinquième République : la Constitution du 14 janvier 1995

Cette Constitution a été adoptée le 28 décembre 1994. C'est la première fois qu'une Cour constitutionnelle est créée. La mauvaise gouvernance et la gestion clanique du pouvoir sous Patassé feront naître les constatations, puis les mutineries et enfin les premières rébellions au sein de l'armée centrafricaine qui exigent le départ du président Patassé. Grâce à l'armée française, il conservera son pouvoir in extremis en 1997. De 1996 à son éviction du pouvoir, Patassé ne parviendra plus à gouverner. Pour protéger son régime, Patassé a recours à des milices et à des Lybiens, il fait également appel à la médiation internationale. Des élections, dont les résultats seront fortement contestés, reconduiront Patassé au pouvoir dès le premier tour le 19 septembre 1999. Après la tentative de coup d'État du 28 mai 2001, son chef d'état-major le général François Bozize entrera en rébellion et finira par prendre le pouvoir le 15 mars 2003 avec l'appui d'éléments des FACA entrés en rébellion et de mercenaires étrangers. Le régime de Patassé aura duré 10 ans. La Constitution de 1995 aura vécu 8 ans.

La RCA ne connaîtra plus la paix.

La sixième République : la Constitution du 27 décembre 2004

S'ouvre alors une période de transition, mais sans démocratie. Un dialogue politique inclusif sera organisé du 9 septembre au 27 octobre 2003 qui a recommandé l'adoption d'une nouvelle Constitution et en a donné les grandes orientations. La Constitution institue un régime semi-présidentiel. La nouvelle Constitution sera promulguée le 27 décembre 2004.

On constatera la multiplication des mouvements de rébellion et allant de pair, la multiplication des accords politiques se substituant en grande partie aux dispositions constitutionnelles. L'APG de Libreville a été signé le 21 juin 2008 sous la médiation du président gabonais ; un autre Accord politique sera conclu à Libreville le 11 janvier 2013 ; il n'empêchera pas le coup d'État de la coalition Seleka qui interviendra le 24 mars 2013 du fait principalement du non-respect de l'accord par les parties. Le régime de François Bozize aura duré 10 ans. La Constitution du 27 décembre 2004 aura vécu 9 ans.

Une nouvelle période de transition s'ouvrira du 18 juillet 2013 au 30 mars 2016 sous l'égide d'une Charte constitutionnelle de Transition. Deux chefs d'État de Transition dirigeront cette période : Michel Djotodia et Catherine Samba Panza, élus par le Conseil National de Transition. La Transition s'achèvera le 30 mars 2016 avec l'investiture du président élu Faustin Archange Touadera et la promulgation de la Constitution le même jour. La Transition aura duré trois ans.

La septième République : la Constitution du 30 mars 2016

Les élections couplées, présidentielle et législatives, tenues en décembre 2015, verront la victoire d'un candidat, que l'on n'attendait pas, qui était opposé à Anicet Georges Dologuele au deuxième tour. Pour ce deuxième tour, il bénéficiera de nombreux ralliements qui le conduiront à la victoire. Faustin Archange Touadera est investi par la Cour constitutionnelle de Transition le 30 mars 2016. Il suscite beaucoup d'espoir, le citoyen centrafricain croit alors en un avenir meilleur malheureusement, une nouvelle fois il va déchanter. Aux élections de 2020, Faustin Archange Touadera obtient un second mandat dès le premier tour. Il doit fort probablement sa victoire d'une part au fait que l'opposition n'a pas pu s'unir dès le premier tour et d'autre part au fait que le corps électoral a réagi aux tentatives de déstabilisation opérée par la CPC ayant à sa tête François Bozize lors du déroulement du scrutin. Nombre de Centrafricains ont alors choisi, par réaction aux tentatives de déstabilisation, celui qui était au pouvoir et contre lequel s'opposait la CPC, ceci afin de préserver un minimum de stabilité ; ce vote a été un vote sanction contre François Bozize et la CPC plus qu'un vote pour Faustin Archange Touadera.

Qu'est-il reproché au président Touadera ? Les mêmes travers qu'à ses prédécesseurs, mais cumulés sous son régime : la mauvaise gouvernance, la corruption généralisée, les détournements de fonds publics, la caporalisation de la justice, les agissements de son parti MCU qui parvient à être quasiment parti unique sous un régime multipartiste ; la création de milices, sa proximité avec des hommes et des femmes peu recommandables, la concentration des pouvoirs, la gestion clanique du pouvoir, le tribalisme et la répression des libertés particulièrement la liberté d'expression et des libertés publiques en général. Le recours au groupe de mercenaires Wagner pour combattre les groupes armés, s'il a été dans un premier temps apprécié compte tenu des succès obtenus sur le terrain, cette présence se transformera en cauchemar tant pour le pays que pour le Peuple centrafricain. En effet, les mercenaires Wagner commettent de nombreuses exactions sur les populations, exploitent les richesses minières, grèvent le trésor public et tout ceci finit par entraîner le regain des groupes armés sur le terrain. Il est également reproché au régime le recours aux Rwandais qui, sous couvert d'appui à la sécurité, exploitent les richesses, occupent des terres au détriment des Centrafricains et se lancent dans le commerce. Les visées expansionnistes tant des Wagner que des Rwandais ne font aucun doute dans l'esprit des Centrafricains. Tout cela cumulé et aggravé par l'instabilité récurrente a conduit très vite à un désamour vis-à-vis de Faustin Archange Touadera particulièrement pendant son second mandat. Le plus grand reproche qui lui est fait désormais est d'avoir fait adopter une nouvelle constitution pour lui permettre un troisième mandat.

Au moment où nous écrivons ce livre, la nouvelle Constitution, celle voulue par le président Touadera, vient d'être adoptée par référendum, elle a été promulguée le 30 août 2023 inaugurant ainsi la 8e République (et non la septième comme déclaré par les Autorités). Il n'est pas dans mon propos d'analyser cette Constitution, je ne la présenterai donc pas.

L'histoire se répète encore et encore, mais personne n'en tire de leçons !

II - À QUI LA FAUTE ?

À chaque régime, le citoyen centrafricain pense avoir touché le fond et l'espoir renais, mais non, il y a toujours plus profond et cela semble sans fin ! À qui la faute ? Pendant tout le régime de Touadera, on aura entendu la même litanie ; c'est la faute à la France, c'est la faute à tel ou tel pays, c'est la faute à la Communauté internationale, nous nous infantilisons nous-mêmes ! Nous sommes indépendants depuis le 13 août 1960, qu'avons-nous fait de cette indépendance, qu'avons-nous fait de notre pays ? Cessons de nous voiler la face et faisons face à nos propres responsabilités et assumons-les ! Ce n'est que de cette façon que nous pourrons rectifier nos erreurs et nous reconstruire. On se rend compte, à l'examen de notre évolution politique et constitutionnelle, que souvent nous avons été l'artisan de nos propres malheurs. Certains États africains, beaucoup moins dotés en richesses diverses se développent et avancent, ils le doivent avant tout à leurs dirigeants. Le problème de la RCA ce sont ces dirigeants en premier, ils assument la plus grande responsabilité du désastre social, économique, financier et bientôt environnemental.

La responsabilité première des dirigeants

La Constitution confère au président de la République et aux députés de grandes responsabilités, mais pour les assumer ils ont aussi des pouvoirs importants ; c'est ce que je rappelais au ple 30 mars 2021 dans mon adresse en ces termes : « *ces pouvoirs vous sont attribués dans le but de vous permettre d'assumer de fortes obligations envers l'État, envers vos concitoyens, envers les plus faibles et les plus vulnérables, envers la nation tout entière dans toute sa diversité. Pourquoi tant des responsabilités et de pouvoirs conférés à un seul homme ? Parce que, tel un Moïse, le peuple reconnaît en lui, les aptitudes et la sagesse nécessaires pour conduire sa destinée, en surmontant tous les obstacles et en œuvrant toujours dans l'intérêt du peuple souverain* ».

Il faut se souvenir d'une pensée de Montesquieu : « *tout homme qui a du pouvoir est porté à en abuser* ». C'est pour cela qu'il faut toujours des contre-pouvoirs pour que « *le pouvoir arrête le pouvoir* » ; quand les contre-pouvoirs, que sont le pouvoir législatif, les partis politiques, le pouvoir judiciaire, ne jouent pas leur rôle, alors on évolue inexorablement vers l'autoritarisme et la dictature. Personne n'a arrêté David Dacko, l'instauration du parti unique lui ayant grandement facilité la tâche, personne n'a pu arrêter Bokassa également si ce n'est un coup d'État, Il en est de même de tous ceux qui ont suivi de Patassé à Touadera. Tous les présidents centrafricains ont été chassés du pouvoir par la force à l'exception du président Kolingba, mais qui a quand même tenté de se maintenir au pouvoir. La corruption, la mauvaise gouvernance, les injustices, les discriminations, les violences et les exactions commises envers leur propre peuple, la volonté de se maintenir au pouvoir, ont fini par avoir raison de leur pouvoir et de leurs intérêts qu'ils voulaient préserver au détriment de l'intérêt général et en violation de leur noble mission. On peut constater que ce sont les mêmes maux qui reviennent et que ceux-ci produisent les mêmes effets. Comment parvenir à arrêter ce qui paraît comme une malédiction. En effet, j'ai souvent entendu mes compatriotes dire : qu'est-ce que l'on a fait au Bon Dieu pour mériter cela ! Il n'y a aucune malédiction, bien au contraire : la RCA a été dotée de tant de richesses naturelles, que n'a-t-elle pas ! Mais cela n'a pas suffi, il manque à nos dirigeants l'amour de leur pays, le respect de leur Peuple, la sagesse dans la gouvernance et l'intégrité. Nous avons tous espéré qu'un professeur d'Université étant à la tête du pays, les choses changeraient, mais non, ce qui signifie que le niveau d'études n'est pas un gage de réussite non plus.

Lorsque je parle de la responsabilité de nos dirigeants, je pense bien sûr en premier aux chefs d'État, mais également à tous ceux qui n'ont pas joué leur rôle et n'ont pas rempli leur mission alors qu'ils disposaient des pouvoirs constitutionnels pour cela, je pense donc ainsi aussi aux députés. Toutes les Assemblées nationales ont fini par être des chambres d'enregistrement des désirs du président de la République par l'entremise du parti de la majorité et par le pouvoir de la corruption, de l'argent.

La responsabilité du Peuple centrafricain lui-même

Le Peuple centrafricain lui-même assume une part de responsabilité tout d'abord par sa passivité. Que ne supporte-t-il pas ! Sa capacité de résilience n'est plus une qualité, mais finit par être un défaut. Il verse trop facilement dans la facilité, il est manipulé pour quelques billets, il finit par en perdre sa personnalité et au final sa souveraineté. Notre passé donnerait certainement de précieux renseignements sur les causes de ces comportements, que s'est-il passé qui puisse expliquer cela ?

Ben Ngassan, journaliste centrafricain, publie le 26 avril 2023 un écrit que je découvre sur les réseaux sociaux alors que je suis en train de me poser ces questions : « *RCA : ultime chant du cygne !? En Centrafrique il y a bien deux générations.*

La première, celle des années 1979, capable de braver le régime impérial de Bokassa, sous les balles, défiant les arrestations arbitraires et exécutions sommaires en scandant : « payez nos parents ».

La seconde génération, dont je vous parle, est la mienne. Depuis quelques jours, on lui dit que plus d'un milliard dédié à son éducation auront été systématiquement détournés depuis quelques années afin de payer des mercenaires, mais elle ne s'émeut point (cette génération, ma génération) soit par fatalisme, soit par manque d'information. Imaginez un peu si ça se passait au Sénégal, au Burkina ou au Congo ; la rue se lèverait contre ces dirigeants imposteurs… »

Je ne suis donc pas la seule à m'interroger.

Par contre, quand enfin ce Peuple se réveille à la faveur d'un coup d'État et manifeste sa volonté c'est par une extrême violence, par le pillage, certains comportements connus sont assez révélateurs, nous avons assisté à des scènes de destructions, de pillages, de lynchages, d'inhumanité. Est-ce tout ce qu'il a subi qui génère alors tant de violence ! Mais au bout du compte, toute cette violence et toute cette destruction ne font qu'ajouter au pillage émanant des dirigeants et entraînent la destruction du tissu social et l'appauvrissement du pays.

J'ai fait une place de choix au Peuple centrafricain dans mon adresse du 30 mars 2021 pour lui montrer toute l'importance qu'il a dans le pays, dans la Constitution, tout le pouvoir qu'il détient de par la Constitution, ce qui lui confère aussi une grande responsabilité. Peut-être n'en est-il pas encore conscient, peut-être ne le lui a-t-on pas assez démontré. Le pouvoir, c'est lui qui le détient, il ne fait que le déléguer à ses représentants que sont les députés. Il confie un mandat déterminé au président de la République, qui doit agir selon sa volonté et rendre compte de ses actions. Le jour où il aura compris le sens de cela, il ne pourra plus laisser personne, fut-il chef d'État ou député, trahir sa volonté et le malmener ainsi.

La justice est rendue « au nom du peuple centrafricain ». Lorsque je prononçais cette phrase en rendant les décisions de la Cour constitutionnelle, pour moi, à chaque fois ce n'était pas anodin et j'étais sereine en lisant les décisions, car nous avions respecté sa volonté, celle qui est contenue dans la Constitution. Nous avions tenu notre rôle de gardien, rôle qu'il nous a confié. Les mots ont un sens, ils ne sont pas anodins, ils nous parlent et s'adressent à notre conscience. Lorsque vous n'êtes plus en harmonie avec cette volonté, vous devez quitter la fonction et non trahir cette volonté.

SECTION II - L'IMPACT SUR LA SOCIÉTÉ CENTRAFRICAINE ET SUR L'ÉTAT CENTRAFRICAIN

I - LE DÉPÉRISSEMENT DE L'ÉTAT CENTRAFRICAIN

Un État selon les normes internationales possède un territoire délimité par des frontières qu'il contrôle, une population qu'il contrôle également par le biais de l'octroi de sa nationalité dont il fixe les critères d'attribution et une souveraineté qui s'exerce tant à l'intérieur des frontières qu'à l'extérieur dans ses rapports avec les autres États.

La Constitution centrafricaine dispose en son article 24 alinéa 3 : « *La République centrafricaine est un État de droit, unitaire, souverain, indivisible, laïc et démocratique* ».

Que reste-t-il de l'État centrafricain ?

Des frontières non contrôlées

La Constitution du 30 mars 2016 dispose en son article 27 « … *Les Forces de Défense ont pour mission de garantir l'intégrité du Territoire ainsi que la sécurité des populations contre toute agression ou menace extérieure ou intérieure, dans le respect des dispositions constitutionnelles et des lois…* »

Au fil des années nos forces de défense se sont détournées de leur mission sous la responsabilité première du Chef des Armées qu'est le président de la République. Elles ont fini par se disloquer à l'entrée de la coalition Seleka dans la capitale le 24 mars 2013. Profitant de cette faiblesse, les rébellions ont commencé à prospérer sur le territoire centrafricain particulièrement à compter de 2006, elles ne l'ont plus jamais quitté. La reconstruction des forces armées depuis quelques années soulève des inquiétudes, car réitérant les mauvaises pratiques de ceux qui l'ont précédé le président Touadera ethnicise l'armée malgré tous les garde-fous qui ont été mis, en outre, les éléments sont toujours aussi maltraités à cause des multiples détournements opérés par leurs chefs sur leur Prime globale d'Alimentation (PGA) et sur les crédits alloués à l'armée par le budget national, les recrutements suivants des critères non objectifs et non performants fragilisent l'armée nationale et en fait une armée au service d'un homme et de son clan qui n'a pas le sens du professionnalisme ni le sens du devoir. Il en est de même des forces de sécurité. La présence du groupe Wagner n'a contribué qu'à dévaloriser l'armée notamment du fait du traitement humiliant et dégradant que ceux-ci ont infligé à certains de ses éléments. Même s'il y a eu des actions de formation faites par la Fédération de Russie, le comportement des mercenaires Wagner a détruit cet apport particulièrement dans l'esprit des populations de l'arrière-pays qui, elles-mêmes, ont subi de nombreuses exactions de la part de ceux-ci. Tant et si bien que les États-Unis d'Amérique, l'Europe, la France les ont qualifiés de l'infamie du terrorisme.

Une population non contrôlée

La Constitution dispose en son article 80 que la fixation des critères de nationalité est du domaine de la loi. Cependant, la loi portant code de nationalité est violée par les Autorités elles-mêmes. La nationalité est distribuée sans réel contrôle et suivant des intérêts particuliers à des étrangers par contre certains Centrafricains, notamment la population musulmane, rencontrent toujours autant de difficultés pour obtenir ses papiers d'identité. La nationalité est distribuée par des décrets muets dont justement personne n'a connaissance. Elle a même été mise en vente sur le site internet sango.org relatif à la cryptomonnaie.

En ce qui concerne l'état civil compte tenu des troubles récurrents, du manque de magistrats et d'officiers d'État-Civil, particulièrement dans l'arrière-pays, et compte tenu des difficultés financières des parents, de nombreux enfants ne sont pas déclarés et grandissent sans acte de naissance, sans identité ! Ils ne sont donc pas comptabilisés parmi les nationaux non plus.

Un pouvoir étatique défaillant

La Constitution confère des pouvoirs importants tant à l'Exécutif, qu'au Législatif, pouvoirs qui ne sont pas exercés conformément aux textes et ne bénéficient ni à l'État ni aux citoyens, mais seulement à un groupe.

Selon l'article 77 de la Constitution : « *le Parlement vote la loi et contrôle l'action du gouvernement* ». On constate que chaque fois que la majorité présidentielle contrôle le Parlement, celui-ci ne remplit plus sa mission. Il devient une Chambre d'enregistrement et surtout une Institution non plus au service de l'État et du Peuple, mais au service du pouvoir en place. Au final, il ne remplit pas sa mission de contrôle et de contre-pouvoir.

Il en est de même du pouvoir judiciaire.

Selon l'article 107 de la Constitution : « *Le pouvoir judiciaire constitue un pouvoir indépendant du pouvoir législatif et du pouvoir exécutif* » et selon l'article 108 : « *Les juges sont indépendants. Ils ne sont soumis, dans l'exercice de leurs fonctions qu'à l'autorité de la loi. Les magistrats du siège sont inamovibles* », mais dans les faits, le pouvoir judiciaire se met au service du pouvoir exécutif pour, par exemple, traquer les opposants ou réduire à néant la liberté d'expression et la liberté de la presse.

L'article 109 dispose : « *Le président de la République est le garant de l'indépendance du pouvoir judiciaire* » dans les faits rien n'est moins vrai et il arrive même que ce soit le chef de l'Exécutif qui remette en cause l'indépendance du pouvoir judiciaire.

Cette concentration des pouvoirs finit par rendre l'État défaillant vis-à-vis de ses citoyens et de ses populations ; les intérêts particuliers et même partisans priment sur l'intérêt général, la corruption s'étend à tous les rouages de l'État, et, au final, les problèmes (économiques, financiers, sociaux et éducationnels), l'instabilité et les troubles prennent le dessus.

II - LA CONSTITUTION BAFOUÉE

A. L'IMPACT SUR LA SOCIÉTÉ CENTRAFRICAINE

La perte de confiance et la méfiance généralisée

La Constitution contient les droits fondamentaux, le non-respect de ces droits entraîne des injustices, des discriminations, de la souffrance, de la rancœur et au final une fracture sociale. Cette fracture sociale s'est aggravée au fil des années et elle remonte au lendemain des indépendances. Le combat pour l'indépendance a soudé les populations en désignant un ennemi commun à combattre et celui-ci était extérieur : la puissance coloniale. Toutes les énergies et toutes les rancœurs avaient été orientées vers cet « ennemi commun » et dans ce combat cette union sacrée dépassait les frontières et a conduit les ressortissants des territoires africains sous domination coloniale à créer une synergie pour un même combat. Une fois les indépendances acquises, il a fallu gérer les nouveaux États et de nombreux obstacles devaient être franchis. Devant les déceptions de plus en plus nombreuses, des réactions sont nées ; la première de ces réactions a été de durcir l'autorité et de concentrer les pouvoirs pour mieux conserver le pouvoir, cette attitude a conduit à la confusion des pouvoirs et a abouti pour certains États à des coups d'État ; cependant, les nouveaux hommes forts ont également déçu leurs populations qui ont, peu à peu, perdu confiance en l'État protecteur et ont nourri vis-à-vis des différents pouvoirs qui se sont succédé de la méfiance et un rejet qui ont conduit à un repli identitaire et ont ainsi renforcé la fracture sociale d'autant que les populations centrafricaines n'ont pas vu leur situation s'améliorer ou si peu. Les rébellions et la naissance des groupes armés n'ont été qu'un mal venu s'ajouter au précédent. Le peuple a perdu confiance, la société est sans boussole et la jeunesse sans repères.

Une Société sans boussole, une jeunesse sans repères

Le fait de changer si souvent de Constitution induit une perte de repères pour tout un peuple et particulièrement pour la jeunesse qui est pourtant l'avenir du Pays. Cette jeunesse, oubliée, manipulée, sans avenir, sans espoir est une bombe à retardement pour le pays et la société. Elle n'a plus rien auquel s'accrocher, on ne lui donne pas des raisons d'espérer, elle n'est pas insérée dans la société, elle n'a pas d'exemples à suivre, elle se rend compte que pour y arriver elle doit violer les règles, mettre de côté toute intégrité, le travail bien fait ne paie pas, l'intégrité est devenue un obstacle à toute possibilité de promotion dans la société, les exemples qu'on lui offre ce sont la corruption, les détournements, la violence, la jungle où il faut survivre, les armes deviennent un moyen de réussite, la servitude aussi, le tribalisme est un moyen de s'élever dans la société, l'Éducation et la formation ne sont pas la clé de la réussite et encore moins la probité intellectuelle et l'intégrité morale. À ce moment-là, que pouvons-nous attendre de cette jeunesse déboussolée pour qui les dirigeants n'ont pas de respect et dont ils se servent à l'occasion pour leurs propres intérêts. Et pourtant la jeunesse est l'avenir d'un pays !

Les bourreaux protégés et les victimes oubliées

Plus grave encore, justice n'est pas rendue aux victimes, l'impunité est monnaie courante. Les actes en faveur des victimes se sont arrêtés à quelques dons offerts souvent par la Communauté internationale et dont une bonne partie est d'ailleurs détournée. Chaque coup d'État a été l'occasion d'exactions dont ont souffert les populations, les exactions commises ont été légion lors de la prise de pouvoir par la Seleka, tant par les éléments de la Seleka que par les éléments anti-balaka, ces exactions ont entraîné des traumatismes certains. Ces populations avaient également souffert des exactions commises par éléments de Jean-Pierre Bemba sous le régime du président Patassé, qu'en est-il des réparations ? Tout cela est passé par pertes et profits !

La République centrafricaine a mené une expérience originale de « consultations populaires à la base » conçue comme un dialogue citoyen en 2015, préalablement à l'adoption de la Constitution du 30 mars 2016. Ces consultations ayant permis de donner des orientations au contenu de la Constitution, il y a lieu d'en présenter brièvement les résultats. Ces consultations à la base seront suivies par le « FORUM DE BANGUI » qui débattra de ces résultats et affinera les orientations.

B. LES ATTENTES DES POPULATIONS : LES CONSULTATIONS POPULAIRES À LA BASE DE 2015 [49]

Préoccupations exprimées par les populations

12.630 participants, dont 5335 hommes et 3471 femmes, 3846 jeunes de 15 à 30 ans, ceci peut paraître insuffisant pour être réellement représentatif, cependant ces consultations se sont déroulées dans les 16 préfectures de la RCA, dans tous les arrondissements de Bangui ainsi que dans les sites de déplacés, et dans les sites de réfugiés situés dans les

[49] Rapport consolidé des missions des consultations populaires à la base en RCA, mars 2015

pays voisins, le Tchad, la République Démocratique du Congo, la République du Congo, mais également la France.

Les consultations se sont déroulées autour de thématiques suivantes :

- Vérité, justice, réparation, réconciliation
- Paix et sécurité
- Gouvernance
- Relèvement économique

Les préoccupations exprimées concernaient : l'insécurité, la mauvaise gouvernance, les entraves à la libre circulation des biens et des personnes, la faible présence des FACA sur le terrain, la porosité des frontières, la déliquescence de l'armée nationale, le trafic illicite d'armes de guerre par les milices, le problème du cantonnement des anti-balaka et des ex-seleka, les dysfonctionnements de la justice et ses conséquences, le faible accès aux services sociaux de base.

Les Recommandations formulées

Des recommandations ont été formulées par les populations consultées notamment :

- la levée de l'embargo sur les armes, la réhabilitation et le réarmement des FACA, la réhabilitation et le redéploiement des forces de défense et de sécurité sur toute l'étendue du territoire,
- le désarmement forcé des milices, l'accélération du programme DDR,
- la mise en place de critères objectifs pour le recrutement dans l'armée qui soit être républicaine,
- le redéploiement de FACA sur toutes les frontières,
- la mise en œuvre d'une bonne gouvernance administrative par la décentralisation et la régionalisation,
- la mise en œuvre d'une bonne gouvernance politique notamment par les déclarations de patrimoine, la lutte contre le népotisme, le tribalisme le clanisme par l'établissement notamment de critères objectifs pour les nominations,
- revoir les conditions d'attribution de la nationalité,
- faciliter l'accès aux services sociaux de base, créer des emplois pour les jeunes,
- lutter contre les biens mal acquis,
- contrôler les actions du gouvernement par le parlement,
- restaurer le pouvoir local et la démocratie participative,

- la mise en place d'une bonne gouvernance financière par la répartition équitable des ressources,
- la mise en place d'un mécanisme de suivi.

Toutes les préoccupations exprimées découlent en fait des violations répétées de l'acte fondamental qu'est la Constitution. Il est fort à parier que ces préoccupations sont restées les mêmes et sont peut-être devenues plus pressantes compte tenu de l'état de délabrement de l'État centrafricain. Les préoccupations ont été prises en compte dans la Constitution du 30 mars 2016, mais celle-ci a déjà été remplacée, l'instabilité s'est ajoutée à l'instabilité !

Construire un État de Droit, c'est d'abord respecter et appliquer la loi à commencer par la loi fondamentale qu'est la Constitution.

Tout ce triste constat et ses attentes légitimes m'amènent à élargir les questionnements à l'Afrique en soulevant le problème de l'évolution du constitutionnalisme africain. En effet, le regain des coups d'État, la recomposition des Relations internationales, l'influence de tout cela sur la géopolitique conduit à certains constats et réflexions quant à l'avenir du constitutionnalisme en Afrique. La RCA ne vit pas en autarcie et malheureusement les problèmes qu'elle rencontre sont aussi parfois ceux d'autres pays et certains se retrouveront dans les développements qui ont été faits. L'Afrique a un avenir commun, car il s'agit d'un même continent et il y a lieu de s'y intéresser sous l'angle de l'avenir des Constitutions africaines en particulier en Afrique francophone. Ce constitutionnalisme est en pleine mutation.

CHAPITRE VII

LE CONSTITUTIONNALISME AFRICAIN EN QUESTION

Avec tous les remous, toutes les crises et les remises en question, avec la résurgence des coups d'État en Afrique, il est légitime de s'interroger sur le constitutionnalisme africain et son devenir. Pour se faire, il est nécessaire de faire un bref rappel historique pour situer la naissance des Constitutions africaines contemporaines, examiner leur évolution et essayer de déceler quelques pistes d'orientations compte tenu des changements intervenus après le vent de l'Est et des évènements récents intervenus principalement en Afrique de l'Ouest et dont les répercussions seront certainement importantes pour l'Afrique francophone en général et peut être pour l'Afrique tout entière.

SECTION I - LA DIFFICILE ÉVOLUTION DU CONSTITUTIONNALISME EN AFRIQUE

Le constitutionnalisme est défini selon le dictionnaire Grand Robert, comme étant une *« théorie donnant à la Constitution une importance essentielle »*. Ce courant fait référence à la place de la Constitution dans la hiérarchie des normes et à l'importance que revêt une Constitution dans l'organisation d'un État. La Constitution est la « loi suprême » de l'État, c'est la loi supérieure à toutes les autres et chacune des autres lois ou chacun des règlements doit lui être conforme. Cette suprématie a donné naissance au constitutionnalisme.

À l'heure où se pose la problématique du constitutionnalisme africain, la question de l'adaptation des Constitutions africaines aux réalités des États est pleinement d'actualité ; elle a déjà suscité de nombreuses études et interrogations.

Suite à des exactions commises par la puissance coloniale, à des évènements historiques tels que la Seconde Guerre mondiale à laquelle les Africains ont participé sous le drapeau colonial, suite à des revendications pour une émancipation puis pour une indépendance, les anciennes colonies, devenues Territoires, puis États de la Communauté, ont finalement acquis leur indépendance en 1960 pour la plupart d'entre elles.

Étant devenus des États souverains, les nouvelles Républiques devaient se doter d'un acte fondamental, d'une Constitution et, tout naturellement, et vu l'urgence, ils ont été dotés, ou ils se sont dotés, de Constitutions qui comportaient de nombreuses ressemblances avec celle de l'ancienne puissance coloniale même si ce sont leurs Assemblées territoriales, futures Assemblées nationales, qui officiellement ont rédigé et adopté le texte fondamental. À ce moment-là, ces Assemblées, de quelles autres références disposaient-elles !

Depuis leur indépendance, ces États ont évolué, les relations internationales aussi, et les Constitutions également. Malgré cette évolution il est encore reproché aux constitutions africaines d'être restées inféodées, il leur est reproché de contenir des dispositions inadaptées aux sociétés qu'elles sont censées représenter et administrer.

Les Constitutions actuelles proclament l'adhésion à la démocratie et à l'État de Droit, au respect des droits de l'Homme, au respect de la souveraineté des États et des principes de coopération entre États.

La Charte africaine de la Démocratie, des Élections et de la Gouvernance adoptée le 30 janvier 2007 à Addis Abeba reprend ces fondamentaux :

« *Résolus à promouvoir les valeurs universelles et les principes de la démocratie, la bonne gouvernance, les droits de l'homme et le droit au développement,*

Article 2 :

point 1 *: promouvoir l'adhésion de chaque État parti aux valeurs et principes universels de la démocratie et le respect des droits de l'homme,*

point 2 : «*promouvoir et renforcer l'adhésion au principe de l'État de Droit fondé sur le respect et la suprématie de la Constitution et de l'ordre constitutionnel dans l'organisation politique des États partis* ».

Il est pourtant reproché à ces Constitutions de comporter des éléments qui sont issus du système juridique et constitutionnel de l'ancienne puissance coloniale, éléments qui, en outre, ne seraient pas adaptés aux sociétés africaines. On parle ainsi de mimétisme juridique et constitutionnel, le mimétisme étant défini comme un « *processus d'imitation ; ressemblance produite par imitation* ».

Les Constitutions africaines auraient donc été produites par imitation des Constitutions de l'ancienne puissance coloniale, sans tenir compte des propres valeurs et des besoins des sociétés africaines ; c'est ainsi qu'il y aurait lieu de rompre avec ce mimétisme afin que ces Constitutions soient en harmonie avec les sociétés auxquelles elles s'appliquent. Les Africains revendiquent l'indépendance de leur Constitution donc le développement d'un constitutionnalisme africain qui leur soit propre.

Pour analyser cette problématique, il faut d'abord préciser quelles sont les origines de ces Constitutions et mettre en lumière le processus qui a conduit à ce mimétisme, ensuite il faut savoir quelle est la situation actuelle des Constitutions africaines, quels sont les éléments exogènes et lesquels posent problème, et enfin, comment « africaniser » ces Constitutions, cela est-il possible et dans quelle mesure cela est possible ou même nécessaire.

I - L'HÉRITAGE COLONIAL

Les revendications concernant essentiellement l'espace francophone, cette question sera analysée principalement en fonction de cet espace. Pour connaître les origines du mimétisme, il faut examiner les principes qui gouvernaient l'Administration coloniale et comment sont nées les Constitutions des États devenus indépendants.

A. LES PRINCIPES COLONIAUX

Le principe de l'occupation effective : la base du système colonial

L'expansion coloniale a engendré des rivalités coloniales et c'est à la Conférence de Berlin tenue le 23 février 1885 que l'Europe, devenue puissance coloniale, va fixer les grands principes devant régir la possession des Territoires ; parmi ces principes contenus dans l'Acte général de Berlin figurent les conditions dans lesquelles l'occupation des territoires devait désormais se faire : toute nouvelle occupation doit être notifiée aux autres États et cette occupation doit désormais être effective. Il ne suffit plus de planter son drapeau pour posséder un territoire, il faut l'administrer et le gérer de façon effective. Il faut donc fixer les règles qui vont régir la colonie, son administration et notamment et particulièrement la justice coloniale.

La toute-puissance de l'Exécutif

Au lendemain de la Révolution française, la loi des 16 et 24 août 1790 fixe les grands principes de la justice française qui repose sur les principes d'égalité, le principe du double degré de juridiction, l'indépendance de la magistrature, la séparation entre les deux ordres de juridiction, administrative et judiciaire ; cette justice est désormais rendue au nom du peuple souverain.

Qu'en est-il des colonies ? Il en est tout autrement.

Le régime colonial est marqué par la toute-puissance de l'Exécutif ; c'est une atteinte à la séparation des pouvoirs, c'est le pouvoir exécutif qui fixe les règles par décret et notamment les sanctions pénales. Les pouvoirs conférés aux administrateurs sont exorbitants. Ils ont des pouvoirs en matière d'administration des colonies, en matière de réglementation dans des domaines qui sont notamment du domaine législatif, et en matière judiciaire, car ils rendent la justice : ils cumulent à eux seuls des prérogatives dévolues aux trois pouvoirs.

Dans les colonies, la justice est réglée par des décrets et non par la loi. Il est institué deux ordres de juridiction : la justice moderne et la justice indigène. La justice dite indigène est réorganisée par le décret du 29 mars 1936 en ce qui concerne l'AOF et par le décret du 29 mai 1936 en ce qui concerne l'AEF. Les juridictions indigènes sont des tribunaux de conciliation, premier et deuxième degré. La justice traditionnelle applique les coutumes, une chambre d'homologation connaît des recours en annulation, des demandes de révision et de l'homologation des décisions rendues par la justice indigène. D'autres décrets suivront. Un décret du 26 juillet 1944 donne pouvoir au gouverneur général d'instituer des juridictions indigènes coutumières qui peuvent être saisies sans conciliation préalable. Préalablement, le décret du 17 juillet 1944 institue un code pénal indigène et une justice pénale indigène qui sera supprimée par le décret du 30 avril 1946.

Une justice inégalitaire

La justice est inégalitaire. Le code de l'indigénat et l'institution du travail forcé en sont les exemples les plus significatifs.

En AOF le régime de l'indigénat sera institué par le décret du 21 novembre 1904, et en AEF par le décret du 31 mai 1910. Le code de l'indigénat viole le principe de l'égalité devant la loi, il crée une catégorisation entre les indigènes : les indigènes citoyens français ; les indigènes sujets français, les indigènes administrés français (Togo, Cameroun oriental), les indigènes protégés français et à côté de cela, les citoyens français.

Le code de l'indigénat viole également le principe de la responsabilité pénale individuelle en créant les peines collectives. Le Code de l'indigénat viole aussi le principe du caractère général de la loi en instituant des « infractions spéciales ». Il crée des infractions à caractère politique.

Quant au travail forcé, c'est une forme d'esclavage.

La loi Houphouët Boigny du 11 avril 1946 supprimera le travail forcé et la loi Lamine Gaye du 7 mai 1946 supprimera l'indigénat pour faire place au statut de citoyen.

Toute cette organisation avait pour objectif de faciliter l'implantation coloniale et l'exploitation des territoires à un moment où il n'était pas encore question d'indépendance. On comprend, au vu de ces multiples réformes, que la puissance coloniale se cherche et a comme souci principal de faire en sorte de pouvoir maintenir son autorité sur ses Territoires, de pouvoir les exploiter pour en tirer profit, mais en même temps de toujours conserver un statut différent entre les citoyens français et les sujets français ; on relève également une volonté d'essayer de gérer les colonies en ayant recours aux pratiques coutumières surtout en matière de statut personnel.

Lors de la Conférence de Brazzaville, qui s'est tenue du 30 janvier au 8 février 1944, le Général de Gaulle situera les objectifs de cette importante rencontre : plus de progrès social pour les Territoires, plus d'autonomie, mais pas d'indépendance.

La nécessité de faire évoluer les colonies vers plus d'autonomie conduira à des réformes qui, elles-mêmes, conduiront à l'Indépendance.

B. L'ÉVOLUTION VERS L'INDÉPENDANCE

La Constitution du 27 octobre 1946 et la Loi-cadre Deferre du 23 juin 1956

Au lendemain du second conflit mondial, par la Constitution du 27 octobre 1946, l'Empire colonial français devient « Union française » et les colonies des Territoires. Les Assemblées territoriales sont créées, une Assemblée de l'Union française également où siègent les représentants des Assemblées territoriales au nombre de deux par assemblée, ils sont élus.

Les réformes vont se poursuivre grâce à la Loi-Cadre Deferre.

La Loi-Cadre Deffere du 23 juin 1956 accorde le suffrage universel aux populations des deux sexes et renforce les pouvoirs des assemblées territoriales ; il s'agit d'associer les autochtones à la gestion de leurs intérêts ; la décentralisation est instituée.

La base politique du mimétisme : la Constitution de 1958

La Constitution de 1958 institue la Communauté qui est la base politique du mimétisme. Ainsi, l'article 76 de la Constitution offre une option « rester dans la Communauté ou en sortir » ; pour cela un référendum est organisé ; seule la Guinée dira non et optera pour l'indépendance immédiate.

Les Territoires laissent la place aux *États membres de la Communauté*. Ceux-ci jouissent de l'autonomie. Les membres de la Communauté ont réclamé au départ plus d'autonomie, mais pas l'indépendance ; les revendications allant croissant, la Constitution de 1958 sera finalement révisée pour qu'un État puisse rester dans la Communauté tout en devenant indépendant, il est pour se faire prévu la conclusion d'Accords pour chaque État : des accords de transfert de compétences et des accords de coopération qui vont organiser le maintien des liens avec l'ancienne puissance coloniale. Ces Accords seront conclus au moment de l'indépendance qui arrivera plus rapidement que prévu et la Communauté disparaîtra.

La base juridique du mimétisme : L'ordonnance Plantey du 06 octobre 1958

L'Article 2 de l'Ordonnance Plantey dispose : « *dans les États membres de la Communauté, les dispositions ayant valeur législative ou réglementaire en vigueur à la date du choix prévu à l'article 76 de la Constitution restent applicables en leurs dispositions non contraires à la Constitution tant que leur modification ou leur abrogation n'ont pas été prononcées par les autorités compétentes en vertu de la Constitution et du nouveau statut desdits États* ».

La Constitution de 1958 prévoit que, sauf accord particulier, le *« contrôle de la justice »* est du ressort de la Communauté. Deux décisions présidentielles du 12 juin 1959 donnent des précisions : la première décision fixe les *« principes généraux du contrôle de la justice »* et dispose en son article premier que le contrôle de la justice *« s'entend comme une mission supérieure confiée à la communauté de veiller à ce que soit respecté l'idéal de justice et de liberté auquel ont souscrit les peuples des états membres »* ; la justice doit être rendue au nom du peuple ; l'indépendance de la justice doit être assurée ainsi que l'inamovibilité des magistrats.

À l'approche de l'Indépendance, les anciennes colonies vont signer avec la France, comme prévu, des accords au contenu identique, les Accords de 1960. Deux séries d'accords ont été conclues : des accords de transfert de compétences et des accords de coopération.

Dans le cadre des accords de coopération, des accords bilatéraux sont conclus : un accord de coopération en matière de politique étrangère, un accord concernant l'assistance militaire technique, un accord en matière d'aide, un accord en matière domaniale, un accord de coopération culturelle, une convention d'établissement.

À cela se sont ajoutés des accords multilatéraux : un accord de défense, un accord sur les droits fondamentaux des nationaux, un accord relatif à l'enseignement supérieur, un accord de coopération monétaire, économique et financière, un accord sur les matières premières et produits stratégiques.

Au moment de l'Indépendance, la plupart des pays n'ont pas les cadres nécessaires pour prendre la relève, cela justifie l'accord de coopération en matière d'aide et d'assistance technique. Ils ne disposent pas non plus de monnaie nationale, cela justifie les accords en matière de coopération monétaire. À l'Indépendance, qui pouvait rédiger ou aider à la rédaction des textes fondamentaux des États notamment de tous ces accords de coopération et des Constitutions des États si ce n'est la puissance coloniale ?

II - ANALYSE DE L'ÉVOLUTION DU CONSTITUTIONNALISME AFRICAIN DEPUIS LES INDÉPENDANCES : ENTRE AUTORITARISME ET DÉMOCRATIE

Les Constitutions en Afrique francophone ont connu une évolution que l'on peut diviser en trois étapes : la période de 1960 à 1990, les Constitutions de première génération ; la période de 1990 à 2020 qui a produit les Constitutions de deuxième génération ; et une troisième période semble se dessiner depuis 2020, qui ouvre peut-être la voie aux Constitutions de troisième génération.

A. LA PÉRIODE DE LA GUERRE FROIDE DE 1960 A 1990 : L'INSTALLATION DE RÉGIMES AUTORITAIRES

Cette période qui va de 1960 à 1990 est marquée par un développement de l'autoritarisme dans les États africains, par la concentration des pouvoirs et par le règne du Parti unique ; dans certains États la dictature s'installe et on assiste à la suppression des libertés fondamentales qui en est la conséquence. Cette période est marquée par de nombreux coups d'État qui ne font que consacrer l'autoritarisme et la dictature. Si l'armée prend le pouvoir, ce n'est pas pour démocratiser ; des régimes vont s'installer durablement traversant les années et survivant même, pour certains d'entre eux, à l'ère de démocratisation qui va souffler en Afrique, c'est le cas particulièrement en Afrique centrale.

Dans un article intitulé « les coups d'État en Afrique, en chiffres » (VOA, Megan Duzor et Brian Williamson), les auteurs affirment : « *sur les 486 coups d'État réussis ou ratés depuis 1950, 214, dont 106 réussis, ont eu lieu en Afrique, la région la plus touchée* » et ils poursuivent « *45 des 54 pays africains ont subi au moins une tentative de coup d'État depuis 1950* ». Le Soudan étant le pays ayant subi le plus de coups d'État.

Il est intéressant de relever que la plupart des coups d'État réussis ont eu lieu pendant la période de la guerre froide.

On est en droit de se demander aujourd'hui quels changements constitutionnels a apportés le vent de l'est en Afrique et qu'est ce qui n'a pas fonctionné pour que les vieux démons réapparaissent ?

B. LE VENT DE LA LIBERTÉ : 1990 à 2020

Le vent de l'Est

Le vent de la liberté ne se lèvera pas en Afrique, mais en Europe de l'Est, l'Afrique suivra encore une fois, elle n'en est pas l'initiatrice. Ce vent de l'Est donnera naissance en Afrique francophone à des conférences nationales, souveraines pour certaines d'entre elles, notamment au Bénin en 1990 et non souveraines pour d'autres.

Le vent de l'Est qui a conduit à la chute du mur de Berlin le 9 novembre 1989 puis à l'effondrement de l'Union soviétique est suivi par le discours du président François Mitterrand prononcé à la Baule le 20 juin 1990 ; la Baule où il reçoit les Chefs d'État africains sur la démocratisation de l'Afrique lors de la 16e conférence des Chefs d'État de France et d'Afrique. Il déclare : « *il faut bien se dire que ce souffle fera le tour de la planète…* » et il poursuit : « *comme le rappelait le président du Sénégal, il faut un État, il faut le développement et il faut l'apprentissage des libertés… lorsque je dis démocratie, lorsque je trace un chemin, lorsque je dis que c'est la seule façon de parvenir à un état d'équilibre au moment où apparait la nécessité d'une plus grande liberté ,j'ai naturellement un schéma tout prêt : système représentatif, élections libres, multipartisme, liberté de la presse, indépendance de la magistrature, refus de la censure : voilà le schéma dont nous disposons… à vous peuples libres, à vous états souverains que je respecte, de choisir votre voie, d'en déterminer les étapes et l'allure* ».

C'est ainsi que l'on va assister à une vague de démocratisation, les conférences nationales engendreront de nouvelles Constitutions et conduiront à l'instauration, pour les États qui n'en avaient pas encore, de juridictions constitutionnelles détachées des cours et tribunaux de droit commun. On assiste également à la mise en place de structures indépendantes à qui est confiée l'organisation des élections et qui portent diverses appellations : CENI, CEMI, ANE…

Les Constitutions « coloniales » ont fait place aux Constitutions de la deuxième génération, Constitutions issues du vent de démocratie insufflé par la révolution intervenue dans les pays de l'Est de l'Europe.

Le printemps arabe de 2010 à 2011 : « Dégage ! »

Quelques années plus tard, à partir du 17 décembre 2010, le « printemps arabe » qui a pris naissance en Tunisie, a vu les peuples se lever et participer à l'orientation de leur propre destin, les régimes en place étant devenus leurs cibles, les peuples arabes ont demandé le départ de leur dirigeant, plus de liberté et un meilleur partage des richesses. Cette révolution entraînera la chute du président Ben Ali en Tunisie. Ce mouvement de révolte né en Tunisie a eu un impact dans plusieurs États, ainsi, le 3 janvier 2011 c'est le début de la contestation en Algérie, le 25 janvier 2011 en Jordanie, le 27 janvier 2011 en Égypte, un mouvement de contestation qui entraînera la chute du président Moubarak ; le 14 février 2011, c'est le début de la révolution au Yémen qui entraînera la chute du président yéménite, le 15 février 2011 c'est Bahreïn qui est touché, le 20 février 2011 c'est au tour de la Lybie et cette révolution entraînera la mort du président Kadhafi ; le 15 mars 2011, c'est le tour du Maroc qui sera contraint d'introduire plus de démocratie dans sa Constitution tout en conservant la monarchie constitutionnelle, le 19 mars c'est le début en Syrie. Ces révoltes entraîneront des guerres civiles en Lybie, en Syrie au Yémen et en Irak.

C. LA RÉSURGENCE DES COUPS D'ÉTAT DEPUIS 2020 ET LES CONSTITUTIONS REVISITÉES

Suite à la période de démocratisation qui a suivi le vent de l'Est, l'Afrique a connu une relative accalmie en ce qui concerne les coups d'État pendant les deux dernières décennies. On assiste à un regain des coups d'État principalement depuis 2020, vingt ans après le vent de l'Est et dix ans après le printemps arabe, et on relève qu'il se situe au moment où les tensions refont surface entre les deux blocs.

Déjà en 2013, en République centrafricaine un coup d'État est opéré par une coalition de groupes armés « la Seleka » qui chasse du pouvoir le président François Bozize.

Des mouvements populaires au Mali ont abouti à un coup d'État en août 2020 et puis à un autre en mai 2021 ; en Guinée le 5 septembre 2021 voit le renversement du président Alpha Condé par la junte militaire ; au Burkina Faso en janvier 2022 et le 30 septembre 2022, deux putschs en quelques mois ; au Tchad en avril 2021 c'est l'assassinat du président Deby qui sera remplacé par son fils ; en Guinée en août 2020 et juillet 2022. On a également assisté à une tentative de coup d'État en Guinée-Bissao en février 2022. Au Soudan, pays anglophone, Omar El Béchir sera chassé du pouvoir le 11 avril 2019, dans la foulée, un coup d'État est opéré par l'armée le 25 octobre 2021 contre le gouvernement de transition, le soudan fait face à présent à un conflit armé depuis le 15 avril 2023. Un coup d'État a lieu au Niger le 26 juillet 2023, il est initié par la garde présidentielle qui sera soutenue par l'Armée, il renverse le président élu Bazoum. Le dernier coup d'État au moment nous écrivons ce livre survient au Gabon ; après plus de 50 ans de règne de la famille Bongo, le fils Ali Bongo est déposé, sans effusion de sang, le 30 août 2023 par le chef de garde républicaine. Le nouvel homme fort a qualifié ce putsch de « *coup de liberté* ».

Que reproche-t-on aux régimes en place ? Essentiellement la persistance des problèmes de sécurité, la mauvaise gouvernance marquée par une gestion clanique du pouvoir et la prédation, les fraudes aux élections, le tripatouillage des Constitutions pour instaurer une présidence à vie.

Ces évènements entraîneront dans ces États l'installation de transitions et la rédaction de nouvelles Constitutions, le départ des chefs d'État de la République centrafricaine, du Mali, de Guinée, du Burkina Faso, du Soudan, du Niger ; du Gabon ; la mort du président tchadien Idris Deby le 20 avril 2021sur le théâtre d'opérations dans le Tibesti, un conflit armé déclenché au Soudan ; tout cela s'effectue encore une fois sur fond de tension entre le bloc occidental et la Russie, rapports exacerbés par la guerre menée par la Russie en Ukraine. En outre, on assiste à un phénomène nouveau : l'intervention et l'implantation progressive dans certains de ces États déstabilisés de l'organisation mercenaire russe Wagner d'abord en RCA, puis au Mali et la question reste posée pour le Niger et le Burkina Faso cependant, le fait que certains manifestants 'procoup d'État' brandissaient le drapeau russe laisse perplexe.

Les mouvements populaires se font sur fond de contestation de l'ancienne puissance coloniale qu'est la France ceci en particulier au Niger et au Mali.

On est en droit à présent de se demander : quelles Constitutions faut-il pour les anciennes colonies d'Afrique francophone en particulier et pour l'Afrique en général ? Le rythme auquel ces Constitutions sont revues et corrigées, tous les mouvements de contestation qui naissent ici et là, cette volonté de redéfinir et parfois même de supprimer les relations avec l'ancienne puissance coloniale sont manifestes ; les Africains revendiquent des constitutions qui rompent avec le mimétisme, des constitutions réellement de source et d'inspiration africaine.

SECTION II - QUELLES CONSTITUTIONS POUR LES ÉTATS AFRICAINS ?

« *Il y a un nouvel Africain dans le monde, ce nouvel Africain est prêt à mener ses propres luttes et montre qu'après tout l'homme africain est capable de gérer ses propres affaires* »

Kwame Nkrumah.

« *Une Constitution qui est faite pour toutes les nations n'est faite pour ucune* »
Joseph de Maistre.

De ces deux citations se dégagent deux idées fondamentales : le constat d'une volonté de changement, l'Afrique cherche sa place dans le concert des nations, et la deuxième idée est le fait qu'il ne peut y avoir une constitution qui soit valable pour plusieurs États, c'est donc à chaque État de construire la sienne grâce à son propre génie et en fonction de ses besoins ; cependant, les États ne vivent pas en autarcie à l'heure de l'internet, des réseaux sociaux et du développement des communications. Ainsi, on peut dégager des constantes dans les Constitutions revisitées après le vent de l'Est, des pommes de discorde et des tendances qu'il va falloir exploiter.

I - LES OPTIONS ET LES ENGAGEMENTS PRIS PAR LES ÉTATS AFRICAINS

A. LES PRÉOCCUPATIONS POSTCOLONIALES : LE TEMPS DE L'OUA

L'Acte constitutif de l'Union africaine (UA) a été adopté le 11 juillet 2000 à Lomé, dix ans après le vent de l'Est et après les modifications constitutionnelles intervenues. Cette réforme était devenue nécessaire afin de prendre en compte les aspirations des États africains et des populations, l'OUA avait été l'organisation qui avait pour objectifs principaux l'unité africaine et la décolonisation ; désormais, les préoccupations étaient différentes et suite aux régimes autoritaires, les peuples réclamaient plus de liberté, plus de démocratie et plus de développement. L'Union africaine naîtra de ce constat.

Les objectifs que se fixaient les États étaient les suivants : défendre leur souveraineté et leur indépendance, défendre leur intégrité territoriale, éliminer le colonialisme d'Afrique sous toutes ses formes, offrir de meilleures conditions de vie aux populations.

Les principes fixés pour atteindre ses objectifs étaient les principes reconnus par la Charte des Nations Unies, notamment, l'égalité souveraine des états, la non-ingérence dans les affaires intérieures des états, l'émancipation totale des territoires africains non encore indépendants et le non-alignement à l'égard de tous les blocs.

Le principe de l'intangibilité des frontières était également un principe fondamental adopté par les États africains afin que la question des frontières ne devienne source de conflits entre les États compte tenu du fait que ces frontières avaient été fixées de façon artificielle par les puissances coloniales et pouvaient ainsi donner lieu à des revendications somme toute légitimes. On comprend qu'au sortir de la colonisation les préoccupations et les combats menés par les États africains étaient de façon prioritaire, celle du développement, de la décolonisation totale de tous les territoires, et de déterminer le positionnement de l'Afrique entre les deux blocs, le non-alignement.

B. LES PRÉOCCUPATIONS ACTUELLES : LE TEMPS DE L'UNION AFRICAINE

À l'occasion du lancement de l'Union africaine, les États africains ont fait une déclaration, la *« Déclaration de Durban »* en hommage à l'Organisation de l'Unité africaine (OUA), déclaration du 10 juillet 2002.

Ils ont notamment déclaré :

« *Aujourd'hui, l'Afrique s'est résolument placée sur la voie de la démocratie. Dans notre déclaration d'Alger sur les changements inconstitutionnels de gouvernement et dans notre déclaration sur le cadre pour une réaction aux changements anticonstitutionnels, adoptée en 1999 et en 2000, respectivement, nous avons réitéré notre détermination à voir l'Afrique gouvernée sur la base de la démocratie et par des gouvernements issus de la volonté exprimée par le peuple à travers des élections transparentes, libres et justes* » (point 10).

Ils poursuivaient :

> « *De même, dans notre déclaration solennelle de 2000 sur la conférence sur la sécurité, la stabilité, le développement et la coopération en Afrique, nous avons décidé des principes fondamentaux devant régir notre coopération dans le domaine de la sécurité, du développement et de la promotion de la démocratie et de la bonne gouvernance sur le continent* » (point 11).

Ils ont dit également la nécessité de « *repositionner l'Afrique dans un monde globalisant* » (point 15).

Ils concluaient en ces termes :

> « *En ouvrant une nouvelle page de l'histoire de notre continent, nous réaffirmons notre attachement aux principes et objectifs énoncés dans l'acte constitutif de notre union en vue de nous assurer que nos peuples vivent dans la paix et la prospérité. Nous réaffirmons également notre détermination à mettre en œuvre tous les programmes, toutes les politiques et toutes les décisions de l'union africaine* » (point 20).

Toutes ces options et ces engagements les États africains les ont réitérés dans des Traités conclus au sein de l'UA en particulier la Charte africaine de la Démocratie, des Élections et de la Gouvernance adoptée le 30 janvier 2007 et entrée en vigueur le 15 février 2012 qui nous intéresse plus particulièrement dans le cadre de cet ouvrage. La Charte a listé ses objectifs notamment et principalement : la promotion de la démocratie et des droits de l'homme, de l'état de droit, la suprématie de la Constitution et de l'ordre constitutionnel, le rejet et la condamnation de tout changement anticonstitutionnel de gouvernement, la promotion et la protection de l'indépendance de la justice, la bonne gouvernance, ce qui rejoint parfaitement les engagements pris dans la Charte de l'Union africaine.

Cette Charte est le reflet des Constitutions de la deuxième génération issues des conférences nationales cependant il est évident que, de nos jours, des points font débat et constituent des pommes de discorde et des sujets de division.

II - LES CONSTANTES ET LES POMMES DE DISCORDE DES CONSTITUTIONS DE LA DEUXIÈME GÉNÉRATION

À l'examen des Constitutions africaines revisitées depuis l'indépendance on constate qu'il existe un fond commun de ces Constitutions.

A. LES CONSTANTES

Certains principes paraissent constants dans les Constitutions africaines de deuxième génération qui sont issues du vent de l'Est :

- La référence à la République une et indivisible et à l'unité nationale
- La référence au système démocratique avec les trois pouvoirs indépendants et la proclamation des droits de la personne humaine
- Le choix d'un exécutif fort : le régime présidentiel ou semi-présidentiel est le régime retenu le plus couramment

Même si on relève une volonté après les conférences nationales de mieux équilibrer les pouvoirs et de renforcer le contrôle des parlements, le régime retenu est quand même le régime présidentiel, souvent semi-présidentiel par l'existence du Premier ministre dont le gouvernement est responsable devant le parlement. L'exécutif reste dominant.

- Le renforcement de la protection de la Constitution et de la crédibilité des élections

Des Cours et Juridictions constitutionnelles indépendantes gardiennes des constitutions et régulatrices du fonctionnement des pouvoirs publics sont instituées et leurs compétences renforcées. Des institutions indépendantes en charge de la préparation des élections sont également instituées dans le but de renforcer la crédibilité des processus électoraux.

- La référence à la bonne gouvernance et à l'État de Droit

On relève un renforcement de la transparence dans la gestion de la chose publique et de l'obligation des gouvernants de rendre compte de leur gestion. Des institutions indépendantes en charge du contrôle de gestion de l'utilisation des fonds publics sont instituées ou plus couramment, les pouvoirs de contrôle du Parlement sont renforcés.

- La référence à l'environnement international, au droit international et aux traités internationaux.

B. LES POMMES DE DISCORDE

Certaines questions fâchent et font l'objet de débats et parfois même de contestations pouvant aller jusqu'à la chute des présidents qui ont cru pouvoir tenter l'aventure, c'est le cas notamment de la question de la limitation des mandats présidentiels.

La limitation des mandats présidentiels

Le processus en quatre étapes du recours au troisième mandat a été très bien décrit à la tribune des Nations Unies par le Premier ministre du Mali le 24 septembre 2022 devant l'assemblée générale :

1re étape : déclenchement d'une révision constitutionnelle non consensuelle ;

Deuxième étape : Modification de quelques dispositions de la Constitution, le président sortant devient candidat justifié par la nouvelle constitution ;

Troisième étape : une farce électorale est organisée ;

Quatrième étape : le président sortant gagne les élections et organise la chasse aux opposants.

Le troisième mandat ! Il divise les États, il divise les peuples, cependant il y a une nette tendance au rejet du troisième mandat. Même quand la Constitution a été verrouillée, les velléités de troisième mandat demeurent, c'est le cas de la République centrafricaine. Certains chefs d'État l'ont d'ores et déjà payé de leur poste, c'est le cas du président guinéen Alpha Kondé. Le président sénégalais a eu, lui, la sagesse d'y renoncer par une déclaration.

Le fauteuil du troisième mandat est un fauteuil plein d'épines, il rompt l'alternance au pouvoir, il empoisonne les relations avec l'opposition, la société civile et le peuple. Il est destructeur, car il est basé sur la violation de la Constitution et du serment de la respecter. C'est une trahison ! C'est une forfaiture ! C'est un coup d'État, ainsi que le déclarait d'ailleurs, lors d'une interview, le professeur Théodore Holo du Bénin, le 16 août 2023 :

> « *Le pouvoir s'acquiert au fond des urnes, pas au bout d'un fusil… ça peut être le fait d'autorités militaires, mais aussi d'autorités ou organes constitutionnels. Par exemple, la modification de la constitution pour s'octroyer un troisième mandat est tout aussi blâmable qu'un coup d'État militaire* ».

L'Afrique a déjà pris ouvertement position contre tout changement inconstitutionnel de régime et contre les coups d'État constitutionnels dans la Charte africaine relative à la démocratie, aux élections et à la gouvernance, cette condamnation n'est manifestement pas suffisante vu les récentes velléités de certains chefs d'État de se maintenir au pouvoir en violation des dispositions constitutionnelles et la résurgence des coups d'État.

La deuxième question qui fait débat est une question essentiellement juridique :

La place des traités internationaux dans la hiérarchie des normes

Cette question divise les intellectuels et particulièrement les juristes, chacun interprète les dispositions constitutionnelles suivant ses propres convictions : pour certains les traités internationaux doivent être conformes à la Constitution, ce qui signifie que dans la hiérarchie des normes ils sont situés en dessous de la Constitution, la Constitution étant la norme supérieure ; pour d'autres, la Constitution doit être conforme aux engagements internationaux, ce qui signifie que les traités sont supérieurs à la Constitution. C'est une question qui doit être clarifiée.

Le fonctionnement des assemblées parlementaires soulève également des interrogations, beaucoup n'en sont pas satisfaits et ce n'est pas peu dire !

Le fonctionnement des Assemblées parlementaires

Les représentants du Peuple ne représentent souvent qu'eux-mêmes et souvent les assemblées parlementaires sont des chambres d'enregistrement qui sont au service du pouvoir, ceci fausse le jeu démocratique qui est basé sur la séparation des pouvoirs, la collaboration étant organisée, mais en aucun cas la confusion des pouvoirs n'est permise. La confusion des pouvoirs est le début de la dictature.

La question qui est posée est : comment faire en sorte que chacun joue son rôle et remplisse sa mission ? Les textes sont clairs, mais c'est leur application qui pose problème. Ne s'agit-il pas là plutôt d'une question de moralité et de responsabilité quand on sait comment la corruption peut miner une assemblée parlementaire.

En RCA, l'assemblée qui à notre avis a le mieux fonctionné, a fait preuve de compétence et de sérieux et surtout de ce souci de l'intérêt général a été le Conseil national de Transition (CNT) sous la Transition de 2013 à 2016, dont les membres représentaient les différentes entités et dont les représentants au CNT étaient non élus, mais choisis par le corps. Ce qui amène à poser la question suivante : faut-il renoncer au suffrage universel pour le choix de députés de la nation ? Faut-il choisir entre efficacité et élection ?

La question de la laïcité

La laïcité est définie comme étant un «*principe d'organisation et de fonctionnement des services de l'État selon lequel l'État est non confessionnel*».

La laïcité est le principe de séparation de l'Église et de l'État, on parle également de sécularisation de l'État, ce principe a été construit de longue lutte grâce à certains auteurs et théoriciens tels que Locke, Rousseau et à de grands hommes d'État tels que Jefferson, Washington, à des révolutions telles que la Révolution française de 1789 ou à encore à des textes tels que le Concordat en France.

La laïcité repose sur deux principes : le premier principe étant l'obligation pour l'État de ne pas intervenir dans les convictions de chacun, donc la neutralité de l'État vis-à-vis des diverses croyances et religions et de façon corollaire, la liberté des cultes. Le second principe étant l'égalité de tous devant la loi, quelles que soient la religion et les croyances de chacun, ce qui induit le principe de non-discrimination.

Chaque État semble avoir sa perception de la laïcité.

La laïcité à la française ne correspond manifestement pas à la laïcité telle que perçue par l'Afrique, et, entre les États africains eux-mêmes, il y a de grandes différences quant à cette question. «*À César ce qui est à César et à Dieu ce qui est à Dieu*» doit donc être revisité.

La question de la nationalité et de la citoyenneté

Cette question pose problème également, on se souvient de ce qui s'est passé en Côte d'Ivoire à ce sujet lorsque le pouvoir du président Gbagbo a voulu restreindre la qualité de national donc de citoyen pour écarter un adversaire politique. En République centrafricaine, le pouvoir du président Touadera s'est engagé dans cette même voie, crisogène, dans sa nouvelle Constitution par l'introduction de notions telles que citoyen « d'origine » qui seuls pourront accéder aux hautes fonctions de l'État.

La nationalité *« désigne un lien juridique de rattachement d'un individu à un État donné instituant tant des devoirs que des droits »*.

C'est l'État qui détermine souverainement les critères d'attribution de sa nationalité, le droit international demande simplement que cette nationalité soit effective, c'est-à-dire repose sur des liens réels et vérifiables pour être opposable aux autres états. La nationalité est un lien qui unit des individus appelés nationaux, pour aboutir finalement à former une nation comportant des liens de solidarité, de vie en commun, une communauté d'existence.

La nationalité est parfois à l'origine de divisions et de troubles surtout lorsque l'on veut s'en servir à des fins électorales ou politiques par exemple pour écarter des opposants de la course électorale. La nationalité est du domaine de la loi, mais elle repose sur des dispositions arrêtées dans la Constitution, il en est ainsi des critères d'éligibilité pour être candidat à la Présidence de la République. La nationalité au lieu d'être un lien qui unit les nationaux d'une même nation va devenir alors une notion qui divise.

La question de la nationalité n'est qu'un aspect de l'identité nationale et plus largement de la citoyenneté.

L'Afrique doit redéfinir sa citoyenneté.

La citoyenneté est le statut juridique qui permet à un individu de devenir citoyen. Civisme, civilité et solidarité sont les valeurs fondamentales de la citoyenneté, elle comporte une notion de participation à la vie publique et politique.

Le mot citoyen vient du mot «*politès*» en grec, «*civis*» en latin. La citoyenneté chez les Grecs ne concernait qu'une minorité de la population, ceux qui avaient le droit de participer à la vie de la nation à l'exclusion des esclaves, des femmes, des étrangers. Le mot 'citoyenneté' a été par la suite étroitement lié à la nationalité. De nos jours, le citoyen est défini comme un «*individu jouissant, sur le territoire de l'État dont il relève, des droits civils et politiques*». Telle que définie, la citoyenneté est essentiellement une notion juridique. Cependant, la citoyenneté comporte aussi des valeurs telles que le civisme, la solidarité des valeurs qui sont le reflet du vivre ensemble, des principes qui constituent le socle et le ciment de la société dans laquelle on vit et que l'on a coutume d'appeler «les valeurs de la République».

Ceci nous amène à distinguer l'État de la Nation.

L'État est défini comme étant une «*collectivité qui se compose d'un territoire et d'une population soumis à un pouvoir politique organisé et qui se caractérise par la souveraineté*». L'État est défini par des éléments tout à fait palpables, visibles mesurables. L'État est une notion juridique.

La nation est définie comme étant un «*groupement d'hommes ayant entre eux des affinités tenant à des éléments communs à la fois objectifs (race, langue, religion, mode de vie) et subjectifs (souvenirs communs, sentiment de parenté spirituelle, désir de vivre ensemble) qui les unissent et les distinguent des hommes appartenant aux autres groupes nationaux* ».

La nation fait ainsi référence à des critères essentiellement subjectifs, ce sont cependant ces critères qui constituent le ciment et la base de l'unité nationale. Lorsqu'il y a distorsion entre l'état et la nation, l'unité nationale est fragile. Le citoyen doit avoir le sentiment d'une solidarité qui le lie à ses compatriotes, le sentiment d'appartenance à une même nation qui est à la base de l'unité nationale, le sentiment de partager les mêmes traditions, la même culture et surtout les mêmes valeurs, tout ceci dans le respect des diversités et des différences qui peuvent exister. Si l'État peut naître en un jour grâce à un acte posé par les hommes, la nation, elle, est en perpétuelle construction, cette construction s'étale dans le temps, c'est une œuvre de longue haleine, la nation ne se décrète pas.

Dans plusieurs États africains, du fait des frontières artificielles héritées de la période coloniale, la question de la nationalité et de la citoyenneté se pose avec acuité et engendre parfois des conflits sanglants et interminables. Certaines populations se sentent marginalisées et parfois même discriminées, ce qui nuit profondément à l'unité nationale tant recherchée. À l'indépendance, les Africains eux-mêmes dans l'OUA ont proclamé le principe de l'intangibilité des frontières héritées de la période coloniale voulant ainsi éviter l'implosion des nouveaux États. Ce problème reste d'actualité et a même conduit à des conflits portés devant la Cour de Justice internationale, ou devant des tribunaux d'arbitrage international, mais souvent il a donné lieu à des conflits armés.

La question des Accords politiques de paix

Plusieurs États africains sont confrontés à des troubles, à des crises sécuritaires et à la présence de groupes armés sur leur territoire. Plus récemment, on a vu se développer la présence de mercenaires particulièrement agressifs et interventionnistes, les mercenaires russes de Wagner. Ces deux phénomènes interpellent sous l'angle de remise en cause des règles internationales classiques de coopération et ont une influence directe sur le contenu et les principes des Constitutions, par la conclusion d'accords politiques pour le premier phénomène et l'immixtion dans les révisions constitutionnelles pour le second phénomène. Ce sont ces deux aspects que nous allons traiter.

Il faut qu'il soit établi que les Accords politiques et les Accords militaires ne peuvent s'affranchir des valeurs constitutionnelles fondamentales afin de NE pas finir par être supérieurs à la Constitution. La paix n'a pas de prix, dit-on, ce qui signifie que la paix est tellement indispensable, qu'il faut savoir en payer le prix, mais ce prix qu'il faut payer ne doit pas aller jusqu'à la remise en cause des fondements de l'État.

Cette question pose également, par extension, le problème de l'utilisation des organisations militaires privées par un État, pratique qui semble devenir comme une tendance naissante ; elle est liée au regain des tensions entre les deux blocs. Cette question pose également celle du positionnement de l'Afrique.

L'utilisation de mercenaires et de sociétés militaires privées par un État

L'utilisation de mercenaires est sanctionnée par la *Convention de l'OUA sur l'élimination du mercenariat en Afrique, signée le 3 juillet 1977 à Libreville entrée en vigueur le 22 avril 1985.*

Il y a lieu de rappeler ici certaines dispositions de cette Convention.

La définition du mercenaire est claire : « *le terme 'mercenaire' s'entend de toute personne :*

a) qui est spécialement recrutée dans le pays ou à l'étranger pour combattre dans un conflit armé,
b) qui en fait prend une part directe aux hostilités,
c) qui prend part aux hostilités en vue d'obtenir un avantage personnel et laquelle est effectivement promise, par une partie au conflit ou en son nom, une rémunération matérielle,
d) qui n'est ni ressortissant d'une partie au conflit ni résident du territoire contrôlé par une partie au conflit,
e) qui n'est pas membre des forces armées d'une partie au conflit et,
f) qui n'a pas été envoyée par un État autre qu'une partie au conflit en mission officielle en tant que membre des forces armées dudit État ».

Le mercenariat est qualifié de crime, le crime de mercenariat. L'article 3 précise que *« toute personne physique ou morale qui commet le crime de mercenariat… commet le crime contre la paix et la sécurité de l'Afrique et est punie comme telle* » et l'article 5 engage la responsabilité générale de l'état et de ses représentants.

Le mercenaire n'a pas la qualité de combattant et s'il est fait prisonnier il bénéficie du traitement minimum contenu dans le droit international humanitaire les conventions de Genève de 1949 et les deux protocoles additionnels de 1977.

Plusieurs études ont été publiées dernièrement sur la présence des mercenaires Wagner dans certains États africains notamment en République centrafricaine.

On constate que les États où prospèrent les mercenaires Wagner sont des États rencontrant des problèmes sérieux de sécurité, d'instabilité, des États fragiles et ayant de gros problèmes de développement. Cela est manifeste en ce qui concerne la République centrafricaine, où l'organisation Wagner a commencé à prospérer en 2017.

Dans un premier temps, ils se sont rendus indispensables vis-à-vis du pouvoir en combattant les groupes armés et leurs interventions ont effectivement connu un succès certain, leur deuxième intervention tout aussi manifeste est la protection du chef de l'État.

Une fois qu'ils se sont ainsi rendus indispensables, ils ont commencé à mener des actions agressives de déstabilisation de l'ancienne puissance coloniale dans le pays par la communication et la désinformation. L'exploitation des ressources minières, l'exploitation du bois, le commerce, le grèvement du budget de l'État pour leur rémunération sont devenus leur principale préoccupation, le tout couronné par de multiples exactions commises sur les populations centrafricaines et même sur les éléments des Forces armées centrafricaines (FACA) avec qui ils sont censés collaborer et qu'ils sont censés former.

À quoi cela sert-il d'invoquer une décolonisation pour justifier une telle présence en en introduisant une autre après tant d'années d'indépendance ? C'est avec sidération qu'on a pu voir un triste spectacle : des manifestants centrafricains brandissant le drapeau russe en lieu et place du drapeau national !

En République centrafricaine, il est manifeste que les Russes, que ce soit la Russie en tant qu'État ou les Wagner, ont été les « accompagnateurs » et peut-être même les initiateurs de l'introduction du troisième mandat dans la Constitution d'une part et de la suppression du contrôle de l'Assemblée nationale pour l'octroi de concessions minières et des accords financiers. La République centrafricaine s'offre au vingt et unième siècle une nouvelle colonisation, d'un nouveau genre, celle opérée par des mercenaires ! la question qui se pose est la suivante : sur quelles bases légales une telle coopération peut-elle s'établir entre un État normalement souverain qui devrait être respectueux des accords et traités internationaux, et des mercenaires ; comment un État peut-il aliéner sa souveraineté au profit de mercenaires sans contrevenir aux règles de coopération entre États et aux principes fondamentaux du droit international ?

Les membres de la Société privée Wagner sont -ils des mercenaires au sens de la Convention de l'OUA ?

Lorsque l'on compare les éléments qui sont cumulatifs de la définition du mercenaire, cette définition correspond bien aux membres du groupe Wagner :

- ils ont bien été recrutés pour combattre dans un conflit armé qui oppose le gouvernement de la RCA aux membres de groupes armés, ce recrutement se manifeste par leur prise en charge suivant plusieurs modalités par l'État centrafricain,

- ce sont bien des étrangers, qui ne sont pas intégrés à l'armée centrafricaine, qui ne sont pas envoyés en mission officielle par un autre État (la Russie), les autorités ont toujours nié leur présence sur le territoire centrafricain jusqu'à ce que ceci ne soit plus soutenable ;

- ils ne sont pas membres des forces armées d'un État.

Lorsque l'on examine l'accord de coopération militaire conclu entre la Russie et la RCA à Moscou le 21 août 2018, il n'est nulle part question des Wagner. Il est conclu entre le ministère de la Défense nationale et de la reconstruction de l'Armée de la République centrafricaine et le ministère de la Défense de la Fédération de Russie. Le ministre de la Défense russe, après la tentative de coup perpétré par Wagner contre la Fédération de Russie, avait déclaré que ce n'était pas la Russie qui avait envoyé Wagner à la RCA, mais que cela, c'était conclu entre la RCA et le groupe Wagner.

Une chose est cependant certaine, les éléments de Wagner travaillent en étroite collaboration avec l'ambassade de Russie en RCA tout en gardant dans les contacts une autonomie qui se manifeste par leur présence à la Présidence de la République, la gestion de la Maison Russie, la protection du président de la République au quotidien ou encore leur intervention sur le terrain aux côtés des FACA pour combattre les groupes armés, leurs activités minières et commerciales.

III - LES ORIENTATIONS ET LES ATTENTES DES PEUPLES

« *Il n'y a pas de développement sans sécurité, il n'y a pas de sécurité sans développement, et il ne peut y avoir ni sécurité ni développement si les droits de l'Homme ne sont pas respectés* ».

Koffi Annan, rapport AG des Nations Unies A/59/2005, 21 mars 2005

Quelles sont les questions fondamentales qui préoccupent les Peuples africains ? : les questions de Paix et de sécurité, les questions de développement et les questions d'identité africaine et de positionnement vis-à-vis du reste du monde. Il faut avoir à l'esprit que ces questions sont interdépendantes et interconnectées ainsi que l'a si bien exprimé Koffi Annan.

A. LES QUESTIONS FONDAMENTALES

Paix et Sécurité en Afrique

Les États africains sont particulièrement touchés par l'insécurité, or la paix est étroitement liée à la sécurité. La notion de sécurité a évolué, on est passé d'un concept restreint à une notion élargie de la sécurité. Suivant un concept restreint, la sécurité vise essentiellement la protection de la Nation ; suivant un concept plus global, la sécurité prend en compte les besoins des populations et le respect des droits de l'Homme. La protection de la Nation et des populations est la responsabilité première de chaque État, le concept de sécurité a d'abord concerné cette responsabilité étatique tant au niveau national qu'au niveau international.

Sécurité nationale, sécurité collective et défense collective

La sécurité au sein de l'État, donc la sécurité nationale, est étroitement liée à la défense nationale.

Une définition de la *sécurité nationale* est donnée par la loi française sur la défense nationale. Elle est la suivante :

« *La stratégie de Sécurité nationale a pour objet d'identifier l'ensemble des menaces et des risques susceptibles d'affecter la vie de la Nation, notamment en ce qui concerne la protection de la population, l'intégrité du territoire et la permanence des Institutions de la République, et de déterminer les réponses que les pouvoirs publics doivent y apporter. L'ensemble des politiques publiques concourent à la sécurité nationale. La politique de Défense a pour objet d'assurer l'intégrité du territoire et la protection de la population contre les agressions armées. Elle contribue à la lutte contre les autres menaces susceptibles de mettre en cause la sécurité nationale. Elle pourvoit au respect des alliances, des traités et des accords internationaux, et participe dans le cadre des traités européens en vigueur, à la politique européenne de sécurité et de défense commune* ».

Il ressort de cette définition que la défense nationale est une composante de la sécurité nationale.

En ce qui concerne la sécurité collective, contrairement à la sécurité nationale, la sécurité collective s'inscrit dans un cadre international faisant ainsi intervenir plusieurs États. Il en est de même de la défense collective.

La *sécurité collective* (un contre tous, tous contre un) est définie comme étant le « *nom du système mis en place par les Nations Unies pour garantir la paix, qui accorde au Conseil de Sécurité un pouvoir de contrainte et de sanction militaire sur les États et les entités infra-étatiques pour faire cesser et sanctionner un comportement qui constitue une menace ou une rupture de la paix et de la sécurité nationale* » (LTJ).

La Charte des Nations Unies définit les contours du maintien de la paix et de la sécurité internationales. Elle pose également le principe de l'interdiction du recours à la force pour régler les différents internationaux. Dans ce cadre, le recours à la force par un État n'est possible qu'en cas de légitime défense ou en appui à une action concertée contre un État qui viole les dispositions de la charte et qui met ainsi en danger la paix et la sécurité internationales. C'est au Conseil de Sécurité des Nations Unies que la Charte a confié la responsabilité principale en matière de maintien de la paix et de la sécurité internationales.

Dans le cadre de la *défense collective* (un pour tous, tous pour un), un accord régional est conclu entre des États en vue de renforcer leur sécurité mutuelle. Les conditions de la compatibilité avec les dispositions de la Charte de l'ONU sont précisées par le Chapitre VII de la Charte.

Compte tenu des définitions ci-dessus, pour un État « être en sécurité » c'est être en paix avec les autres États, n'être pas en guerre et être en mesure de faire face à une agression pour défendre son territoire et sa population.

Qu'en est-il de la *sécurité humaine* ? Elle est globalisante. La sécurité humaine est une exigence de la démocratie et des droits de l'Homme.

La sécurité pour un être humain peut être définie comme un « *état d'esprit d'une personne (ou d'un groupe) qui se sent tranquille, rassurée, en confiance, à l'abri du danger* ». Cette sécurité-là a été illustrée par les termes suivants : *« à l'abri de la peur, à l'abri du besoin* ».

Ce concept de sécurité humaine a été développé à partir des années 1990. Il se situe dans le cadre de la protection des droits humains. Il fait référence à un certain nombre de droits qu'il convient d'assurer et de protéger : le droit à la vie, le droit à la sécurité, le droit à un environnement sain, le droit à la protection de son intégrité physique… et cela peut aller jusqu'au droit au bien-être. Il intègre ainsi plusieurs aspects de la vie et s'inscrit dans un contexte de développement économique et social. Le concept élargi de sécurité humaine est désormais à la base de la réforme des systèmes de sécurité, de reconstruction nationale ou de refondation nationale.

Le contrôle démocratique du secteur de la sécurité devient de ce fait un impératif.

Quels en sont les contours ?

L'objectif du contrôle démocratique du secteur de sécurité est de concilier les besoins sécuritaires et la nécessité de respecter les valeurs démocratiques et les droits de l'Homme. En effet, l'usage de la force comporte souvent des dérives totalitaires. Celui qui détient une arme possède le moyen, et même le pouvoir, de s'imposer aux autres par la force et parfois par la terreur. Le pouvoir doit ainsi arrêter le pouvoir pour établir un équilibre. La grande question que soulève le contrôle démocratique du secteur de la sécurité est : comment faire en sorte que les forces de défense et de sécurité qui ont un rôle de défense, mais aussi de protection, ne finissent par utiliser le pouvoir qu'elles détiennent contre ceux qu'elles sont censées protéger, d'une part ou contre d'autres États en violation des dispositions internationales d'autre part ? Pour cette raison il faut contrôler l'usage de la force, ce contrôle doit se situer dans le cadre de la Constitution et des lois nationales et internationales, donc dans le cadre de l'État de droit et de la bonne gouvernance.

Comment ce contrôle s'exerce-t-il et par qui ?

Les acteurs et les moyens du contrôle démocratique du secteur de sécurité sont en priorité des acteurs nationaux, mais également des acteurs régionaux et internationaux.

Au niveau interne, il s'agit d'appliquer le principe de la soumission des forces de défense et de sécurité au pouvoir civil. Cette soumission s'exerce par le biais des pouvoirs de contrôle et de supervision dont dispose le pouvoir civil. Les bases de ce contrôle sont fixées par la Constitution de l'État et complétées par les lois et règlements de la République, mais également par les accords régionaux et internationaux conclus par l'État ou auxquels il a adhéré. Interviennent ainsi le pouvoir législatif, le pouvoir exécutif et le pouvoir judiciaire. Il y a lieu également de responsabiliser le citoyen dans le contrôle démocratique de la sécurité par le biais de lanceurs d'alerte et par celui des associations de défense des droits humains.

Au niveau régional ou international, ce contrôle s'exerce sur la base des dispositions des Accords et Traités conclus par les États et notamment des accords de défense et de sécurité.

Paix et justice

Sans justice point de paix ! Nous ne le dirons jamais assez, la justice, juste et équitable, est au cœur de la démocratie. L'Homme a besoin de justice, elle protège, elle sécurise, elle sanctionne les manquements aux règles, elle est donc le principal élément régulateur au sein d'une société, elle est indispensable à la paix sociale. Or, il est constant que de nombreux dysfonctionnements peuvent impacter le bon fonctionnement de la justice dans un pays et plus le pouvoir est autoritaire et moins la justice est effective. Les dysfonctionnements de la justice font le lit des revendications, des troubles, des rébellions et des révolutions, mais surtout elles introduisent la violence dans une société, la rancœur et le désir de vengeance dans le cœur des citoyens. Elles sont nuisibles à la paix sociale. Cette justice dont on parle débute dans le plus petit tribunal, concerne tous les cours et tribunaux de droit commun, mais également les juridictions constitutionnelles sans oublier la justice transitionnelle.

Cette question de paix et justice soulève l'épineux problème des lois d'amnistie. Une loi d'amnistie accorde le pardon de la Société à des individus ayant commis des crimes, elle les exempte de toutes poursuites judiciaires lorsque celles-ci n'ont pas été entamées.

Les lois d'amnistie sont souvent utilisées dans le cadre de la recherche de la paix et d'accords conclus entre un État et des membres de groupes armés. Elles sont utilisées également au bénéfice de militaires s'étant rendus coupables de tentative de putsch. L'effacement est rétroactif en ce qui concerne les faits amnistiés, c'est comme si rien n'avait été commis, une loi votée par les parlementaires efface tout cela. Les crimes commis sont, lorsqu'il s'agit de membres de groupes armés, des crimes de guerre ou de crimes contre l'humanité. Ainsi les exactions commises sont particulièrement graves et ont fait la plupart du temps de nombreuses victimes. La question qui est posée est la suivante : jusqu'où doit-on aller dans la recherche de la paix ? Les lois d'amnistie ont cela de regrettable qu'elles offrent le pardon aux bourreaux, mais oublient les victimes même si des réparations peuvent toujours être envisagées, mais les victimes ou leurs parents ne peuvent faire leur deuil, elles sont doublement victimes : du fait de ce qu'elles ont subi, mais aussi du fait du pardon accordé à leurs bourreaux et ceci sans leur consentement. Les lois d'amnistie n'offrent qu'un semblant de paix, une paix précaire, car le bourreau n'a pas été sanctionné et donc n'a pas appris et n'a pas payé sa dette à la société et très certainement il recommencera ; quant aux victimes, on ne leur a pas rendu justice, elles ne peuvent tourner la page et regarder devant elles et avancer. Elles ne peuvent se reconstruire.

C'est en cela que les « commissions Justice Vérité et Réconciliation » sont plus acceptables pour les victimes, elles ont la possibilité d'écouter ceux à qui l'on reproche de tels faits, ils s'en expliquent et parfois le pardon est accordé. Les victimes ou leurs proches, lorsque celles-ci n'existent plus, peuvent alors entamer leur reconstruction et poursuivre leur vie.

Paix et bonne gouvernance

Il ne peut être question ici de faire le tour de cette problématique. Seuls vont être examinés quelques aspects de la question, notamment institutionnels.

Tout est dans la Constitution, elle fixe les pouvoirs, elle les organise, elle organise leurs rapports et fixe les grands principes de bonne gestion de la chose publique. Seulement, ce sont les Hommes qui doivent appliquer la Constitution, et souvent ils ont plutôt tendance à la transgresser. Pour contrecarrer ces velléités il est indispensable que chacun joue le rôle qui lui est attribué dans la Constitution : les pouvoirs et les contre-pouvoirs, il faut certes des Institutions fortes, mais il faut également des Hommes vertueux.

Les assemblées parlementaires doivent jouer leur rôle de contre-pouvoirs, de contrôle du pouvoir exécutif que la plupart du temps elles ne tiennent pas ce qui et particulièrement le cas dans les pays en crise. C'est pour cela qu'il nous semble qu'en aucun cas dans ces pays les pouvoirs ne devraient disposer d'une majorité confortable à l'Assemblée nationale. Cette majorité tue la démocratie et finit par enterrer la Constitution. On finit même par se demander si dans ces États il ne faudrait pas plutôt un régime de cohabitation qui ferait que chacun surveillerait l'autre et dans lequel il serait indispensable à l'exécutif de composer avec l'opposition.

Les partis politiques, qui figurent également dans la Constitution, et surtout ceux qui nous intéressent ici, les partis politiques d'opposition, sont souvent réduits à leur plus simple expression par l'exécutif qui finit par utiliser les moyens constitutionnels dont ils disposent pour les affaiblir et même les écarter. Or les partis politiques d'opposition sont indispensables à la démocratie et à la bonne gouvernance, ils constituent un contre -pouvoir nécessaire à la bonne gestion de la chose publique et à la démocratie.

Les Institutions de la République quant à elles ne servent plus la démocratie et la bonne gouvernance lorsqu'elles sont assujetties au pouvoir en violation des dispositions constitutionnelles.

Quelle que soit l'analyse que l'on fait, on en revient à l'Homme qui est garant de l'application de la Constitution ; celui-ci doit être vertueux et pour faire fonctionner un régime démocratique, il faut des hommes qui soient imprégnés de démocratie et de vertu ; contrairement à ce que disait Machiavel, la vertu en politique nous semble plus importante que l'immoralité ou le machiavélisme dans notre contexte. La morale a quelque chose à voir avec la politique. Les chefs d'État qui ont été des dictateurs n'ont souvent pas eu besoin de lire Machiavel pour l'être ou le devenir, les hommes politiques en général, les chefs d'État en particulier, doivent faire l'apprentissage de l'intégrité, de la moralité, du sens du bien commun et de l'humilité. Le pouvoir qu'ils détiennent ne vient pas de Dieu, mais des Hommes, du Peuple en ce qui concerne les élus et ils sont au service du peuple pour le bien de celui-ci et non pour le leur ou celui de leur clan et de leurs intérêts. Un régime monarchique peut être démocratique dans son fonctionnement, le Royaume-Uni en est un exemple, et par contre un régime sensé être un régime démocratique, où le président est élu au suffrage universel, peut être dictatorial dans son fonctionnement, tout dépend des hommes qui gouvernent tout dépend du respect de l'intérêt général, du respect du bien commun et du souci de gérer les fonds publics en bon père de famille.

Faut-il encore que les dirigeants aient une bonne compréhension de ce que c'est le peuple.

Peuple et démocratie

Le peuple est indissociable du système démocratique.

« *Vox Populi, vox Dei* », « *la voix du peuple est la voix de Dieu* »

Lincoln a décrit la démocratie comme étant le « *gouvernement du peuple par le peuple et pour le peuple* ».

Le mot démocratie vient du grec « *demokratia* », « *demos* » signifiant peuple et « *kratos* » pouvoir.

La démocratie est définie comme étant la *« forme de gouvernement dans laquelle la souveraineté appartient au peuple »* on parle alors de souveraineté du peuple.

La démocratie peut être directe, celle dans laquelle le peuple l'exerce lui-même, ou représentative, celle dans laquelle il exerce ce pouvoir par le biais de ses représentants qu'il a élus. Lorsque le peuple exerce ce pouvoir directement, il le fait par le biais du référendum.

Les modalités de recours au référendum sont décrites par la Constitution et complétées par la loi. L'initiative du référendum appartient au président de la République, au parlement ou au parlement et au peuple, on parle alors d'initiative partagée ou au peuple seul, on parle alors d'initiative populaire. Le référendum constituant a pour objet de soumettre au Péuple un projet de Constitution pour adoption.

Que ne met-on pas sur le dos du Peuple ! On s'en sert quand ça nous arrange, on le glorifie quand ça nous arrange, on le crucifie quand ça nous arrange et pourtant c'est lui qui nous a élus, c'est lui qui est le souverain, mais on en fait un vassal surtout quand il n'est pas assez éclairé ni informé pour pouvoir comprendre les enjeux et que de surcroit il doit faire face tous les jours à des problèmes de survie qui le rende parfois indifférent à son sort politique et il arrive qu'il vende le pouvoir immense qu'il détient pour quelques pièces de monnaie.

La question qui est parfois posée est la suivante : le système démocratique est-il adapté aux sociétés africaines qui au regard de leur histoire ont toujours été structurées en royaumes, en empires, en chefferies, dans toutes ces formes de gouvernement le chef est réellement une autorité suprême.

Trois remarques peuvent être faites :

- la première étant que les sociétés évoluent, aucune société n'est figée et il en est ainsi également pour la société africaine,
- la deuxième est que la démocratie étant indissociable des droits de l'homme ; est-ce à dire que l'homme africain n'aurait pas droit de jouir des libertés, doit-il rester enchaîné et dépendant ?
- et enfin que reproche-t-on souvent aux régimes africains : le non-respect des droits des peuples qu'ils dirigent et administrent, doit-on à présent dire que cela devient le système de gouvernement qu'il faudrait instaurer ? Peut-on encore se poser cette question à partir du moment où l'Afrique a adopté de nombreux textes prônant le système

démocratique, le respect des droits de l'Homme, que ce soit au niveau du continent ou au niveau sous régional ?

La question qui se pose est plutôt comment améliorer le système démocratique tel que prôné dans les Constitutions africaines par des mécanismes qui prendraient mieux en compte les traditions, les coutumes et l'histoire des peuples et surtout comment faire en sorte que ces Constitutions soient appliquées et non transgressées au gré des ambitions et des intérêts des dirigeants.

Des orientations ont été dégagées par les Africains eux-mêmes, il faut bâtir sur ces tendances pour améliorer et poursuivre l'africanisation des Constitutions africaines.

B. LA VOIE TRACÉE PAR LES AFRICAINS : LES BASES DU PACTE SOCIAL

La Constitution, socle de l'État et des Institutions

Les États africains reconnaissent cette primauté de la Constitution, il faut donc développer le constitutionnalisme africain. Pour cela, il paraît important de faire en sorte que les assemblées parlementaires s'approprient ce constitutionnalisme et protègent la Constitution en première ligne afin que le peuple n'ait pas à descendre dans la rue pour défendre sa Constitution.

Le peuple doit mieux connaître sa Constitution pour pouvoir mieux la défendre, il faut qu'il se l'approprie. Pour se faire, il est indispensable de faire des campagnes d'information et de mettre à la disposition des citoyens le texte de sa Constitution. Mais en premier lieu, l'accent doit être mis sur l'Éducation, Nicolas de Condorcet n'a-t -il pas dit : « *Même sous la Constitution la plus libre, un peuple ignorant est esclave* » ? L'Éducation est au cœur du développement, l'éducation est au cœur de la protection des droits fondamentaux, un peuple ignorant ne participe pas, un peuple ignorant n'est pas en mesure de défendre correctement ses droits, un peuple ignorant se laisse manipuler et dominer.

Les assemblées parlementaires doivent soutenir le constitutionnalisme africain. La Constitution leur en donne les moyens. Les gardiens de la Constitution que sont les juridictions constitutionnelles devraient également voir leur indépendance renforcée et protégée.

Dialogue et inclusivité

La tendance au dialogue, au consensus et à l'inclusivité : Les conférences nationales

> « *La Constitution est nulle si la majorité des individus qui composent la nation n'a pas coopéré à sa rédaction* » Marie Olympe de Gouges.

Les Conférences nationales ont bâti les constitutions de la deuxième génération sur les notions de participation, de dialogue et d'inclusivité. Ce mouvement doit être renforcé. Il faut cependant franchir une nouvelle étape : celle du renforcement du contrôle de l'exécution des engagements pris par les élus. C'est pour cela qu'il faudrait envisager l'institutionnalisation de ce contrôle en l'inscrivant dans la Constitution. Il pourrait s'agir de prévoir la tenue à mi-mandat d'une concertation inclusive chargée de vérifier le respect des engagements pris par les élus et la conformité de leurs actes aux dispositions constitutionnelles et si nécessaire de procéder à une réorientation des politiques.

Se réapproprier son identité : entre traditions et modernité

On relève une tendance à se réapproprier son hymne, sa devise, sa langue : c'est le cas de l'Afrique du Sud, de la République centrafricaine (serment du président en Sango) et plus récemment du Niger dont l'Assemblée nationale a adopté le 22 juin 2023 le nouvel hymne écrit par des nationaux « L'honneur de la Patrie », l'ancien hymne ayant été écrit par un Français. Après les Indépendances, on avait également assisté au mouvement d'authenticité lancé par le président Mobutu, avec notamment le changement de nom du Pays en « Zaïre » et de la Haute-Volta devenue « Burkina Faso », pour ne citer que ces exemples. Le Rwanda est passé du français à l'anglais tout en faisant la promotion de la langue nationale. Le Gabon quant à lui s'oriente vers le Commonwealth anglophone.

Quelqu'un a dit que, pour éduquer un enfant, il faut des racines, pour qu'il sache d'où il vient, mais aussi des ailes pour avancer, aller loin et toujours plus haut. Il en est de même pour un État, il lui faut des racines, mais aussi des ailes. Ceci pose la question de l'identité nationale des valeurs fondamentales qui sont à la base d'une société donnée, mais également la question de la modernité et du futur, la vision de son devenir. Il est indispensable que les États se projettent dans l'avenir, car la terre appartient aux générations futures.

Se positionner vis-à-vis de l'extérieur et faire des besoins des populations la priorité

L'Afrique se cherche, elle cherche sa place dans le concert des nations. Cette place elle la revendique en invoquant son combat contre le néocolonialisme, la Françafrique, la domination, comme freins à son développement et revendique une position de non-alignement. À l'heure où il semble que l'on revient à une période de guerre froide, cette question reprend toute son importance. Le non-alignement est-il possible ?

Le droit international pose comme principe que tous les États sont souverains et égaux et c'est cette égalité qui doit se décliner dans leurs rapports et leur coopération, cependant, il est bien évident que cette égalité est juridique, que dans la réalité des relations internationales tous les États sont différents et qu'il existe entre eux de nombreuses inégalités, cependant chacun aspire à cette égalité qui est un principe fondamental sur lequel reposent les relations internationales.

Que demande le Peuple ? Il est temps que les États africains se penchent sur l'essentiel : les besoins de leurs populations. Les peuples s'insurgent contre les injustices, les discriminations et la mauvaise gouvernance. L'insécurité est souvent la résultante de la mauvaise gouvernance, des injustices et discriminations.

SECTION III - PROTÉGER LA CONSTITUTION QUOI QU'IL EN COÛTE

I - Y A-T-IL DE BONS ET DE MAUVAIS COUPS D'ÉTAT ?

Cette question est récurrente et est tout à fait à l'ordre du jour au moment où l'on assiste à un regain des coups de force sur le continent africain. Certains coups d'État sont -ils salutaires et d'autres non ? Plusieurs auteurs et politiciens se sont exprimés sur cette problématique et les avis sont partagés. Deux opinions totalement opposées existent : pour l'une, il ne peut y avoir que de mauvais coups d'État, pour d'autres il peut y avoir de bons coups d'État et même des coups d'État salutaires ou libérateurs.

A. QU'EST-CE QU'UN COUP D'ÉTAT ?

Un coup d'État est anticonstitutionnel

Un coup d'État est couramment défini comme *« un renversement du pouvoir par une personne investie d'une autorité de façon illégale et souvent brutale »* ou encore *« acte d'une autorité constituée portant une atteinte illégale et brutale à l'ordre qui la constitue, pour s'emparer du pouvoir ou s'y maintenir »* (Lexique de droit constitutionnel, Pierre Avril et Jean Gicquel PUF, 2014). Un coup d'État est donc une *« prise illégale du pouvoir »*.

Coup d'État institutionnel : « *Action de force pour renverser les pouvoirs publics menée par une fraction des gouvernants* » (Larousse).

Le coup d'État appelé « coup d'État constitutionnel » est opéré habituellement par le chef de l'État pour conserver le pouvoir en violation des dispositions constitutionnelles, c'est le cas constaté en République centrafricaine, en Guinée, en Côte d'Ivoire, pour ne citer que ces exemples : c'est l'affaire du troisième mandat.

Le Département d'État américain a publié un communiqué en septembre 2023 dans lequel il est dit « *le département du Trésor impose près d'une centaine de sanctions aux élites russes, à sa base industrielle, ses institutions financières et a ses fournisseurs de technologie y compris à un membre du groupe Wagner pour avoir favorisé les activités malveillantes de la Russie en République centrafricaine. Cette mesure intervient après que le groupe Wagner a contribué à l'adoption, le 30 juillet,* ***d'un référendum constitutionnel qui a porté atteinte à la démocratie du pays*** ».

Il existe donc différentes sortes de coups d'État, l'objectif visé étant : la prise ou la conservation du pouvoir de façon illégale et inconstitutionnelle par un homme ou un groupe. Quelle que soit la forme prise, ce qu'il en ressort c'est l'illégalité de la démarche et parfois la violence lorsqu'il s'agit d'un putsch militaire ou d'un coup d'État opéré par des membres de groupes armés, ce qui fut le cas en République centrafricaine en 2013.

Un coup d'État est donc inconstitutionnel et remet en question l'ordre constitutionnel. Pour celui qui s'empare du pouvoir par la force, il est contraint de suspendre la Constitution et donc les Institutions ou de les dissoudre. Pour celui qui viole la Constitution dans le but de se maintenir au pouvoir, ce coup d'État rend son pouvoir illégitime et il doit donc s'attendre à le voir sans cesse contesté et peut être même à être renversé soit par une révolution populaire soit par un coup de force soit par les deux combinés. C'est ce qui est arrivé à Alpha Condé, mais il n'est pas le seul et ne sera pas le dernier.

Les coups d'État, sous quelque forme qu'ils se présentent, sont hors la loi. Il y a lieu de faire la différence entre un coup d'État opéré par un homme ou par un groupe et une manifestation populaire qui a pour objectif le renversement du pouvoir et devient, si elle réussit à atteindre son objectif, une révolution populaire. Le Peuple souverain par ce biais tente de retrouver la souveraineté qui lui a été usurpée ou tente de la conquérir. Dans une République, c'est le Peuple qui détient la Souveraineté, que ce soit le chef de l'État ou les élus du peuple, ils n'exercent le pouvoir que par délégation, le peuple leur délivre un mandat qui est le cadre légal qu'il lui fixe et qu'il doit respecter. Lorsqu'un Chef d'État commence à croire qu'il détient son pouvoir de Dieu, c'est qu'il est entrain de remettre en cause ce mandat et de trahir le peuple qui l'a élu.

La condamnation formelle des coups d'État par les Traités et les Constitutions

Les coups d'État sont unanimement condamnés par les États soit dans leurs Constitutions soit dans les Traités qu'ils concluent.

Toutes les Constitutions condamnent les coups de force, car il s'agit d'un moyen antidémocratique de prise ou de conservation du pouvoir.

La Constitution centrafricaine du 30 mars 2016 est très explicite sur cette question compte tenu des expériences vécues par l'État centrafricain.

La Constitution centrafricaine de 2016 a cela de particulier qu'elle donne la conduite à tenir en cas d'atteinte à l'ordre constitutionnel et elle s'adresse tant aux Autorités en place qu'au Peuple lui-même [50]

En ce qui concerne l'Afrique,

Au lendemain des Indépendances, l'OUA prônait le respect des principes démocratiques, des droits de l'Homme, de l'état de droit et de la bonne gouvernance. Les fondateurs de l'OUA n'avaient pas pour préoccupation principale les coups d'État, car en 1963, ceux-ci sont encore rares, la seule disposition du Traité qui pourrait être liée à cette question est contenue dans un objectif ainsi formulé, il s'agit de la « *condamnation sans réserve de l'assassinat politique ainsi que des activités subversives exercées par des États voisins ou tous autres États* ». À cette époque également il était clair que les États voulaient se prémunir en priorité des agissements d'autres États ainsi que l'indique ce texte ; par la suite, ils feront l'expérience des coups d'État à répétition, mais également des conflits armés non internationaux par les agissements de groupes armés et des activités terroristes.

---

50 Constitution du 30 mars 2016, Secrétariat Général du Gouvernement, Constitution publiée en français et en Sango par la Cour constitutionnelle

L'Union africaine dans son Traité fondateur retient la « *condamnation et rejet des changements anticonstitutionnels de gouvernement* » ce qui est une référence directe aux coups d'État. Mieux encore, elle a adopté le 30 janvier 2007 à Addis Abeba, la Charte africaine de la Démocratie, des Élections et de la Gouvernance. Entre 1963 et 2007, l'Afrique a fait l'expérience des coups d'État, des rébellions, des conférences nationales souveraines. La prohibition des coups d'État et des changements inconstitutionnels de gouvernement est devenue une préoccupation majeure jusqu'au point d'y consacrer une Charte.

Le chapitre VIII de la Charte traite des changements anticonstitutionnels de gouvernement ; l'article 23 liste les différents actes considérés comme étant un changement inconstitutionnel de gouvernement et qui doivent être sanctionnés :

1. « *Tout putsch ou coup d'État contre un gouvernement démocratiquement élu,*
2. *Toute intervention de mercenaires pour renverser un gouvernement démocratiquement élu,*
3. *Toute intervention de groupes dissidents armés ou de mouvements rebelles pour renverser un gouvernement démocratiquement élu,*
4. *Tout refus par un gouvernement en place de remettre le pouvoir au parti ou au candidat vainqueur à l'issue d'élections libres, justes et régulières,*
5. *Tout amendement ou toute révision des constitutions ou des instruments juridiques qui porte atteinte aux principes de l'alternance démocratique* ».

La RCA a connu les changements inconstitutionnels 1, 2, 3, et 5 !

Cette résurgence des coups d'État est une remise en cause des principes démocratiques ; cependant, y aurait-il des bons et de mauvais coups d'État ?

B. EN QUOI LES COUPS D'ÉTAT PEUVENT-ILS ÊTRE JUGÉS BONS OU MAUVAIS ?

Du point de vue juridique, quel que soit le coup d'État, il est inconstitutionnel et doit être condamné et combattu ; c'est une atteinte grave à la démocratie et aux droits humains.

Cependant, certains coups d'État, et c'est le cas le plus courant, sont accueillis comme étant salutaires et libératoires, que ce soit par les populations ou par la société civile, par les partis d'opposition et par les intellectuels.

Le président de la Transition du Gabon a déclaré qu'il n'avait pas fait un coup d'État, mais un *« coup de liberté »*. Que ce soit au Niger, au Mali, en Guinée, au Gabon, on a pu assister à des scènes de liesse dans les rues et à un soutien apporté par les partis politiques d'opposition et la société civile pendant que d'autres voix s'élevaient pour condamner et condamner les coups de force quels qu'ils soient.

Interrogé par le journal *Le Point*, Wole Soyinka, écrivain nigérian, prix Nobel a déclaré :

« Je dois avouer que ma génération, elle aussi a soutenu le plus souvent les prises de pouvoir des militaires à l'époque nous avons applaudi parce que l'armée semblait être une entité organisée, disciplinée, disons désintéressée et au service du pays. À quelques exceptions près, le sentiment initial était que les militaires viendraient « nettoyer » la société, la corruption des politiciens. Mais les militaires se sont montrés encore plus corrompus et naturellement plus brutaux et plus aliénés que les politiciens, et les quelques libertés que nous avions réussi à arracher aux politiciens ont été tout simplement balayées par les dictateurs militaires, mettant à leur tour leur pas dans ceux des politiciens. C'est ainsi qu'est née l'expression « militriciens » (militaires et politiques) ».

Ainsi, des voix s'élèvent souvent non pour condamner le coup de force, mais pour défendre le point de vue selon lequel le coup d'État en question était un mal nécessaire et même salutaire. Les populations sont également souvent les premières à manifester leur joie et leur appui à ceux qui ont opéré ce coup d'État en disant que ceux-ci les ont libérées et ont libéré le pays du joug du régime en place même si le chef d'État dégagé avait été élu démocratiquement, elles invoquent les atteintes aux droits fondamentaux et surtout la mauvaise gouvernance dont a fait preuve le régime déchu.

On peut dire effectivement que souvent les « mauvais régimes », les régimes de prédation, ont appelé les coups de force du fait de la mauvaise gestion de la chose publique, ils ont été des régimes honnis par les citoyens, des régimes qui se sont illustrés par la corruption, par la dictature et ont causé de graves souffrances à leurs populations. Ces régimes-là, lorsque les populations arrivent à en être libérées par la force d'un putsch, il s'agit alors pour elles d'une véritable délivrance et ce putsch leur redonne espoir en l'avenir ; elles fondent alors tous leurs espoirs d'un avenir meilleur sur le régime putschiste, mais malheureusement dans la plupart des cas la déception est grande et une dictature fait place à une autre et ainsi de suite. C'est bien la mauvaise gestion des gouvernants qui souvent est responsable de la survenance des coups d'État.

Le fait aussi pour un chef d'État de vouloir se maintenir au pouvoir en modifiant la Constitution est tout aussi condamnable que le putsch organisé par des militaires ou des porteurs d'armes. Cependant, ce genre de coup d'État semble moins retenir l'attention des organisations internationales, et régionales et de la Communauté internationale en général.

L'Union africaine brille par son silence dans ce cas de figure et donne ainsi l'image d'une organisation internationale qui, somme toute, n'est qu'un club de chefs d'État qui se protègent les uns les autres. L'alternance au pouvoir est nécessaire et même indispensable dans un régime présentiel ou parlementaire, particulièrement dans un régime présidentiel ou semi-présidentiel où l'exécutif est dominant.

Les différences de traitement accordées par les États ou des organisations entre les différents coups d'État sont très certainement en relation avec leurs intérêts et la géopolitique du moment, mais cela déçoit plus d'un et en particulier les Peuples. C'est comme une justice à deux vitesses.

Il faut bien comprendre que, quand les populations sont en liesse et soutiennent un coup d'État réussi, c'est que profondément elles ont besoin d'espérer à nouveau pour pouvoir continuer à croire en un avenir meilleur ; ce ne sont pas elles qui doivent être désignées comme responsables : elles sont les victimes ! c'est plutôt les dirigeants qui par leurs carences, leurs diverses violations de la Constitution, leur manipulation de quelques groupuscules acquis à leur cause, le manque de considération de l'intérêt général, sont les premiers responsables de cette situation.

Il faut combattre le mal où il se trouve et ne pas se tromper d'adversaire. Les peuples sont victimes, dans la grande majorité des cas, des agissements de leurs propres dirigeants, de leur prédation et de leur incapacité à respecter leurs Constitutions.

II - PROTÉGER LA CONSTITUTION : UN IMPÉRATIF

Protéger la Constitution ne signifie pas que celle-ci est immuable. Les Constitutions prévoient toutes les modalités de leur révision, il faut se conformer à ces modalités et ne pas les violer, car tôt ou tard soit le peuple, soit l'armée vous rappellera à l'ordre et pire vous chassera du pouvoir avec de bons arguments à la clé en ce qui concerne l'armée, et même parfois avec le soutien des populations. La Constitution est la loi fondamentale de l'État et elle doit être respectée. Toute la vie de la Nation est contenue dans la Constitution, c'est le socle de l'État, à condition que celle-ci ait été adoptée sur la base d'un large consensus et non en catimini comme la nouvelle « Constitution » centrafricaine du 30 juillet 2023 qui n'a rien d'une Constitution, mais ressemble plutôt à une salade mixte, dans laquelle on a mélangé plusieurs ingrédients en fonction d'intérêts particuliers.

A. UNE JURIDICTION CONSTITUTIONNELLE FORTE

La place de la Juridiction constitutionnelle

Pour protéger la Constitution, il faut une juridiction constitutionnelle indépendante et respectée et des juges constitutionnelles intègres et au service du peuple et pour obtenir cela il faut d'abord de la part des dirigeants une volonté politique de respecter la Constitution, de respecter l'indépendance de la justice et d'être conscient de l'importance que revêt une juridiction constitutionnelle. Sans cette volonté politique, la cause est perdue d'avance.

La justice constitutionnelle a réellement pris son envol en Afrique dans le sillage du vent de l'Est et de la démocratisation. L'État de Droit et la bonne gouvernance, dont se réclament désormais toutes les constitutions africaines, même celles qui s'appliquent dans le cadre d'une monarchie constitutionnelle telle que celle du Maroc, nécessitent que ces principes et droits fondamentaux, qui sont consacrés par les constitutions, soient respectés et qu'une Institution, qui rend des décisions de justice applicables à tous et qui doivent être respectées par tous, soit instituée comme gardienne de la constitution. La juridiction constitutionnelle a pour mission de veiller au respect des dispositions constitutionnelles et de sanctionner les manquements à ces dispositions.

Les élections étant un rouage important de la démocratie, il y avait lieu de confier à cette juridiction le pouvoir de veiller à la régularité des élections particulièrement des élections générales telles que l'élection présidentielle ou encore les élections législatives. Le juge constitutionnel est également régulateur du fonctionnement des pouvoirs publics et il est protecteur des libertés fondamentales.

La constitution confère à la juridiction constitutionnelle le statut d'Institution de la République, fixe ses pouvoirs et les grands principes de son fonctionnement en tant qu'institution Indépendante, elle détermine aussi le statut des juges constitutionnelles et leur protection.

B. DES JUGES CONSTITUTIONNELS AU SERVICE DU PEUPLE

La légitimité conférée aux Juges Constitutionnelles par les textes

Le juge, qu'il soit juge des Cours et Tribunaux de droit commun ou juge constitutionnel, est un rouage fondamental et déterminant de la démocratie et de la protection des valeurs constitutionnelles. Les injustices et les discriminations font le lit des rancœurs, des divisions, des troubles et des révolutions.

Lorsque l'on examine les modalités de désignation des juges constitutionnelles, et le statut conféré aux juges constitutionnelles, ceux-ci peuvent varier entre les États, mais il y a des constantes qui se dégagent : le souci de la compétence, de l'intégrité, de la neutralité et de l'indépendance du juge.

Comment les juges constitutionnels sont-ils choisis ? Ces modes de désignation sont -ils démocratiques et susceptibles de renforcer son indépendance ?

Dans la majorité des Cours constitutionnelles, le nombre est impair et il est de neuf membres. Il peut cependant être de douze membres. Le nombre impair est adopté pour faciliter la prise de décision lors d'un vote, il n'est pas particulièrement un élément de légitimité, mais plutôt d'efficacité et de pragmatisme.

On observe des différences entre les États, mais la majorité des États utilisent la désignation par les institutions politiques que sont le président de la République et les assemblées. La désignation des juges par le pouvoir exécutif et par le pouvoir législatif a forcément un impact sur l'indépendance du juge même si c'est le mode le plus répandu. Cependant, cet impact est tempéré par le fait qu'une fois, le juge ne représente pas les intérêts de celui qui l'a désigné.

Si ce mode de désignation est le plus répandu, ce n'est pas le plus démocratique, car il ne fait pas appel à l'élection.

Plus rarement, la désignation des juges est mixte, certains juges sont choisis par le pouvoir exécutif et le pouvoir législatif et d'autres sont élus par leurs corps. Il y a un panachage entre désignations par le pouvoir exécutif et le pouvoir législatif et les membres élus par leurs corps, les juges élus étant majoritaires. Une prépondérance des membres élus par leurs corps (magistrats, avocats et enseignants-chercheurs) de droit est un élément d'indépendance et de légitimité.

Cependant, si l'élection renforce l'indépendance du juge, elle ne la garantit pas.

Qu'en est-il du président de la Cour ?

Le président de la Cour peut, dans certains États, être choisi par le président de la République, ou dans d'autres, le président et le vice-président sont élus par les juges constitutionnels.

Dans certains pays, les anciens présidents de la République sont membres de droit du Conseil constitutionnel. Cela n'offre a priori aucune garantie d'indépendance à la juridiction, mais renforce simplement son prestige.

Si les textes font appel à l'expérience, certains juges peuvent être non-juristes dans certaines cours, ils sont cependant toujours minoritaires.

Les inamovibilités conférées au juge constitutionnel par la Constitution renforcent son intégrité, le serment que le juge constitutionnel prononce lors de son entrée en fonction renforce la confiance qu'on peut lui accorder ; l'inamovibilité dont il bénéficie durant son mandat protège son indépendance.

L'indépendance du juge est renforcée également par les modalités de fonctionnement de la Haute Juridiction.

La légitimité conquise par le Juge Constitutionnel

Le juge constitutionnel lui -même, en dehors des compétences qui lui sont attribuées, va devoir conquérir une notoriété et surtout la confiance des citoyens. Les compétences procurées par les textes, si elles ne sont pas assumées ou si elles sont mal assumées, peuvent conduire à des troubles, à des révoltes ou des révolutions ou même à des coups d'État opéré par les miliaires ou par un homme comme nous le démontrent l'actualité et les évènements survenus tant en Afrique centrale qu'en Afrique occidentale.

Le juge constitutionnel doit conquérir sa légitimité par le respect de la volonté du peuple exprimée dans la Constitution dont il est gardien ; cela nécessite de sa part de la rigueur, de la compétence, mais aussi du courage, car parfois cela peut conduire à son limogeage.

L'environnement dans lequel le juge constitutionnel intervient est déterminant. La situation de la juridiction constitutionnelle et donc du juge constitutionnel, son action, est tributaire de son environnement. Être juge constitutionnel dans un état démocratique qui se conforme à l'État de droit, être juge constitutionnel dans un État en paix est absolument différent et plus confortable qu'être juge constitutionnelle dans un état en crise économique sociale et politique et parfois en crise sécuritaire ou carrément dans un État en situation de conflit armé ou même de guerre civile.

Dans les États africains, le juge a la responsabilité d'œuvrer pour la protection des droits de l'homme, pour la promotion de la démocratie et l'établissement d'un État de droit dans un contexte parfois dictatorial ou souvent autoritaire. Les droits et les principes proclamés dans la Constitution et auxquels il doit se référer et qu'il doit protéger sont en contradiction avec les réalités.

Le juge constitutionnel va devoir concilier sa mission de dire le droit et de protéger la Constitution avec une préoccupation de maintien de la paix et de sécurité, mais ce souci ne doit pas aller jusqu'à la compromission ou la violation de son serment.

À tout cela s'ajoutent les tentatives de soumission ou les pressions exercées par les autres pouvoirs sur le juge constitutionnel, en particulier le pouvoir exécutif et législatif.

La constitution détermine les contours des différents pouvoirs exécutif, législatif et judiciaire ; si une collaboration est organisée, la confusion est prohibée, car la confusion des pouvoirs est le début de la dictature.

Dans les faits, le pouvoir exécutif a tendance à s'aliéner les autres pouvoirs, par le biais de la création d'une majorité réelle ou fictive à l'assemblée et par la main mise sur le pouvoir judiciaire notamment sur la juridiction constitutionnelle par des pressions diverses ou des incitations et même par le limogeage de certains des juges qu'il considère comme étant un obstacle à ses objectifs notamment celui de se maintenir au pouvoir.

En ce qui concerne le pouvoir législatif, celui-ci peut se montrer réfractaire à certaines décisions de contrôle de constitutionnalité dont le résultat ne rencontre pas son agrément, il lui arrive même d'engager un bras de fer avec la juridiction constitutionnelle ceci en violation de la Constitution.

En ce qui concerne le pouvoir judiciaire, on relève parfois la crainte que la juridiction constitutionnelle ne leur ôte une partie de leur compétence donc de leur pouvoir. Cette crainte peut aller jusqu'à des réticences à une collaboration.

Le juge constitutionnel a une mission très importante, elle touche aux fondements de l'État, à son identité, à sa souveraineté, aux éléments de son existence : le territoire, la population et l'autorité politique. Le juge constitutionnel a également le pouvoir de proclamer les résultats définitifs des élections nationales après traitement du contentieux. De ce fait, les décisions du juge constitutionnel ont vocation à impacter l'ensemble de la société, le fonctionnement des Institutions, de ce fait également, ses décisions vont impacter la paix ; une décision du juge constitutionnel peut entraîner des troubles dans le pays, un coup d'État ou même une révolution.

Le juge constitutionnel est un rouage essentiel de la démocratie ; encore faut-il qu'il puisse remplir son rôle et assumer ses fonctions en toute objectivité. C'est pour cette raison que l'indépendance du juge constitutionnel est fondamentale, un juge aux ordres ou un juge non protégé par les textes et protégé de façon effective, un juge sous pression ou un juge partial peut être amené à trahir son serment et à ne pas assumer ses responsabilités.

Le juge doit être d'abord compétent, professionnel, intègre, rigoureux, sage et courageux. Il doit également être curieux de ce qui se fait ailleurs afin parfois de s'en inspirer. L'indépendance du juge est d'abord en lui-même.

Le juge constitutionnel a ainsi une légitimité qui lui est conférée par les textes, mais celle-ci doit être complétée par une légitimité conquise par lui-même, une légitimité qu'il se forge par la façon dont il va exercer sa mission. Cette légitimité conquise est également un élément de l'effectivité de la décision du juge. La décision de justice rendue par le juge constitutionnel va devoir s'appliquer dans un environnement déterminé qui va également intervenir dans l'application effective de la décision du juge et parfois même dans le processus de décision ; sa tâche est compliquée, elle est aussi spécifique par le fait qu'il doit rendre des décisions de justice sur des questions essentiellement politiques qui concernent les fondements de l'État et les libertés fondamentales. De ce fait, ses décisions ont vocation à impacter tous les citoyens et tous les pouvoirs publics ou privés, la société civile et les Partis politiques, et il doit en assumer la responsabilité !

Ainsi, si les textes confèrent au juge constitutionnel une légitimité pour assurer les pouvoirs qui lui sont attribués, l'application des textes peut être dévoyée soit du fait de son environnement soit de son propre fait. Dans tous les cas, il revient d'abord au juge constitutionnel de se conformer aux textes qui le régissent et à la Constitution qu'il doit protéger, ceci envers et contre tout. Il lui revient donc de bâtir son indépendance et son intégrité.

J'étais restée en parfaite harmonie avec ma fonction, mais le Chef de l'exécutif ne l'a pas apprécié, j'ai été ainsi illégalement limogée : mieux vaut le limogeage que la compromission !

CONCLUSION

En conclusion de ce livre qui m'a permis de retracer mon parcours en tant que présidente de la Cour constitutionnelle de la République centrafricaine, de parler de mes convictions et de mes motivations et de faire part de mes analyses sur des questions qui me semblent fondamentales comme la question du constitutionnalisme, de la démocratie, de l'indépendance de la justice, je suis particulièrement heureuse du fait que ce livre intervienne à un moment ou la géopolitique connaît des bouleversements, ou les relations de coopération établies depuis des années se transforment, au moment où l'Afrique se cherche et veut s'affirmer, cette période si elle est difficile à vivre et à assumer ouvre de grandes opportunités pour l'Afrique et même pour le monde. Il est regrettable de constater la résurgence des coups d'État en Afrique, qui sont l'évidence que les conférences nationales, si elles ont posé leur pierre, n'ont pas pu régler tous les problèmes qui demeurent, les conflits, les violations du droit, les dysfonctionnements de la justice, les violences. Les constitutions de la troisième génération devront porter leur attention sur le renforcement des mécanismes d'application et de contrôle et le renforcement de l'adhésion des peuples à leur constitution et à leur défense directement ou indirectement par le biais de leurs représentants, de leurs institutions, de leurs associations et également sur un meilleur ancrage des constitutions africaines dans les différentes sociétés qu'elles régissent. Je n'ai fait que soulever quelques axes de réflexion, ces mêmes axes ont également été soulevés et bien plus par d'autres que moi, ces portes resteront ouvertes tant que les solutions aux problèmes soulevés n'auront pas été trouvées. Les questionnements sont légion et les solutions doivent être trouvées par chaque État, mais aussi en coopération avec les autres États.

Pour le mot de la fin, je voudrais reproduire ici la dédicace que j'avais rédigée et qui se trouve dans les recueils de décisions de la Cour constitutionnelle couvrant la période 2018-2021 :

« *Au Peuple centrafricain, qui nous a confié une lourde mission, celle de protéger sa Constitution et de faire en sorte que sa volonté soit respectée.* »

CONCLUSION

BIBLIOGRAPHIE

Ouvrages

BANALE Fleury Fulgence, *Amnistie et Droits des victimes en République centrafricaine,* L'Harmattan, 2019, 124 p.

BREYO Alexandre, *L'histoire vraie de la Centrafrique, des premiers habitants à nos jours*, www.amazonafrique.blogspot.com, 141 p.

DARLAN Danièle, *L'évolution constitutionnelle et juridictionnelle de la République centrafricaine à travers les textes*, L'Harmattan, Études africaines, Série Droit, 2018, 167 p.

ESOMBO KANGASHE Jean-Louis, *Traité de droit constitutionnel congolais*, L'Harmattan, Études africaines, Série Droit, 2017, 408 P.

LALEYE Oladé Okunlola Moïse, *La Cour Constitutionnelle et le Peuple du Bénin,* L'Harmattan, Études africaines, Série Droit, 2018, 683 p.

Les Cahiers du Conseil Constitutionnel, TITRE VII, N° 3 octobre 2020, *La séparation des pouvoirs, le principe d'égalité*, Conseil constitutionnel français, 552 p.

Les Cahiers du Conseil constitutionnel, TITRE VII, Hors-série octobre 2020, *Les 10 ans de question citoyenne, QPC* Conseil constitutionnel français 2020, 519 p.

Les Cahiers du Conseil constitutionnel, TITRE VII, N° 5 octobre 2020, N° 6 avril 2021, *La sécurité juridique, le droit des étrangers*, Conseil constitutionnel français, 569 p.

LE POURHIET Anne-Marie, *Droit constitutionnel*, Economica, 2008, 512 p.

Nations Unies, *Droits de l'Homme et élaboration d'une Constitution*, Haut-Commissariat Droits de l'Homme, New York et Genève, 2018, 155 p.

Mélanges en l'honneur du professeur Théodore Holo, *Démocratie en Questions*, Presses de l'Université de Toulouse I Capitole, 2017, 612 p

SOUKA SOUKA, *L'Afrique malade de ses militaires*, L'Harmattan, Éditions africaines, Série Défense, 2020, 232 p.

Articles

BA Boubacar, *L'évolution constitutionnelle des pays africains de succession française,* PUF, Annales africaines- nouvelle série, Volume 2, décembre 2020, N° 13, 1-59 B.BA, 37 p.

BIDOUZO Thierry, *La problématique de la gestion du contentieux électoral par le juge constitutionnel africain*, in Les cahiers de l'AA-HJF, Actes de la quatorzième session de formation, Organisation internationale de la Francophonie, p. 319 à 364

Centre d'Études stratégiques pour l'Afrique, *Le contournement des limites et mandats et les putschs, ou les deux revers d'une même médaille*, www.facebook.com/AfricaCenter, 27 octobre 2023

COULIBALEY Djobo Babaikane, *Les révisions constitutionnelles et les juridictions constitutionnelles,* in Les cahiers de l'AA-HJF, Actes de la quatorzième session de formation, Organisation internationale de la Francophonie, p. 379 à 414,

DABONE Zacharia, *Contribution de la jurisprudence constitutionnelle centrafricaine à la réalisation de la paix*, Revue d'études et de recherche sur le droit et l'administration dans les pays d'Afrique, Afrilex octobre 2023, 36 p.

DJEDJRO MELEDJE Francisco, *L'application des conventions internationales relatives aux droits de l'Homme par le juge africain*, in Les cahiers de l'AA-HJF, Actes de la quatorzième session de formation, Organisation internationale de la Francophonie, p. 77 à 94

DOSSO Karim, *Les pratiques constitutionnelles dans les pays d'Afrique noire francophone : cohérences et incohérences,* PUF, Revue française de droit constitutionnel, 2012/2 (N° 90), Éditions Presses Universitaires de France, pages 57 à 85

FOURNIER Théo, *Comment la Constitution de la Vème République a modelé la décolonisation,* The conversation.com, 18 octobre 2021

LARBA YARGA, *Les relations entre les Juridictions constitutionnelles et les Juridictions ordinaires,* in Les cahiers de l'AA-HJF, Actes de la quatorzième session de formation, Organisation internationale de la Francophonie, p. 365 à 377

LOUNGOU Serge, *Afrique subsaharienne. Des gouvernements perpétuels aux républiques héréditaires. Bilan et perspective d'une transmutation politique*, Https://www.diplowed.com/Afrique, 12 novembre 2023

MARCHAL Roland, *Centrafrique, la fabrique d'un autoritarisme*, SciencesPo, les Études du CERI N° 268-269, octobre 2023, 68 p.

MURACCIOLE Jean-François, *La conférence de Brazzaville et la décolonisation : le mythe et la réalité,* Espoir N° 152, juin 2017, 7 p.

Politique(s) des frontières en Afrique centrale, Les cahiers du CCRAG, N°3/2023, presse du CCRAG, 146 p.

SADJO BARRY Amadou, *Si l'Afrique veut se décoloniser, elle doit sortir de la tutelle dans laquelle elle s'est installée,*
https :www.le monde./Afrique/article/2020/02/16

The Sentry, *Architectes de terreur, Comment le groupe Wagner renforce son emprise sur l'État en République centrafricaine*, https/TheSentry.org, Juin 2023, 47 p.

ZAKARA Gandou, *L'autorité de la chose jugée des décisions du Juge Constitutionnel,* in Les cahiers de l'AA-HJF, Actes de la quatorzième session de formation, Organisation internationale de la Francophonie, p. 415 à 466

Recueils des décisions et avis de la Cour constitutionnelle de la RCA, publiés par la Cour Constitutionnelle de la RCA :

1. Recueil des décisions de la Cour constitutionnelle de Transition, requêtes diverses, années 2013 à 2017, 181 p.
2. Recueil des décisions de la Cour constitutionnelle de Transian, contentieux électoral, 1er et 2de tour élection présidentielle, 1er tour élections législatives, 2016, 342 p.
3. Recueil des décisions de la Cour constitutionnelle de Transition, contentieux électoral, 2ème tour des élections législatives et partielles, année 2016, 349 p.
4. Recueil des décisions et avis de la Cour constitutionnelle, 2018 - 2021, 227 p.
5. Recueil des décisions de la Cour constitutionnelle, contentieux électoral, 1er tour de l'élection présidentielle (27/12/2020), 1er et 2d tour des élections législatives (27/12/2020 et 14/03/2021), 419 p.
6. Recueil des décisions de la Cour constitutionnelle, contentieux électoral, 1er et 2d tour des élections législatives partielles (14/03/2021 et 23/05/2021) ; 1er et 2d tour des élections législatives résiduelles (23/05/2021 et 25/07/2021) 138 p.

TABLE DES MATIÈRES

Structures éditoriales du groupe L'Harmattan

L'Harmattan Italie
Via degli Artisti, 15
10124 Torino
harmattan.italia@gmail.com

L'Harmattan Hongrie
Kossuth l. u. 14-16.
1053 Budapest
harmattan@harmattan.hu

L'Harmattan Sénégal
10 VDN en face Mermoz
BP 45034 Dakar-Fann
senharmattan@gmail.com

L'Harmattan Cameroun
TSINGA/FECAFOOT
BP 11486 Yaoundé
inkoukam@gmail.com

L'Harmattan Burkina Faso
Achille Somé – tengnule@hotmail.fr

L'Harmattan Guinée
Almamya, rue KA 028 OKB Agency
BP 3470 Conakry
harmattanguinee@yahoo.fr

L'Harmattan RDC
185, avenue Nyangwe
Commune de Lingwala – Kinshasa
matangilamusadila@yahoo.fr

L'Harmattan Congo
219, avenue Nelson Mandela
BP 2874 Brazzaville
harmattan.congo@yahoo.fr

L'Harmattan Mali
ACI 2000 - Immeuble Mgr Jean Marie Cisse
Bureau 10
BP 145 Bamako-Mali
mali@harmattan.fr

L'Harmattan Togo
Djidjole – Lomé
Maison Amela
face EPP BATOME
ddamela@aol.com

L'Harmattan Côte d'Ivoire
Résidence Karl – Cité des Arts
Abidjan-Cocody
03 BP 1588 Abidjan
espace_harmattan.ci@hotmail.fr

Nos librairies en France

Librairie internationale
16, rue des Écoles
75005 Paris
librairie.internationale@harmattan.fr
01 40 46 79 11
www.librairieharmattan.com

Librairie des savoirs
21, rue des Écoles
75005 Paris
librairie.sh@harmattan.fr
01 46 34 13 71
www.librairieharmattansh.com

Librairie Le Lucernaire
53, rue Notre-Dame-des-Champs
75006 Paris
librairie@lucernaire.fr
01 42 22 67 13

www.ingramcontent.com/pod-product-compliance
Lightning Source LLC
LaVergne TN
LVHW010020081026
849535LV00016B/1986